ISTORIE
CONTEMPO

Maria Bucur este profesoară de istorie și studii de gen la Indiana University, Bloomington, SUA. Este autoare a volumelor *Gendering Modernism: A Historical Reappraisal of the Canon* (2017), *The Century of Women: How Women Have Transformed the World since 1900* (2018) și editoare a lucrărilor *Staging the Past: The Politics of Commemoration in Habsburg Central Europe, 1848 to the Present* (2001, împreună cu Nancy Wingfield), *Gender and War in Twentieth-Century Eastern Europe* (2006, împreună cu Nancy Wingfield). În limba română a publicat volumele *Eugenie și modernizare în România interbelică* (2005) și *Eroi și victime: România și memoria celor două războaie mondiale* (2019).

Mihaela Miroiu este profesoară de științe politice la Școala Națională de Studii Politice și Administrative, București. Este inițiatoare a studiilor feministe și a studiilor de gen din România, a primului masterat de studii de gen și a școlii doctorale de științe politice. Cărțile ei de autoare sunt *Convenio: Despre natură, femei și morală* (1996), *Drumul către autonomie: Teorii politice feministe* (2004), *R'Estul și Vestul* (2005, coautor Mircea Miclea), *Neprețuitele femei: Publicistică feministă* (2006), *Dincolo de îngeri și de draci: Etica în politica românească* (2007). În calitate de editoare, a publicat volumele *Lexicon feminist* (2002, împreună cu Otilia Dragomir), *Patriarhat și emancipare în istoria gândirii politice românești* (2002, împreună cu Maria Bucur), *Ideologii politice actuale: Semnificații, evoluții și impact* (2012).

MARIA BUCUR
MIHAELA MIROIU

NAȘTEREA CETĂȚENIEI DEMOCRATICE

FEMEILE ȘI PUTEREA ÎN ROMÂNIA MODERNĂ

Traducere din engleză și adaptare
de Magda Dragu și Mihaela Miroiu

HUMANITAS
BUCUREȘTI

Redactor: Iulia Vladimirov
Coperta: Ioana Nedelcu
Tehnoredactor: Manuela Măxineanu
DTP: Corina Roncea, Veronica Dinu

Tipărit la Real

Maria Bucur, Mihaela Miroiu
Birth of Democratic Citizenship:
Women and Power in Modern Romania
Indiana University Press, 2018

ISBN 978-973-50-6615-4
Descrierea CIP este disponibilă
la Biblioteca Națională a României.

EDITURA HUMANITAS
Piața Presei Libere 1, 013701 București, România
tel. 021 408 83 50, fax 021 408 83 51
www.humanitas.ro

Comenzi online: www.libhumanitas.ro
Comenzi prin email: vanzari@libhumanitas.ro
Comenzi telefonice: 021 311 23 30

Cuprins

Cuvânt înainte 9
Mulțumiri 11
Lista abrevierilor 13
Introducere 15

1. Femeile: din trecutul către prezentul României. Scurtă introducere istorică 45
2. Bărbații: normele de gen în familie 82
3. Copiii: cea mai mare realizare a vieții mele 120
4. Munca și satisfacția personală 146
5. Comunitățile: dincolo de familie, dincoace de stat 170
6. Comunismul: un patriarhat de stat 202
7. Față în față cu capitalismul și construcția democrației 251

Concluzii 299
Bibliografie 313

Celor 101 coautoare din județul Hunedoara

Cuvânt înainte

Cartea de față a apărut la finele lui 2018 în Statele Unite, la Indiana University Press, la nouă ani de la debutul cercetării noastre. Desigur că traducerea ei în limba română a reprezentat un obiectiv încă de la început; lucrarea a fost concepută inițial pentru un public internațional. Un astfel de public are nevoie și de o categorie aparte de explicații pe care, de regulă, le oferim mai restrâns publicului românesc, având în vedere presupozițiile referitoare la mai buna înțelegere a contextului. Totuși, nu am eliminat decât puține astfel de explicații de fond, pentru bunul motiv că și în România publicul mai tânăr a trăit o altă istorie decât cea a majorității repondentelor noastre. Istoria trăită începe, de bună seamă, cu fiecare om și cu fiecare generație. Ceea ce ne-a precedat face parte dintr-un trecut consemnat sau nu, despre care învățăm sau nu, pe care îl înțelegem sau nu, dar cu care nu putem empatiza la fel cum o facem cu istoria căreia îi suntem parte directă.

Pe parcursul cercetării și prelucrării rezultatelor, al elaborării diferitelor variante de manuscris, dar și pe parcursul intervalului cuprins între publicarea versiunii în limba engleză și a celei în limba română istoria a avut dinamica ei. Pe cât a fost posibil, am actualizat datele, cel puțin pe cele statistice.

În același timp, am încercat să încorporăm, măcar la nivel de interpretare, schimbările care au avut loc în zona Hunedoarei în ultimii 8-9 ani. Niciodată nu putem ţine pasul pe deplin cu prezentul. El este la fel de fluid ca viaţa însăși. Prin urmare, ediţia românească încorporează o interpretare care dă seama preponderent de nașterea și evoluţia cetăţeniei democratice a femeilor până la data la care a avut loc cercetarea, cu câteva adaosuri sau mici schimbări de parcurs. Ceea ce a rămas complet neschimbat în toate etapele sunt răspunsurile intervievatelor noastre, respectiv ale celor pe care le considerăm coautoare ale cărţii. Ne exprimăm întreaga gratitudine faţă de aceste femei și sperăm că ediţia în limba română onorează contribuţia lor, dincolo de muncă și familie, la istoria nașterii și creșterii cetăţeniei democratice, dar mai ales la înţelegerea acestui formidabil travaliu.

Mulțumiri

Această carte a prins viață datorită bunăvoinței celor 101 femei pe care le-am intervievat în județul Hunedoara. Ele și-au deschis casele și inimile. Au răspuns cu răbdare la toate întrebările pe care li le-am adresat. Știind cât de valoroase sunt puținele momente libere din viețile lor atât de ocupate, le suntem recunoscătoare pentru generozitatea pe care ne-au arătat-o. Le mulțumim în chip special Emilei Bîrsan[1] și Otiliei David pentru tot ajutorul pe care ni l-au oferit cu focus-grupurile. Vom păstra în amintire întreaga experiență trăită împreună cu ele, dincolo de scopurile academice ale cercetării.

Cercetarea noastră a fost posibilă datorită grantului primit de la National Endowment for the Humanities (NEH) și de la International Research and Exchanges Board (IREX). Posibilele erori factuale sau de interpretare ne aparțin exclusiv.

Le suntem recunoscătoare asistentelor noastre de cercetare, Diana Neaga și Cristina Rădoi, care le-au intervievat pe cele mai multe dintre repondente și au lucrat la transcrierea interviurilor. Pentru asistența la transcrieri îi mulțumim lui Valentin Niculescu Quintus. Crisia Constantine, Andrei Miroiu și Elena Popa ne-au ajutat la traduceri. Alex Tipei a contribuit în mod esențial la volum prin editarea traducerilor și prin sugestii critice. Magdei Dragu îi datorăm cea mai mare parte a traducerii în limba română.

Îi suntem recunoscătoare lui Jeffrey Isaac pentru lectura profundă și critică a întregului manuscris.

1. Din păcate, o facem postum în cazul ei.

Dorim să le mulţumim evaluatorilor manuscrisului precum şi echipei editoriale de la Indiana University Press, care au contribuit semnificativ la îmbunătăţirea lucrării.

Suntem îndatorate editurii Humanitas pentru faptul că această carte are şi o versiune românească.

În final, doi bărbaţi ne-au încurajat prin sprijinul lor afectiv de-a lungul întregului deceniu cât a durat acest proiect, de la ideea iniţială, la manuscrisul final. Proiectul de faţă şi celelalte anterioare nu ar fi fost duse la bun sfârşit fără Dan Deckard şi Adrian Miroiu.

Lista abrevierilor

BOB	Biroul Organizației de Bază
COJES	Comisia Județeană în Domeniul Egalității de Șanse între Femei și Bărbați
CNCD	Consiliul Național pentru Combaterea Discriminării
CNF	Consiliul Național al Femeilor
EIGE	Institutul European pentru Egalitatea de Șanse între Femei și Bărbați
FDUS	Frontul Democrației și Unității Socialiste
FMI	Fondul Monetar Internațional
FSN	Frontul Salvării Naționale
NATO	Organizația Tratatului Atlanticului de Nord
ONG	Organizație Non-Guvernamentală
PCR	Partidul Comunist Român
PD	Partidul Democrat
PDL	Partidul Democrat Liberal
PISA	Programul Internațional pentru Evaluarea Elevilor
PNL	Partidul Național Liberal
PNȚ	Partidul Național Țărănesc
PSD	Partidul Social Democrat
UDMR	Uniunea Democrată Maghiară din România
UE	Uniunea Europeană
UMRL	Uniunea Mondială a Românilor Liberi
UTC	Uniunea Tineretului Comunist

Introducere

De-a lungul istoriei moderne, femeile au luptat să fie recunoscute în totalitate ca ființe umane: moral, intelectual, precum și ca cetățene cu drepturi politice și civile depline.[1] La nivel global, nenumărate femei nu se bucură nici astăzi de cetățenie deplină sau de egalitate de gen. Volumul de față examinează drumul femeilor către cetățenie democratică, așa cum s-a conturat în ultimii 70 de ani în România. Încercăm explorarea acestei istorii prin poveștile de viață și opiniile a 101 femei din județul Hunedoara. Unele dintre ele s-au născut în anii 1920–1930, o perioadă când femeile din România aveau drepturi civile și politice foarte limitate. Ulterior, aceste femei au fost martore la totala eliminare a democrației în comunism, o pierdere care i-a afectat în mod dramatic și pe bărbații născuți în aceeași perioadă. Majoritatea intervievatelor noastre s-au născut în perioada comunistă (1947–1989) și au trăit o parte semnificativă a vieții lor în acest regim. În lipsa unei culturi politice democratice,

1. Declarația universală a drepturilor omului adoptată de Organizația Națiunilor Unite (ONU) în 1948 a adus pentru prima oară în discuție, pe plan politic internațional, problema egalității de gen la nivel global. ONU a făcut demersuri în aceeași direcție în 1979, când a stabilit o convenție internațională pentru eliminarea tuturor formelor de discriminare împotriva femeilor.

nici una dintre ele nu învățase vreodată că egalitatea în drepturi civile și politice între femei și bărbați s-a datorat prin excelență mișcării feministe.[1]

Pentru cele 101 intervievate, cetățenia democratică a început efectiv pe 20 mai 1990, când, pentru prima dată în istoria României, femeile au luat parte la alegeri multipartinice nefalsificate, atât la nivel local, cât și național. Când am întreprins cercetarea noastră, între 2009 și 2010, aceste femei aveau deja experiența a două decenii de cetățenie democratică. Nu puține și-au asumat poziții implicit sau explicit feministe, devenind cetățene active și luând poziții critice la nivel politic.

Cetățenia democratică

Cum este firesc, abordarea noastră începe cu o configurare teoretică normativă a democrației și a cetățeniei democratice. Definim *democrația* ca regim politic în care toți membrii comunității au aceleași drepturi și responsabilități în relație cu sistemul politic decizional și cu aplicarea în practică a politicilor publice, se bucură de aceeași protecție legală împotriva discriminării și reușesc să mențină această egalitate prin angajarea activă în viața polisului. Desigur, această definire normativă capătă un referențial doar în democrațiile consolidate.

De-a lungul istoriei, calitatea de cetățean a depins de sex, rasă, etnie, clasă, avere, religie, educație. În aceste cazuri se poate vorbi cel mult de regimuri democratice limitate. Este de asemenea adevărat că în diverse contexte istorice

1. Aceasta nu înseamnă că nu a existat o mișcare feministă în România înainte de comunism; dimpotrivă, ea a debutat în jurul anului 1848. Dar cărțile de istorie nu conțineau și nu conțin nimic despre acest fapt. Vom dezvolta mai pe larg această problemă în următorul capitol.

drepturile democratice formale, cum este cazul dreptului de vot, nu au fost propriu-zis exercitate. În comunism aceste drepturi existau, dar regimul era monopartit. Partidul Comunist își era unicul competitor. În aceste condiții, însăși ideea de alegeri politice era goală de conținut.

Există cazuri în care societăți cu instituții democratice care au respectat exercitarea drepturilor de reprezentare au produs rezultate nedemocratice sau neliberale. Într-o democrație neliberală există tendința ca partidele politice să se cartelizeze și să captureze instituțiile statului. În aceste condiții, reprezentarea intereselor politice ale cetățenilor de către partide scade dramatic, inegalitățile economice ating niveluri înalte, iar libertatea de asociere și acțiunea colectivă sunt foarte limitate pentru majoritatea oamenilor. Libertatea de exprimare, chiar dacă există, este și ea limitată de existența oligarhiilor sau monopolurilor mediatice, private sau publice. Inegalitățile economice sunt suficient de adânci încât să genereze o nesiguranță enormă, a cărei consecință este incapacitatea de exersare a drepturilor pentru multe segmente ale societății. Chiar dacă există prevederi legale în privința egalității de gen, societatea rămâne patriarhală la nivelul reprezentării și practicilor politice. În astfel de democrații neliberale, tema principală a politicienilor este suveranitatea națională. Această temă devine categoric mai importantă decât democrația (Krastev 2016).

Într-o democrație consolidată, în care capacitatea de a alege se bazează numai pe criteriul vârstei adulte și în care se presupune că instituțiile participă la împlinirea scopurilor democratice ale regimului politic, definim cetățenia democratică drept apartenența unui individ la o comunitate, fie ea națională sau multinațională (ca de exemplu Uniunea Europeană), în care el sau ea are drepturi politice și civice depline. Într-un regim politic pluralist cu democrație consolidată cetățenii își exercită voința prin vot, asociere, referendumuri, lobby, proteste și alte mijloace de exprimare a intereselor și valorilor lor politice. Legile și politicile publice rezultă din acest proces de negociere, în care cetățenii joacă un rol activ esențial. Voința cetățenilor este limitată totuși de respectarea drepturilor omului, de libertățile fundamentale (de exemplu, dreptul la exprimare individuală) și de respectarea legilor. Legitimitatea reprezentanților și a instituțiilor politice într-o democrație liberală rezultă din voința oamenilor de a proteja aceste drepturi. Fiind moniste și autoritare, regimurile comuniste sunt incompatibile cu cetățenia de tip democratic.

Pe lângă drepturile constituționale și vot, cetățenia democratică presupune ca accesul la viața economică, socială și civică a comunității să nu fie condiționat de discriminări de gen sau biologice. A fi cetățean democrat înseamnă să accepți și să acționezi în concordanță cu principiile toleranței, și doar respectând drepturile celorlalți oameni. Înseamnă să îți faci datoria moral-politică de a proteja aceste valori și principii în polis. Cetățenii democrați își asumă drepturi și responsabilități. Ei creează un echilibru între ceea ce le datorează statul (într-o viziune liberal-individualistă) și ceea ce oferă ei, ca cetățeni, comunității politice (într-o viziune comunitar-republicană). Aceste tipuri de angajare și participare merg mână în mână (Walzer 1995, 217).

Cetățenia democratică începe să înflorească numai în condițiile în care cetățenii au șansa să își transfere interesele personale pe agenda politică. La baza acestui tip de cetățenie stă capacitatea de angajare personală directă în probleme de interes public. Socioloaga feministă Ruth Lister, ale cărei scrieri ne-au influențat profund în abordarea noastră, distinge între *a fi cetățean/ă* și *a juca un rol activ ca cetățean/ă*. A fi cetățeană, susține ea, nu presupune doar accesul la participarea politică, ci și exercitarea acestui drept:

> A acționa ca cetățeană presupune să dai curs întregului potențial al acestui statut. În practică, participarea politică tinde să fie mai mult un proces continuu decât o abordare de genul «totul sau nimic». Participarea poate fluctua de-a lungul vieții individului, reflectând, în parte, cerințele derivate din obligații morale, care pot fi interpretate ca exercitarea obligațiilor de cetățeană (1998, 35–36).

Așadar, așa cum evidențiază interviurile noastre din Hunedoara, când o văduvă pensionară își ajută comunitatea menținând trotuarele curate sau organizând plantarea copacilor din jurul blocului, ea nu numai este, dar și acționează ca o cetățeană. Când o doctoră intenționează să candideze la o funcție politică ca să poată avea acces la fonduri suplimentare pentru înzestrarea dispensarului public al comunei în care locuiește, acea doctoră alege sa joace un rol activ ca cetățeană.

O perspectivă feministă

În ceea ce privește accesul femeilor la funcții politice (ca și al altor grupuri marginalizate din cauza rasei, religiei, etniei, clasei sau orientării sexuale), se poate remarca o uriașă neconcordanță între ideal și realitate.[1] Dacă ignorăm câteva excepții notabile[2], observăm că forme importante de inegalitate de gen persistă chiar și în cele mai democratice state. Activitatea civică a femeilor este evaluată diferit și contribuțiile lor la binele socio-economic al comunității nu sunt valorizate la fel ca cele ale bărbaților. Când femeile propun

1. Femeile aparținând acestor categorii de minorități tind să fie marginalizate și mai mult din cauza genului lor.

2. Țările Scandinave și Noua Zeelandă se numără printre aceste excepții.

proiecte pentru folosirea resurselor publice locale, la nivel de stat sau la nivel european, recomandările lor sunt în cel mai bun caz marginalizate drept „treburi de femei“ sau, în cel mai rău caz, sunt complet ignorate.[1] Dată fiind această stare de fapt, cum pot coexista armonios interesele acestei categorii de cetăţeni cu acţiunile politice ale reprezentanţilor aleşi? Cum poate clasa politică să treacă peste canonicele „interese de stat“ şi să includă reprezentarea adecvată a intereselor cetăţenilor?

Perspectiva feministă ne oferă instrumente utile pentru o critică a relaţiilor de putere bazate pe gen în raport cu dezvoltarea cetăţeniei democratice. După cum scrie Lister,

> «Feminismul» este o identitate politică ce îşi trage rădăcinile din sensul larg al conceptului de «politic». Cu alte cuvinte, conceptul presupune că politica are implicaţii în felul în care ne trăim viaţa, inclusiv în relaţiile noastre personale. Politica reflectă relaţiile de putere bazate pe gen, precum şi pe inegalitate, în sfera privată şi în cea publică [...]. Pentru multe femei care îşi revendică o identitate feministă, aceasta semnifică şi o identitate politică asumată, în contextul căreia nu putem opera cu o diviziune rigidă între sfera publică şi sfera privată (2005, 443–444).

Dezvoltând această largă definire a politicii, precum şi această definire particulară a feminismului, cercetarea noastră s-a concentrat şi asupra manifestărilor cotidiene ale cetăţeniei, nu doar asupra activităţii politice evidente şi explicite. Indiferent de ideologie, toate regimurile politice moderne conectează sfera familială, sau mai larg, pe cea privată, cu sfera publică. Nu putem separa în mod tranşant sfera privată de cea publică, sau viaţa personală de cea politică atunci

1. Protecţia copiilor sau a bătrânilor sunt două astfel de exemple.

când vorbim despre activitățile zilnice ale bărbaților și, în cazul nostru special, ale femeilor (Mouffe 1993; Okin 1987, 1998, 2004).

În regimurile autoritare ale secolului XX politicul a însemnat o intruziune radicală și explicită în viața privată. Repondentele noastre au fost supuse complet controlului de stat care a dominat sfera vieții lor private, până la nivel uterin (vezi politica pronatalistă și controalele ginecologice forțate). Pentru femeile care au supraviețuit comunismului, drumul spre cetățenia democratică a fost o nouă provocare, în special din cauza modului în care sfera personală a fost asimilată celei politice. Aceasta este o experiență istorică străină dezvoltării feminismului vestic.[1]

Feministele vestice de diverse orientări[2] sunt de acord că programele sociale funcționează în calitate de corectori ai discriminării istorice și structurale care a blocat accesul femeilor la putere și resurse politice. Fără aceste programe, femeile nu își pot exercita complet drepturile civice și politice ca cetățene. În această viziune, drepturile sociale și statul social (*welfare state*) sunt condiții obligatorii pentru o completă capacitare[3] politică a femeilor (Phillips 1998, 2003; Shapiro 1998; Young 1990). Această perspectivă consideră

1. În Statele Unite sau Marea Britanie, de exemplu, mișcările feministe din secolul al XIX-lea s-au dezvoltat plecând de la experiențele femeilor albe din clasa de mijloc. Propriile condiții le-au determinat scopurile politice. Pentru femeile afro-americane sau nativ-americane, sistemul politic american din secolul al XIX-lea (și din multe puncte de vedere din perspectiva mișcării drepturilor civile) a fost mai degrabă autoritar decât democratic (Solinger 2016).

2. Acestea includ orientări liberale, socialiste, marxiste, comunitariene, radicale și ecofeministe (Jaggar 1983; Millett 1970; Nussbaum 2001, Okin 1987, 1998; Pateman 1989, 2006; Plumwood 1993; Tronto 1993).

3. Am preferat traducerea termenului consacrat *empowerment* prin capacitare, nu prin cel de „împuternicire“, destul de utilizat, de altfel.

neoliberalismul politic contemporan ca pe o amenințare la adresa exercitării drepturilor femeilor și, prin extensie, a cetățeniei democratice. În mod logic și previzibil, perspectiva lor este derivată dintr-un context istoric specific.

Femeile care au trăit în România comunistă au avut o experiență istorică radical diferită. Ele atribuie o altfel de valoare drepturilor sociale și politice față de femeile din Vest. În comunism, drepturile sociale aveau întâietate comparativ cu drepturile politice. Statul comunist era o entitate paternalistă care se îngrijea de cetățenii săi. În același timp, aparatul de stat și politicile sale se întemeiau pe o negare a indivizilor ca ființe raționale, capabile de înțelegere, alegere și acțiune în concordanță cu propriile lor interese, cu alte cuvinte, cu un înțeles al conceptului de individ care este esențial pentru democrație. Deși regimul comunist a facilitat independența economică a femeilor față de bărbați, scopul lui a fost să anihileze capacitatea de acțiune independentă ca cetățeni atât în cazul femeilor, cât și al bărbaților. Până la căderea comunismului, ingredientul fundamental al cetățeniei democratice, respectiv recunoașterea autonomiei personale, lipsea în mod substanțial (M. Miroiu 2004b).[1]

Date fiind aceste aspecte, am ales o abordare normativă care descinde din teoriile lui Immanuel Kant, John Stuart Mill, și, mai recent, John Rawls, privitoare la democrația politică necesarmente infuzată de liberalism etic. Abordarea noastră este strâns legată de feminismul liberal – atât în versiunile anglofonă și românească din secolul al XIX-lea, cât și de manifestările lui contemporane, și în special de direcțiile care consideră liberalismul social ca o condiție pentru

1. Elementele individualiste versus relaționale în definirea *autonomiei*, așa cum a fost formulată de teoreticienele feministe, în relație cu noțiunea de oprimare internalizată, nu sunt scopul discuției de față (Lister 2008; Mackenzie and Stoljar 1999).

egalitatea de șanse.[1] Feministele comunitare, precum J.B. Elshtain (1981), și feministele socialiste, ca de exemplu Iris M. Young (1990), H. Hartman (1981) și Sofia Nădejde, din România (Mihăilescu 2002), au avut de asemenea o influență considerabilă în analiza noastră.

Credem că, pe lângă o profundă familiarizare cu discursurile academice și ideologice privitoare la comunism, experiențele noastre personale din timpul regimului comunist (17 ani pentru Maria Bucur și 34 de ani pentru Mihaela Miroiu) au constituit un avantaj de înțelegere în contextul cercetării noastre. De asemenea, cea mai mare parte a vieților noastre petrecute în Statele Unite (Maria Bucur) și respectiv în România postcomunistă (Mihaela Miroiu) au contribuit la abordarea intelectuală a studiilor relevante privitoare la neoliberalism.[2] Nu pretindem că experiențele personale ne-au conferit o obiectivitate mai mare, ci că mai degrabă ne-au adâncit potențialul de înțelegere care trece dincolo de expertiza academică, fiindcă are în plus sprijinul cunoașterii derivate din experiența trăită. Alături de repondentele noastre, am avut experiența unui regim care a limitat drastic libertatea personală, indiferent de gen. În consecință, noi vedem acest cadru istoric drept fundamental pentru înțelegerea mai profundă a formării cetățeniei democratice în context românesc. Considerăm că studiul nostru de caz suplimentează aceste experiențe istorice și îmbogățește cercetările privitoare la gen și cetățenia democratică (vezi și Dietz 1998).

1. Am inclus lucrări de Mary Wollstonecraft (1792, 2004), J.S. Mill and Harriet Taylor Mill (1982), și, în România, Adela Xenopol, Eugenia de Reuss-Ianculescu, Maria Buțureanu și Calypso Botez (Mihăilescu 2002, 2006). Alte studii contemporane care au influențat cercetarea noastră sunt: Nussbaum (2001), Okin (1998), Phillips (1998, 2003) și Tronto (1993).

2. Ne referim aici la neoliberalismul globalizat care s-a dezvoltat după căderea comunismului (Steger 2002).

Contextul cercetării

Până de curând numai o mică și dedicată rețea de sociologe feministe, antropoloage și istorice, alături de un număr de bărbați cercetători sensibili la această problematică au analizat impactul pe care l-au avut regimurile comuniste est-europene asupra percepției femeilor privitoare la cetățenie și la politica de fiecare zi (Bucur 2008a; Verdery 1996). Istorice precum Sheila Fitzpatrick sau Marianne Kemp, antropoloage precum Nancy Ries și Sarah Phillips au oferit explicații profunde și au inițiat discuții mai nuanțate privitoare la gen și politicile cotidiene în Uniunea Sovietică și în statele care au rezultat după destrămarea acesteia. În ultimul deceniu, contribuții bine-venite la cercetarea referitoare la felul în care au perceput femeile regimurile comuniste au avut, printre alții, istorice precum Jill Massino și Luciana Jinga pentru România, Krassimira Daskalova și Kristen Ghodsee pentru Bulgaria și Malgorzata Fidelis și Anna Muller pentru Polonia (Daskalova 2007; Fidelis 2010; Ghodsee 2004; Jinga 2015; A. Muller 2013).[1] Totuși, există încă foarte puține studii calitative multigeneraționale care să includă femeile care au atins vârsta maturității, începând din primii ani de după război, până la tranziția postcomunistă. Acest lucru este adevărat pentru toate regimurile comuniste est-europene.

Interesul privitor la noua epocă a dominat studiile despre România în timpul primei decade postcomuniste. Foarte puțini oameni au fost dispuși să privească înapoi, la trecutul recent atât de traumatizant. În plus, istoricii comunismului românesc au manifestat un interest scăzut pentru felul în

1. Revista *Aspasia* a inițiat o discuție comparativă pe acest subiect în 2007, cu forumul „Este feminismul comunist o *contradictio in terminis*?“ (*Aspasia* 2007) și a revenit la subiect în 2016, cu forumul „După zece ani: Comunismul și feminismul revizuite“ (*Aspasia* 2016).

care femeile se raportau la discursurile, politicile și artefactele culturale. Mai degrabă cercetătoare din domeniul științelor politice, sociologie și antropologie și-au pus întrebări privitoare la gen în legătură cu percepțiile pe care populația le-a avut asupra schimbărilor politice din ultimii 50 de ani (Kligman 1998; Miroiu 2004b; Verdery 1996). Totuși, din 2000, istoricii au început să fie din ce în ce mai interesați să înțeleagă aspectele referitoare la gen ale regimurilor comuniste (Jinga 2005; Rostaș și Văcărescu 2008). Aceste studii au evidențiat faptul că femeile încep să devină o categorie de cercetare mai puțin controversată, acceptată atât de cercetătoarele feministe, cât și de cei care nu se autoidentifică astfel (Pasti 2003).

Contextul proiectului

Ambele autoare au studiat relațiile de gen și regimurile politice din România timp de zeci de ani, folosind instrumentele istorice (Maria Bucur) și pe cele ale științelor politice și sociologice (Mihaela Miroiu). În cadrul acestor discipline, fiecare dintre noi folosește abordări normative inspirate de filozofie și, în primul rând, de filozofia moralei. Anterior acestui proiect, Mihaela Miroiu a coordonat o serie de studii cantitative la scară națională, incluzând *Barometrul de gen* (Fundația pentru o Societate Deschisă), *Gen, interese politice și inserție europeană* (CNCSIS 2006–2008) și a contribuit la studiul comparativ *Gen în Europa Centrală și de Est: Feminism și sărăcie* (ERSTE 2009–2010).

Programul de cercetare al Mihaelei Miroiu ne-a oferit punctul de plecare. Pentru început, datele statistice din *Barometrul de gen* au dovedit faptul că regimul comunist a jucat un rol insignifiant (cel puțin în familie) în reducerea ordinii patriarhale tradiționale și simbolice în ceea ce privește emanciparea femeilor prin munca plătită. Acest studiu a arătat că bărbații au fost considerați „capul familiei“ (acest termen și utilizările lui vor fi abordate în profunzime în capitolul dedicat bărbaților) în sfera politică și privată de-a lungul întregului secol al XX-lea. Ulterior, *Gen, interese politice și inserție europeană* a clarificat prioritățile femeilor privitoare la buna guvernare și serviciile finanțate de stat. Rezultatele au evidențiat în special o nepotrivire între preocupările femeilor și agenda partidelor politice contemporane. Propriile noastre interviuri au confirmat aceste rezultate, oferind o mulțime de detalii calitative privitoare la motivele pentru care femeile încă refuză să se implice mai direct în politica de partid. În final, deși colapsul economiei de stat a avut un impact mai mare asupra statutului bărbaților și al veniturilor acestora (spre deosebire de femei), *Gen în Europa Centrală și de Est* a evidențiat o tendință clară spre feminizarea sărăciei după 1989.

După examinarea acestor rezultate, ne-am îndreptat atenția asupra datelor statistice europene și internaționale privitoare la venitul femeilor, participarea lor ca forță de muncă, timp liber, luarea deciziilor și violența domestică.[1] Aceste studii cantitative – corelate cu studiile calitative referitoare la gen și educație[2], gen și piața muncii, intersecționalitate, etnicitate și cetățenie – au furnizat nu doar informații importante, dar și un context de cercetare pentru o formulare coerentă a întrebărilor la care am încercat să răspundem.

Am demarat munca la această carte în 2009–2010, la două decenii după ce femeile din România au început să-și

1. Vezi rapoartele Institutului European pentru Egalitatea de Șanse între Femei și Bărbați (EIGE) și Raportul global al diferențelor de gen cuprins în acest document.

2. Braga 2014; Gheorghe 2014; M. Miroiu 2004a; Morteanu 2014; Vincze 2011.

exercite drepturile politice într-un regim democratic, în context neoliberal. La acea dată, din studiile de specialitate lipsea o descriere a modului în care femeile și-au gândit, explicat și exercitat rolurile de gen. Existau numai câteva istorii nuanțate scrise de femei care nu erau direct implicate în sfera publică, în calitate de formatoare de opinie sau de politiciene, despre felul în care au înțeles impactul lor în societate și în special relațiile lor cu rolurile de gen din familie, comunități informale și politică, de la cea locală la cea internațională. Studiile cantitative aveau în vedere femeile care erau implicate activ în politică, la nivel național sau european (Paul 2011) și le neglijau pe cele care luau parte la politică la nivel local sau erau inactive politic.

Cele care și-au exprimat opiniile politice includeau lidere ale unor organizații non-guvernamentale (ONG-uri) precum Renate Weber (Fundația pentru o Societate Deschisă) și Monica Macovei (APADOR, afiliata română la Comitetul de la Helsinki). Pe parcurs, ambele au fost alese în Parlamentul European și au jucat un rol important în politica românească, în calitate de consilieră specială a președintelui (Weber) sau ministră a justiției (Macovei). Alte femei deosebite sunt intelectuale precum Doina Cornea, cunoscută îndeosebi prin activitatea de disidență din anii 1980; poeta Ana Blandiana; scriitoarea și jurnalista Gabriela Adameșteanu și Rodica Palade, editoare-șefe a celei mai importante reviste intelectuale din timpul primei decade postcomuniste, *22*. Intelectuale publice mai tinere, precum Oana Băluță, au continuat să contureze peisajul în schimbare al activismului civic.

Am simțit nevoia să ne îndepărtăm de asemenea cazuri de excepție spre o cercetare mai profundă, chiar dacă aceasta a însemnat să limităm studiul la 101 femei repondente. Numărul aproximativ scăzut al grupului-țintă ales a fost relativizat de selecția pe care am făcut-o și pe care o considerăm reprezentativă pentru „persoanele obișnuite“ (Iluț 1997).

Femeile din studiul nostru locuiesc în orașe de dimensiuni medii și mici pentru România (Hunedoara și Simeria) și la sat (Sîncrai). Aceste localități au trecut prin transformările economice și sociale aduse de regimul comunist în mod dramatic, dar reprezentativ, după cum demonstrează capitolul nostru dedicat contextului istoric. De exemplu, Sîncrai a trecut prin colectivizarea forțată, dar și prin procesul destrămării agriculturii colectivizate, de după 1989, urmate mai recent de un proces de producție privatizată pentru uz personal (gospodăria de autoconsum) și într-o foarte mică măsură pentru folosință comercială.

În același timp, am vrut ca participantele noastre să reflecte diversitatea etnică și religioasă a României. Proporția minorităților etnice din România a gravitat în jurul a 10% din 1990 încoace, scăzând de la 28%, cât era la sfârșitul perioadei interbelice (Gusti 1938; Institutul Național de Statistică 2013). Această schimbare a fost determinată în special de emigrarea unui număr semnificativ din rândurile populației, reprezentând cele două minorități mai importante, maghiarii și germanii, precum și de politicile de exterminare ale guvernelor maghiar și român împotriva populației evreiești în timpul celui de-al Doilea Război Mondial. Populația rromă a fost supusă unei politici similare de decimare, dar a cunoscut un reviriment. În 2011, maghiarii reprezentau 6,5% din populație (scăzând cu 200.000 de indivizi față de recensământul precedent din 2002), iar populația declarată rromă era 3,3% (crescând cu 16% față de recensământul din 2002). Creșterea populației rrome este cu atât mai spectaculoasă, având în vedere rata medie în scădere a fertilității. În județul Hunedoara recensământul din 2002 a evidențiat o dinamică similară a minorităților față de majoritatea etnică română, care reprezintă 92%.

Diversitatea religioasă a Hunedoarei a pus în evidență un alt important avantaj privind realități sociale mai largi.

Recensământul din 2011 a evidențiat faptul că 76,5% din populația regiunii este ortodoxă, semnificativ mai mică decât procentul total de credincioși de 86,5 la nivel național, dar formând totuși partea cea mai importantă a credincioșilor. Catolicii (preponderent etnici maghiari) reprezintă 6,4% din populație, cu puțin peste media națională de 4,6%. În comparație cu procentul național de 0,8%, o parte mică, dar semnificativă a minorităților, de 2,7%, o reprezintă greco-catolicii (etnici români).[1] Alte minorități religioase din zonă includ penticostalii (2,3% față de 1,9% la nivel național) și adventiștii de Ziua a Șaptea (puțin peste 1,0%), congregații care au atras credincioși în special după 1990. Un procent ușor mai ridicat de baptiști locuiesc în județul Hunedoara comparativ cu media națională de 0,6%. Calviniștii lipsesc în mod semnificativ din regiunea Hunedoarei, deși ei reprezintă aproximativ 3,2% din media națională. Această populație este concentrată în alte zone din Transilvania, în general la nord de Hunedoara (Institutul Național de Statistică 2013). Pentru structurarea proiectului nostru am căutat intenționat o varietate largă de interlocutoare care reprezintă aceste diferențe religioase, în special printre repondentele catolice.

1. Greco-catolicii (uniți) reprezentau o parte importantă în recensământul din 1930 și majoritatea locuiau în Transilvania. În 1948, regimul comunist a eliminat Biserica Greco-Catolică din viața publică. Credincioșii au fost nevoiți să aleagă între convertirea la ortodoxie, care a fost tolerată de Partidul Comunist Român (PCR), sau să își mențină afilierea ilegală la Biserica Greco-Catolică (Stan și Turcescu 2007). După 1990, statul a recunoscut Biserica Greco-Catolică, ceea ce i-a determinat pe credincioși să revină la această congregație. În zona Hunedoarei, declinul populației ortodoxe poate fi asociat acestui proces, precum și creșterii congregațiilor penticostale și ale adventiștilor de Ziua a Șaptea, alcătuite în special din etnici români convertiți de la ortodoxie.

Am ales regiunea Hunedoarei nu numai pentru experienţa istorică reprezentativă şi pentru compoziţia demografică, dar şi pentru că Mihaela Miroiu este născută şi crescută în această zonă, ceea ce ne-a înlesnit accesul la participante. Legăturile ei personale ne-au permis contactul iniţial cu repondentele şi le-au încurajat să se exprime mai liber şi expresiv.

Am ales o metodă calitativă de istorie orală potrivită pentru studiul vieţii cotidiene, cu accent special pe cetăţenie (Pawluch, Shaffir şi Miall 2005). Ambele autoare au experienţă extinsă cu aceste metode. Mihaela Miroiu a început studiul bazat pe observaţia participativă şi chestionare ca studentă în anii 1970, o abordare pe care a continuat-o. În timpul celor patru decenii de cercetare, ea a alcătuit şi implementat multe chestionare sociologice şi interviuri calitative. Maria Bucur a încheiat anterior două proiecte de istorie orală, unul concentrat pe memorie şi război şi celălalt privind lectura în timpul comunismului. A folosit chestionare cu răspunsuri deschise şi poveşti de viaţă ca surse de colectare de date în ambele proiecte.[1] Experienţele noastre cu metode sociologice, etnografice şi de istorie orală ne-au ajutat să ne bazăm pe sondaje şi interviuri individuale, folosind focus-grupurile ca modalitate oportună pentru a elabora mai departe întrebările de cercetare şi organizare (Bulai 2000). Interviurile individuale ne-au oferit mijloacele necesare pentru o colectare de date mai nuanţată, cu răspunsuri deschise (King, Keohane şi Verba 1994; Rubin şi Rubin 2005; Schatz 2009).

1. Aceste proiecte au fost colaborări în echipă, alături de Ştefan Ungureanu, sociolog la Universitatea Transilvania din Braşov.

Trei focus-grupuri

Primul focus-grup a implicat opt participante și a fost organizat pe 1 august 2009 în orașul Hunedoara.[1] În afară de o asistentă medicală și o inspectoare de la Ministerul de Finanțe, participantele au fost femei pensionare cu vârste cuprinse între 60 și 77 de ani. Ele lucraseră ca învățătoare, asistente de laborator și electriciene. Compoziția grupului este tipică pentru această generație de femei de la oraș. Majoritatea aveau diplome de liceu și calificări profesionale care le-au permis să lucreze până la vârsta pensionării. Toate făceau parte din prima generație de locuitori la oraș. În afară de două, aveau copii adulți. Unele dintre participante aveau și nepoți. Întâlnirea a avut loc în apartamentul uneia dintre participante, o învățătoare ieșită la pensie. Erau comunicative, optimiste și se exprimau cu umor și uneori cu autoironie. Șase erau românce (ortodoxe), una era de origine maghiară (unitariană) și una germană (fără orientare religioasă).

Al doilea focus-grup s-a format tot în orașul Hunedoara, pe 4 august 2009, în casa uneia dintre cele opt participante. În acest grup au fost reprezentate diverse profesii: doctore, economiste, o secretară, o asistentă medicală și o judecătoare. Ele aparțineau generației fiicelor femeilor cuprinse în primul focus-grup și au avut acces la o educație și la calificări mai înalte. Vârstele lor erau cuprinse între 42 și 58 de ani. Cu o singură excepție, toate aveau copii, aproape toți mari. Patru erau căsătorite, trei divorțate. O femeie nu fusese niciodată căsătorită și nu avea copii. Cinci erau românce (ortodoxe), două maghiare (catolice), și una greco-catolică. Majoritatea se cunoșteau între ele. În consecință, atmosfera era relaxată și tonul oarecum confesional; din când în când

1. Grupul era inițial compus din nouă membre, dar o femeie, intimidată de vorbitul în public, a renunțat.

discuţia devenea o sesiune de brainstorming în care toată lumea gândea critic şi căuta soluţii la problemele comune.

Al treilea sondaj a avut loc în Sîncrai, un sat situat la 16 kilometri depărtare de oraşul Hunedoara şi a adus alături şapte femei cu vârste cuprinse între 48 şi 83 de ani. Şase dintre ele erau pensionare, iar una lucra la o fabrică de pâine, în oraşul din apropiere. Toate aveau copii şi majoritatea erau bunici. Una avea patru copii, în timp ce celelalte aveau unul sau doi, un număr care reflecta media naţională. Marea preocupare a acestui grup era legată de nepoţi, şi în special de lipsa slujbelor disponibile în 2009, dat fiind impactul crizei globale în România. Patru dintre femei erau văduve şi aveau venituri modeste; lucraseră în cooperativa agricolă înfiinţată în timpul perioadei comuniste, organizaţie care a încetat să existe după 1990. Toate erau romance şi erau credincioase active în Biserica Ortodoxă. În plus, patru aparţineau ordinului Oastea Domnului[1]. Focus-grupul a avut loc într-o şură cunoscută de participante, creând astfel o atmosferă ce le amintea de reuniunile lor din tinereţe (mai ales de clacă şi de şezătoare).

Au rememorat experienţe de familie, tradiţii şi viaţa din timpul comunismului, precum şi relaţiile cu vecinii, administraţia locală şi partidele politice. Deşi discuţia a început cu lamentări despre starea proastă a lucrurilor, au existat momente care au evidenţiat felul cum aceste femei au reuşit să supravieţuiască în timpuri ostile şi au găsit soluţii pentru problemele curente, adeseori căutând sprijin una la alta, dar nu şi la conducerea de stat, prin reprezentanţii locali, şi fără să se bazeze pe resurse exterioare. Toate au venit îmbrăcate cu hainele lor cele mai bune, considerând întâlnirea drept un eveniment îndelung aşteptat: cineva le va asculta părerile cu privire la treburile publice. Aceste participante nu îşi

1. Pentru o discuţie mai detaliată privitoare la Oastea Domnului, vezi capitolul despre comunităţi.

făceau iluzii cu privire la puterea noastră de a le rezolva problemele, dar erau bucuroase să discute despre ele și să „pună țara la cale“ cu „doamne“ din Statele Unite și de la București.

Toate participantele la focus-grupuri au fost intervievate mai târziu în detaliu și ele ne-au recomandat alte femei care ulterior au devenit parte din eșantionul nostru. Familiaritatea pe care participantele au simțit-o de la început față de subiect și față de noi, ca și față de asistentele noastre de cercetare, Diana Neaga și Cristina Rădoi, care au condus majoritatea interviurilor individuale, a creat o atmosferă relaxată. Participantele la focus-grupuri au fost unanim și explicit de acord să le filmăm și să le folosim numele reale.

Principalele probleme care au fost menționate în aceste trei grupuri de conversație pot fi grupate în câteva teme:

1. Familie: Cum înțeleg aceste femei normele de gen și cum și-au definit propriile roluri de gen? Ce diferențe se observă între repondente? Variabilele includ munca în gospodărie și în afara acesteia, participarea la ritualurile comunității și părerile lor despre rolurile de gen.
2. Relații apropiate: Vecini, rude, prieteni. Cine le sunt apropiații și ce le oferă aceste relații în termeni de solidaritate și sprijin?
3. Comunitatea înconjurătoare: Sunt ele implicate în relații profesionale și informale cu vecinii, la biserică, sau în oraș? Ce impact au aceste relații asupra vieții lor ca cetățene?
4. Administrația politică locală, din sat, din vecinătatea orașului și de la nivel național: În ce constă reprezentarea și participarea politică locală? Cum răspund oficialii aleși la nevoile și interesele cetățenelor?
5. Comunitatea politică națională: În ce constă reprezentarea și participarea politică națională?
6. Comunitatea politică europeană și internațională: Cum percep ele impactul aderării României la UE și

al politicii internaţionale mai ample asupra problemelor şi grijilor personale?

Am folosit rezultatele focus-grupurilor pentru a alcătui ghidul pentru interviurile individuale. Într-adevăr, focus-grupurile ne-au permis să reformulăm ghidul nostru de interviu iniţial şi să îl îmbunătăţim, revizuind întrebările în funcţie de relevanţa lor, dar şi modul de exprimare, cu scopul de a îmbogăţi şi nuanţa informaţia solicitată şi de a spori validitatea răspunsurilor (Bulai 2000; Rubin şi Rubin 2005). În interviuri am formulat întrebări despre aceste teme într-un limbaj direct şi accesibil pentru toate participantele. Nu am folosit niciodată termenul *gen* în întrebările noastre, dar ne-am referit la relaţiile dintre femei şi bărbaţi sau între diverse instituţii (ca de exemplu guvernarea, munca, religia) şi femei sau bărbaţi.

101 interviuri

Cele 101 interviuri care includ poveşti de viaţă şi opinii politice au început în august 2009, la o săptămână după ultima întâlnire de focus-grup, şi au continuat până în martie 2010. Pauza de o săptămână ne-a permis să ne adaptăm ipotezele de cercetare şi ghidul de interviu în funcţie de direcţiile care au rezultat din discuţiile cu cele 23 de participante la focus-grupuri. Din suma totală, 96 de interviuri au fost înregistrate audio, în special de asistentele noastre de cercetare. Am înregistrat video încă cinci interviuri cu persoane-cheie din comunităţile de interes.

Ne-am selectat subiectele intervievate prin tehnica acumulării treptate (*snowballing*) şi nu prin cea a probabilităţii, alegând participante care în estimarea noastră puteau să ne ajute să testăm ipotezele de cercetare, să ofere un conţinut bogat în răspunsurile lor şi să ne ajute să ne ajustăm întrebările (Atkinson 2006). Am folosit în mare măsură recomandările participantelor la interviuri, care ne-au fost de mare ajutor pentru a găsi alte participante. Scopul nostru secundar în selectarea intervievatelor ulterioare a fost să creștem diversitatea în ceea ce privește vârsta, aria rezidențială, educația, etnia, religia și statutul ocupațional.

Majoritatea interviurilor au avut loc la casa repondentei la o oră aleasă în prealabil, iar câteva au fost conduse la locul de muncă al repondentei. Nu am impus o limită de timp interviurilor, așa că femeile au fost libere să discute subiectul cât de profund și-au dorit. Interviurile au durat în medie două ore, doar puține au durat o oră, iar câteva au durat între patru și cinci ore. Interviurile mai lungi le-au implicat pe interlocutoarele autoreflexive, care au fost dispuse să-și evalueze reacțiile la propriile povești de viață și care și-au exprimat părerile privitoare la politică cu mult mai multe detalii decât celelalte. Cu o singură excepție, în care soțul unei femei intervenea permanent să o corecteze, toate repondentele au fost singure cu persoana care a condus interviul. Durata lungă a interviurilor a evidențiat faptul că multe dintre intervievate erau nerăbdătoare și implicate, pentru că aveau ocazia să își exprime opiniile, în special cu privire la subiectele politice. Ele efectiv doreau să explice tipul de experiențe pe care le-au avut în comunism și să-și analizeze viața de la serviciu și de acasă. Materialul colectat de la focus-grupuri și interviuri s-a dovedit foarte bogat și a necesitat o muncă laborioasă de transcriere, încheiată în toamna lui 2010. Ulterior, ne-am întors în Hunedoara (2011–2016) pentru discuții informale.

Am colectat date de identificare personală explicite: nume, vârstă, stare civilă, copii, profesie/ocupație.[1] Am colectat și

1. Câteva repondente nu au dorit să fie identificate după nume și/sau nu au dorit să își decline vârsta. Pentru aceste persoane nu am utilizat două inițiale, ci am folosit litera A (anonim).

alte date de identificare implicită, precum locul de muncă, religia, etnia și statutul financiar. Acest fapt ne-a permis să examinăm câteva corelații în interpretarea datelor cantitative. Cu privire la construirea cetățeniei democratice, cele mai puternice corelații au fost cele dintre vârstă, arie rezidențială (rural/urban) și ocupație. Nivelul de educație, starea civilă, copiii[1] și situația financiară au fost corelate moderat. S-a dovedit că etnia și apartenența religioasă specifică au avut cea mai slabă corelație cu cetățenia democratică, deși religia apare ca un element important în viața multora dintre ele.[2]

În consecință, în analiza datelor ne-am concentrat în special pe diferențele de vârstă, zonă rezidențială și ocupație. Grupul pe care l-am identificat drept „generația comunismului", cu vârste cuprinse între 60 și 84 de ani și alcătuit din 23 de locuitoare la oraș și patru la sat, ne-a oferit o perspec-

1. Creșterea copiilor a avut un impact negativ asupra cetățeniei active. Mamele copiilor adulți aveau o mai mare tendință spre activism civic, în afara familiei și a locului de muncă.

2. Este necesară o clarificare privind lipsa populației rrome din studiul nostru, deși ea reprezintă o proporție în creștere în cadrul populației românești (3,3% în 2011) și este bine reprezentată în Hunedoara. Populația rromă din Hunedoara poate fi clasificată în trei categorii: (1) familii rrome asimilate care nu se autoidentifică în calitate de populație rromă în mod public sau în recensământ; (2) familii rrome mai puțin asimilate, care locuiesc în locuințe sociale asigurate de către stat, un fel de ghetouri, menționate în unele dintre interviuri; și (3) rromi sosiți din Polonia, neasimilați, care locuiesc în comunități închise, la periferia orașelor. Prima categorie este invizibilă, așadar nu am putut să o identificăm. Mai mult, deși asistenta noastră de cercetare care studiază populația rromă a încercat să contacteze femei din a doua și a treia categorie, nu a avut succes. Mulți oameni aparținând acestor comunități, în special cei din a treia categorie, au interdicția clară de a se amesteca cu populații non-rrome. Deși este posibil ca etnia să aibă o corelație mai puternică cu cetățenia politică activă pentru aceste grupuri, noi nu am putut să testăm această ipoteză.

tivă foarte bogată privitoare la politica din comunism. Aceste femei și-au exprimat frustrările cu privire la implicarea lor limitată în evoluția ultimelor două decenii, din cauză că erau pensionare.[1] „Generația tranziției“, cu vârste între 40 și 59 de ani, cuprinde femei încă foarte active profesional și câteodată civic, dar rareori politic. Am intervievat 50 de femei din mediul urban și șase din mediul rural, care se încadrează în această categorie. Ele ne-au oferit numeroase detalii de interpretare privitoare la schimbările aduse de democrație și de exercitarea cetățeniei democratice. Repondentele cu vârste cuprinse între 24 și 39 de ani au tratat democrația mai degrabă ca pe un dat decât ca pe o aspirație, un *fait accompli* care nu pune probleme, sau chiar ca pe o realitate banală.[2] Din această categorie am intervievat 16 femei din mediul urban și două din mediul rural. Le identificăm drept „generația democrației“. Limitele dintre generații nu sunt foarte clare. Un element comun care leagă toate generațiile a fost timpul și interesul pe care participantele le-au arătat față de subiectul interviului.

În interviuri am urmărit în general aceleași teme ca în focus-grupuri. Am fost interesate de semnificația pe care femeile o acordau statutului lor de cetățene și de felul în care și-au exercitat cetățenia în relație cu alte roluri din viața lor cotidiană, precum cele de mame, soții, fiice, vecine, colege

1. Pe parcursul întregii lucrări identificăm vârstele participantelor la momentul interviului. În cazurile în care vârsta nu apare în paranteză este pentru că interlocutoarea nu a dorit să o declare. În aceste cazuri am estimat vârsta în funcție de diviziunile de generații pe care le definim mai jos.

2. Cele mai tinere dintre aceste femei aveau vârsta de 16 ani la Revoluție. Am separat femeile care aveau 14 ani sau erau chiar mai tinere la sfârșitul perioadei comuniste, pentru că ele nu au fost niciodată pe deplin integrate în instituțiile regimului, ca de exemplu în Uniunea Tineretului Comunist (UTC), și nu au avut alte experiențe în afară de școala primară înainte de 1990.

de serviciu, prietene. Cu alte cuvinte, am fost interesate să aflăm despre felul în care rolurile de gen influențează cetățenia: măsura în care genul împiedică sau limitează exercitarea cetățeniei, sau invers, felul în care noile atribute ale cetățeniei au afectat interesele politice ale femeilor și scopurile lor. Am studiat relația dintre cultura politică, pe de o parte, și structurile politice și sociale, pe de altă parte, precum și efectele pe care noile instituții economice și sociale le-au avut asupra implicării civice și politice a femeilor, atât la nivel local, cât și la nivel național.

La fel ca bărbații, femeile au trecut prin transformările radicale ale instituțiilor politice între 1945 și 2010. În sensul instituționalist al termenului (A. Miroiu 2016), structurile politice au trecut prin mutații succesive, accentuate de schimbarea regimurilor: tranziția de la război la pace (1945–1947); dictatura proletariatului (1948–1965); așa-numitul comunism cu față umană (1965–1971); comunismul naționalist, un tip de dictatură stalinistă (1972–1989); tranziția postcomunistă, marcată de pluralism politic și economia de piață, care a produs schimbări radicale cu privire la statutul profesional, a adus rata crescută a șomajului (în special pentru bărbați) și retragerea statului din politicile de sprijin pentru creșterea copiilor (1990–1999); aderarea la UE și NATO și adoptarea instituțiilor vestice (2000–2007); statutul de țară membră a UE și consolidarea instituțiilor (2007–2010). Pentru generația comunismului, aceste schimbări au cuprins întregul ciclu al vieții lor. Generația tranziției a fost martoră la schimbările instituționale care au urmat dictaturii proletariatului (Vincze 2006), în timp ce generația democrației a fost afectată în special de transformările de după 1990. Așadar, am fost interesate în special de participantele care, pe baza experienței personale, puteau să comenteze consistent în privința impactului pe care aceste schimbări istorice le-au avut asupra vieții lor de zi cu zi și asupra rolurilor multiple pe care au trebuit sau au ales să și le asume.

Nu am realizat anticipat această selecţie a generaţiilor. Ea a rezultat din conţinutul interviurilor şi din interesul repondentelor referitor la examinarea critică şi complexă a vieţii lor ca femei, mame, soţii, colege, cetăţene. În special pentru primele două generaţii, interviurile au constituit o şansă să îşi rememoreze vieţile şi să creeze un dosar care poate să ajungă la cititori din alte părţi ale globului. Câteodată femeile au spus în mod explicit că ele consideră drept o mare şansă faptul că poveştile şi opiniile lor sunt înregistrate, iar astfel nu vor fi uitate.

Organizare şi rezultate

Naşterea cetăţeniei democratice este rezultatul efortului nostru de a analiza rezultatele obţinute în cercetarea pe care am descris-o. Am fost profund impresionate de discuţiile vii din cadrul focus-grupurilor şi al interviurilor. Poveştile participantelor erau bogate şi multe erau exprimate cu stil. În capitolele care urmează cităm multe fragmente din aceste interviuri, pentru că vrem să le dăm repondentelor şansa de a le vorbi direct cititorilor şi de a depune mărturie cu privire la percepţiile lor referitoare la viaţă şi la rolurile de gen din timpul regimului comunist şi din etapa postcomunistă. Într-un anume sens, aşadar, cartea nu are numai două, ci zeci de autoare, anume pe repondentele noastre, care au jucat un rol esenţial în construcţia ei narativă. De aceea, cartea este, de fapt, istoria mai multor co-autoare implicite.[1]

Adăugăm acestor bogate surse calitative scurte incursiuni în domeniul analizei cantitative, care ne ajută să situăm istoriile din această carte într-un context naţional mai larg,

1. Ne-a fost foarte util faptul că Diana Neaga a prelucrat şi interpretat o parte din rezultatele cercetării în cartea ei (Neaga, 2013).

de la participarea la politică, la atitudinea faţă de instituţiile statului. Ne întoarcem, ori de câte ori credem că este nevoie, la trecut și la contextele istorice și procesele care sunt relevante pentru a înţelege anumite răspunsuri și atitudini specifice. Trecem în revistă istoria cu scopul teoretic de a înţelege și explica mai adecvat de ce democraţia s-a născut atât de târziu în România și care au fost condiţiile istorice și forţele care iniţial au împiedicat (sau încă împiedică), iar mai târziu au încurajat nașterea democraţiei.

Deschidem analiza noastră cu un capitol care schiţează în linii largi istoria femeilor din România de la sfârșitul secolului al XVIII-lea până în zilele noastre, concentrându-ne atât pe drepturile civile și politice, cât și pe practici economice și educaţie. Acest capitol oferă un context istoric esenţial pentru înţelegerea normelor de gen care au determinat acţiunile și percepţiile repondentelor noastre. Cartea continuă apoi, în cercuri concentrice, cu interviurile noastre, trecând cu ajutorul termenilor-cheie de la spaţiul privat la comunităţi tot mai largi. Pentru a simplifica înţelegerea acestei mari varietăţi de teme abordate în partea de istorii de viaţă cu subiect deschis, ne-am concentrat asupra termenilor pe care aceste femei i-au folosit cel mai frecvent în interviurile lor, tratându-i drept concepte-cheie în înţelegerea și conturarea cetăţeniei ca teorie și practică. Începem cu *bărbaţii*, ceea ce ne permite să înţelegem felul în care femeile definesc normele de gen în sfera privată și cum le-au transpus ele însele în aspiraţiile personale, dincolo de familie, în relaţiile cu ceilalţi și în rolurile lor publice. Trecem apoi la *copii*, un cuvânt-cheie pentru felul în care femeile discută conturarea intergeneraţională a rolurilor de gen, în special cu privire la valorile morale și la felul în care înţeleg ele rolul statului prin impactul sau lipsa de impact pe care acesta îl are asupra îndeplinirii responsabilităţilor de părinţi. În acest capitol discutăm, de asemenea, și impactul pe care îl are rolul parental, în special cel feminin, asupra generațiilor mai tinere și consecințele acestui rol în participarea publică. În capitolul privitor la *muncă* ieșim din cercul familiei și urmărim relațiile pe care le dezvoltă femeile în viața profesională. Acest capitol evidențiază în mod clar impactul uriaș pe care l-a avut regimul comunist asupra orizontului de așteptări al femeilor ca participante active și autonome în afara familiei. Discuția noastră evidențiază limitele puterii economice a femeilor în timpul comunismului și în perioada postcomunistă, ca rezultat al politicilor guvernamentale și al lipsei de considerație pentru dubla zi de muncă pe care femeile au trebuit să și-o asume, atât ca angajate, cât și ca mame, soții și gospodine acasă.[1] Capitolul despre *comunități* detaliază dezvoltarea mai slabă a colectivităților formale sau informale de interese, de la asociațiile de locatari la comunități religioase și ONG-uri. În ultimele două capitole, dedicate politicii de dinainte și de după 1989, facem legături între analiza din capitolele anterioare privitoare la formele de cetățenie informală, cele din viața de zi cu zi, atitudinile femeilor față de cetățenia participativă directă și opiniile lor despre mediul politic.

Concluziile noastre evidențiază faptul că în România cetățenele obișnuite au o înțelegere nuanțată a standardelor

1. Prin dubla zi de muncă ne referim la responsabilitatea pusă pe umerii femeilor prin cutuma tradițională de gen, aceea de a fi principalele îngrijitoare în casă (ale copiilor, ale soțului, ale gospodăriei sau ale bătrânilor), pe lângă serviciul cu normă întreagă. În opoziție, nu există așteptarea ca bărbații să se ocupe de gospodărie în mod semnificativ. Unii observatori se referă la această situație drept „dubla zi de muncă". Alții o definesc ca pe o povară dublă sau triplă în comunism, al treilea element fiind cerința regimului ca cetățenii să fie implicați politic în mod forțat. După cum indică discuția noastră, pentru majoritatea femeilor a fost imposibil să devină active politic după căderea comunismului din cauza lipsei timpului, în condițiile dublei zile de muncă.

democrației liberale. În cazul de față, am observat multe și importante similitudini între părerile acestor femei despre politică și drepturile cetățenilor și atitudinile femeilor care au experiența democrațiilor vestice consolidate. Totuși, experiențele lor din timpul comunismului și scurta perioadă pe care au trăit-o ca cetățene democratice au contribuit la conturarea diferitelor moduri în care își exercită aceste drepturi. În loc să apeleze la instituțiile guvernamentale (locale au centrale) ca să își rezolve interesele, repondentele noastre preferă să apeleze în primul rând la rețele informale, interpersonale, și se văd atât pe ele însele, cât și pe celelalte femei responsabile pentru binele lor. Ele vorbesc rareori despre drepturi fără să aducă în discuție datoria cetățenească față de comunitate.

În zona și în perioada în care am făcut cercetarea, mulți bărbați își pierduseră statutul economic și social în timpul primei decade de tranziție. Politicienii, covârșitor bărbați, nu s-au angajat să lupte pentru binele comun. Ei s-au concentrat în primul rând asupra intereselor financiare proprii și asupra celor care au finanțat campania electorală. Femeile au fost lăsate să administreze singure și să dezvolte atât bunurile private, cât și pe cele publice. În ecuația de față, aceste femei nu îi văd pe ceilalți oameni drept electorat sau „capete“ statistice de locuitori, ci mai degrabă ca pe indivizi cu nevoi neîmplinite – în primul rând, persoane la care țin: copii, soți, părinți, prieteni, vecini. Ideea că ar putea controla ele însele puterea politică le este deocamdată străină celor mai multe. Ideea de a-i capacita și sprijini pe ceilalți prin efortul pe care îl fac le este cea mai familiară. Aceste femei evaluează politica în termeni normativi, apropiați de modelul liberal de democrație. Abandonate de toate partidele politice, femeile acestea asociază cetățenia cu autoasumarea lor ca purtătoare și prestatoare de grijă față de cei din jur. În ansamblu, femeile au rămas o categorie de cetățeni prea puțin prețuită și folosită când este vorba de implicarea directă în procesul politic de democratizare. Cartea noastră pune în evidență argumente care demonstrează că o mai mare participare a femeilor în politică ar conduce la beneficii substanțiale pentru cetățeni și comunitățile lor.

1

Femeile: din trecutul către prezentul României

Scurtă introducere istorică

În ultimele două decenii, istoricii și cercetătorii din alte domenii au început să exploreze istoria femeilor din România. Unii dintre ei au publicat cercetări privitoare la mișcarea feministă, în timp ce alții au început să integreze genul în analizele sociale și politice ale trecutului recent (Bolovan *et al.* 2009; Bucur 2017; Cheșchebec 2005; Jinga 2015; Massino 2007; Văcărescu 2014; Ciupală 2017). Totuși, până în prezent nu există o istorie comprehensivă a femeilor din România. În cele ce urmează oferim doar contextul necesar studiului nostru și o schiță a istoriei femeilor în România modernă. Această prezentare examinează instituțiile (politice, legale și culturale) și practicile (sociale, economice și culturale) care au determinat participarea femeilor în societatea românească din secolul al XVIII-lea, până la sfârșitul secolului XX. Fără acest context, structura instituțională care a ajutat la definirea normelor de gen și a potențării limitate a femeilor rămâne invizibilă. În volum ne vom referi la momente din această cronologie, atunci când ne ajută să clarificăm expunerile repondentelor noastre.

Țările Române înainte de 1859: subordonarea legală a femeilor

Înainte de 1859, când Marile Puteri au recunoscut autonomia Principatelor Române, nu exista un stat numit România. În secolul al XVIII-lea, principatele Moldovei și Valahiei plăteau tribut Imperiului Otoman, iar în schimb Poarta Otomană nu se implica în afacerile interne și ale elitelor țării. În aceeași perioadă, Transilvania (care s-a unit cu România după încheierea Primului Război Mondial) făcea parte din Imperiul Habsburgic. Deși Transilvania se bucura de o relativă autonomie, era complet integrată în structurile administrative habsburgice. Aceste regimuri politice au folosit identitatea religioasă, statutul de clasă/economic și etnia pentru a defini personalitatea legală a femeilor, protejarea drepturilor și a proprietăților lor, precum și așteptările sociale la care erau supuse.

În Valahia și Moldova, înainte de 1859 interesele statului erau strâns legate de cele ale boierilor dregători. La fel ca în mare parte din Imperiul Otoman, funcționarii de aici arătau un interes scăzut față de educația femeilor, drepturile lor sau orice altă formă de schimbare socială fundamentală a condiției acestora. În plus, aparatul de stat era slab, iar funcțiile lui erau personalizate și limitate ca scop (Vintilă-Ghițulescu 2004).[1] Pentru majoritatea oamenilor din Principate, Biserica Ortodoxă era de fapt unica instituție la care se raportau în viața de zi cu zi. Așadar, dacă soarta femeilor depindea de toanele elitelor masculine conducătoare, ea depindea și mai mult de învățăturile Bisericii Ortodoxe, un bastion al tradiției și al privilegiilor patriarhale.

1. Armata a constituit o excepție notabilă. Serviciul militar a jucat un rol important în viețile bărbaților, în special în perioadele marcate de conflicte internaționale.

Învățăturile Bisericii stăteau la baza legilor care guvernau toate aspectele vieții individuale, incluzând căsătoria, accesul la proprietate și moștenirea. Biserica a adunat aceste învățături (norme) într-un compendiu din 1652, *Îndreptarea legii. Pravila Cea Mare* (Rădulescu *et al.*, 1962). Aceste norme se aplicau numai creștinilor ortodocși din Principate, iar ei reprezentau majoritatea populației. Nu se aplicau evreilor, catolicilor sau musulmanilor. (Protestanții aveau o prezență semnificativă numai în Transilvania.) Implicit, membrii acestor minorități religioase erau supuși tradițiilor și restricțiilor congregațiilor respective.

Îndreptarea legii prezintă femeile drept o categorie fundamental diferită de bărbați în privința firii, a identității, a obligațiilor și drepturilor, ca membre ale acestei congregații. Biserica descria natura femeilor drept slabă și predispusă la păcat. Definea funcția reproductivă a femeilor și sexualitatea lor în mod normativ și considera că gândirea (rațiunea) femeilor este inferioară celei bărbătești (Rădulescu *et al.* 1962). Pe aceste premise s-au dezvoltat normele de gen și regulile care guvernau fiecare aspect al interacțiunilor umane, de la căsătorie la activitatea economică.

Biserica cerea ca toți indivizii (cu excepția călugărilor) să se căsătorească și indica faptul că acesta era cel mai important contract pe care îl puteau încheia pe parcursul vieții lor. Căsătoria era și un mijloc de a controla femeile. În consecință, Biserica recomanda ca fetele să fie încurajate să se mărite devreme; se considera că o fată de 12 ani era suficient de pregătită pentru măritiș, pentru că menstruația începe adeseori la această vârstă, iar de la vârsta de 17 ani puritatea sexuală a miresei putea fi pusă la îndoială (Rădulescu *et al.* 1962). Sfătuind părinții să își mărite fetele de foarte tinere, Biserica sugera că activitatea sexuală și reproductivă constituie un element decisiv, care le hotăra normele de gen. Cu alte cuvinte, reducea implicit femeile la biologia lor. În schimb, Biserica îi sfătuia pe bărbați să se căsătorească mai târziu, ideal între 18 și 24 de ani. În calitate de capi ai gospodăriei, bărbații trebuiau să dea dovadă de judecată bună și de moderație creștină, calități morale pe care se presupunea implicit că erau capabili să le dezvolte, spre deosebire de femei. Prin contrast, reiese că Biserica și societatea puneau preț mai degrabă pe capacitățile emoționale și intuitive ale femeilor decât pe cele raționale și morale.

Ca stăpâni ai gospodăriei, bărbații controlau din punct de vedere legal atât soarta minorilor, cât și pe cea a femeilor din casă. Femeile intrau în căsnicie ca persoane care datorau ascultare soților lor, aducând cu ele zestre, ca să-și acopere cheltuielile. Deși zestrea aparținea în principiu soției, legea o obliga să o cedeze soțului, căci el era responsabil pentru binele ei social. În termeni mai generali, femeile aveau puțină sau nici o putere asupra bogăției/dreptului de proprietate al casei lor în timpul căsătoriei. De exemplu, deși o soție putea să moștenească direct o proprietate lăsată de un părinte decedat, ea nu putea semna contracte sau exercita alte forme legale de activitate fără acordul soțului ei (Vintilă-Ghițulescu 2004, 2009).[1]

Divorțul nu era o opțiune realistă pentru majoritatea femeilor. În Țara Românească, mai puțin de două sute de divorțuri au fost înregistrate în secolul al XVIII-lea. Cum populația principatului crescuse la 700.000 de locuitori la sfârșitul secolului, această statistică sugerează faptul că divorțul era privit cu reținere și rareori încerca cineva să divorțeze.[2] Totuși, femeile au inițiat mai multe acțiuni de

1. Existau și excepții de la acest tablou general. Totuși, ele aveau în vedere tați remarcabili și/sau extraordinar de bogați. Printre boieri, unii bărbați au lăsat acte care garantau moștenire egală fetelor și băieților și se asigurau că fiicele controlau moștenirea primită. Voievodul trebuia să aprobe aceste acte direct, ceea ce evidențiază statutul excepțional al acestor cazuri, chiar și printre cei bogați (Fotino 1925).

2. Un important studiu despre căsătorie și divorț în secolul al XVIII-lea oferă un portret detaliat asupra felului în care funcționau

divorț decât bărbații. În general, plângerile lor aveau în vedere abandonul (de exemplu, soțul dispăruse de ani de zile și femeia nu putea să își vândă zestrea sau altă proprietate) sau abuzul (de exemplu, soțul își bătea soția). Plângerile femeilor ajungeau de obicei la urechile adesea surde ale preoților și ocazional ale voievozilor – dacă partea afectată făcea parte din boierime –, care puteau rezolva asemenea situații. Soțiilor li se spunea adesea să se împace cu cei care le abuzau. Mărturiile lor erau puse la îndoială și câteodată femeile erau umilite în public. Dintre cele refuzate, nici una nu a făcut apel la reexaminarea cererii de divorț. În cazurile rare în care femeii i se dădea dreptate, Curtea nu garanta aplicarea deciziei de divorț. Pentru a-și urmări soțul, soția trebuia să folosească finanțele proprii. Dacă putea plăti un vătaf care să îi înapoieze cu succes proprietățile, femeia divorțată putea încerca să își reînceapă viața, deși trebuia să facă față oprobriului general referitor la divorț și în special celui îndreptat împotriva femeilor divorțate.

Cum majoritatea femeilor se măritau devreme și nu divorțau niciodată, ele rămâneau dependente legal și economic de tații lor, de soți și câteodată de fiii lor. *Îndreptarea legii* stipula că femeile pot locui numai în casa tatălui sau a soțului (Rădulescu *et al.* 1962, 243). Numai văduvele puteau spera să își moștenească locuințele. Așadar, cea mai mare parte a vieții lor, femeile aveau un statut de subordonare în propria gospodărie. Orice autoritate pe care femeile puteau să o exercite în casă era informală și vulnerabilă, pentru că îi lipsea recunoașterea legală.[1] În plus, Biserica Ortodoxă îi sfătuia pe bărbați să își bată soțiile des, dar nu într-atât încât să nu poată munci, pentru a le aminti de

căsniciile, bazat pe cazurile de divorț înregistrate de autorități (Vintilă-Ghițulescu 2004).

1. Cu excepția cazurilor rare de adulter al soțului, în care fuseseră de față martori.

poziția lor socială inferioară, dar și pentru a elimina pornirile rele din mintea lor (Rădulescu *et al.* 1962, 119).[1] Nu existau învățături ale Bisericii care să le ajute pe femei să devină persoane autonome sau capabile de autoritate morală și, implicit, legală.

Femeile primeau foarte puțină educație formală. Rata de analfabetism în rândul femeilor era foarte ridicată în Principatele Române și nu a scăzut sub 90% decât în secolul XX (Murgescu 2010). Majoritatea femeilor din mediul rural erau analfabete, la fel ca majoritatea bărbaților. Când instituțiile de educație au început să se dezvolte, la începutul secolului al XIX-lea, acestea erau destinate exclusiv băieților (Tipei 2016). Numai după formarea statului român, în a doua jumătate a secolului al XIX-lea (1859), educația fetelor a devenit un subiect de interes, transferat uneori în politici publice. În consecință, femeile aveau foarte puține cunoștințe despre legi, instituțiile statului sau cultura scrisă. Cunoștințele transmise de preoții ortodocși duminica reprezentau cu siguranță singura formă de educație oarecum formală și normativă a femeilor.

Zilele femeilor erau ocupate cu munca productivă și reproductivă. O mare parte a secolului al XIX-lea femeile au lucrat predominant în agricultură, obținând o varietate de produse agricole, de la brânză la țuică. Un număr mic de proprietari latifundiari controlau majoritatea terenurilor agricole. Cei care locuiau la sate, indiferent de sex, lucrau de dimineața, până la apusul soarelui (Hitchins 1996). În unele comunități, țăranii liberi erau posesori de pământ, și acolo femeile lucrau alături de bărbați, la câmp sau acasă (Stahl 1980). Unele femei participau la viața economică prin munca de artizanat la scară mică, incluzând țesutul, brodatul și prepararea de pro-

1. *Îndreptarea legii* conține un capitol intitulat „Cum, când și în ce fel îi este permis unui bărbat să își bată soția" (Rădulescu *et al.* 1962, 119–120).

duse culinare. Profiturile rezultate din tranzacțiile de piață aparțineau însă capului gospodăriei, în consecință, soțului.

Munca de câțiva ani ca servitoare în casă, care oferea femeilor tinere din vest, provenind din familii sărace, o mai mare autonomie socială și economică începând din zorii epocii moderne, nu s-a dezvoltat în Principate, mai ales din cauza gradului scăzut de urbanizare. În plus, acest tip de practici de muncă încălca codurile morale ale Bisericii Ortodoxe, care cereau ca femeile să locuiască cu tații sau soții lor. Dintre femei, numai roabele și iobagele locuiau în casele altora.[1] Biserica susținea instituția robiei și era cel mai mare proprietar de robi din Principate. Deși avem recensăminte parțiale, observații ale călătorilor străini și câteva documente oficiale de judecată privitoare la bătăi, nu avem dovezi istorice de la femei, despre propria lor viață. În consecință, știm foarte puțin despre existența lor ca roabe (iobage), despre calitatea vieții lor sau despre abuzurile la care au fost supuse (Achim 1998).

Roabele, care erau aproape exclusiv de origine rromă, erau vândute, cumpărate și folosite pentru diverse forme de muncă, inclusiv pentru servicii sexuale (Achim 1998). Femeile de origine rromă lucrau în gospodăriile și pe proprietățile boierilor, ale Bisericii Ortodoxe și ale statului. *Îndreptarea legii* și alte documente ale Bisericii menționează statutul legal și moral al roabelor în privința căsătoriei, a moștenirii și a drepturilor de proprietate. Femeile născute în robie sau care ajunseseră roabe nu aveau nici un fel de protecție împotriva violului sau a oricărei alte forme de abuz

1. Robii erau oficial proprietatea stăpânilor lor, care atribuiau condiții de gen diferite celor care locuiau în aceste condiții. În vreme ce bărbații erau folosiți pentru munca fizică dificilă și alte munci calificate (îngrijirea cailor), femeile erau folosite pentru munca câmpului, sau, dacă un proprietar favoriza o femeie din punct de vedere fizic, ca lucrătoare în casă ori pentru sclavie sexuală.

fizic. În schimb, proprietarii puteau acţiona vinovaţii în judecată, ca parte vătămată, dacă o altă persoană liberă le distrugea „proprietatea".

Drumul către statul modern: excluderea explicită a femeilor din polis

Deşi la mijlocul secolului al XVIII-lea Constantin Mavrocordat a abolit şerbia în Principatele Române, o serie de practici ilegale au continuat să îi lege de glie pe ţăranii care nu aveau pământ în proprietate, până la 1864. În consecinţă, bărbaţii şi femeile care lucrau pe moşiile mari sufereau adeseori abuzuri.

În ciuda plângerilor înregistrate împotriva acestor practici ilegale, şerbia şi robia au continuat până după alegerea lui Alexandru Ioan Cuza (Hitchins 1996). În 1864, Cuza a promulgat un cod civil care a dus la emanciparea robilor, a scos în ilegalitate orice mijloace care permiteau continuarea informală a şerbiei şi a expropriat (secularizat) multe dintre pământurile Bisericii Ortodoxe. Cuza a fost detronat cinci ani mai târziu, în principal datorită nepopularităţii acestor reforme şi a poziţiei sale critice faţă de puterea economică şi politică a Bisericii.

În acelaşi timp, Cuza nu a fost în favoarea drepturilor femeilor. Codul civil pe care l-a promulgat a rămas practic intact până la preluarea puterii de comunişti. Acest cod a tratat femeile în mod explicit ca cetăţene de rangul doi, limitând în continuare drepturile lor de proprietate şi neacordându-le nici un drept politic. De-abia în 1932 femeile măritate din România au câştigat drept de control asupra proprietăţilor lor şi dreptul de a semna contracte fără aprobarea soţului (Ciocalteu 1936).

Deşi situaţia legală şi politică a femeilor nu s-a îmbunătăţit între 1864 şi 1932, ele s-au bucurat de noi oportunităţi de educație datorită eforturilor unor feministe ca Eugenia Reuss Ianculescu (1866–1938). În marile centre urbane precum București și Iași s-au deschis școli de fete (primare și secundare), iar familiile bogate și-au trimis fiicele în străinătate pentru o educație mai avansată. De exemplu, Alexandrina Cantacuzino (1876–1944), care a devenit o lideră feministă de marcă după Primul Război Mondial, a făcut parte din această generație timpurie de femei aristocrate care au avut mijloace să studieze în Franța (Cheșchebec 2006).

La sfârșitul secolului al XIX-lea, majoritatea feministelor s-au concentrat pe educația femeilor. Eforturile lor au beneficiat de mai mult sprijin decât agenda ambițioasă privitoare la sufragiu a unor facțiuni mai mici ale mișcării feministe (Bucur 2007; Mihăilescu 2002). Feministele orientate spre educație aveau scopuri radicale, incluzând creșterea cheltuielilor publice pentru educația femeilor, dincolo de disciplinele „tradițional" femeiești (ca de exemplu muzica, limbile străine, literatura, economia în gospodărie). Ele s-au luptat de asemenea pentru ca femeile să aibă acces la o varietate de profesii noi, specifice statului modern. Astfel, femeile au trecut examene care le-au permis să devină nu doar profesoare în școlile de fete, dar să practice și profesii precum cea de doctoră, avocată, arhitectă sau ingineră. Femeile române nu au rămas în urma celor din Germania sau America din acest punct de vedere. În special după anii 1890, lupta pentru educație și egalitate profesională a femeilor din România, Europa de Vest și America avea asemănări marcante.

Sarmiza Bilcescu (1867–1935) a fost una dintre cele mai ambițioase și, din unele puncte de vedere, una dintre cele mai împlinite feministe ale perioadei. Ea a contestat interdicția care le interzicea femeilor să studieze dreptul sau să practice avocatura. O elevă strălucită, Sarmiza Bilcescu era, la vârsta de 17 ani, cea mai tânără și singura studentă admisă la Facultatea de Drept de la Sorbona. În 1890 s-a întors în România ca o celebritate, devenind prima absolventă a instituției franceze (Ciupală 2003). În ciuda opoziției vehemente din partea Baroului, a fost în cele din urmă primită în rândul avocaților, în județul Ilfov. Pregătirea ei o depășea cu mult pe cea a majorității membrilor bărbați, făcând dificil refuzul petiției sale. Totuși, a urmat o înfruntare legală prelungită, urmată de o dezbatere publică privind locul femeilor în această profesie. Deși victoria finală i-a confirmat capacitățile profesionale și umane ieșite din comun, rezultatul luptei le-a dezamăgit pe Bilcescu și pe alte feministe. Neputând să atragă clienți (cel mai probabil pentru că era femeie), Bilcescu a militat pentru ca alte femei să primească o educație avansată. De-abia la două decenii după procesul lui Bilcescu, o altă femeie, Ella Negruzzi (1876–1949), a reușit să practice avocatura, dar numai după numeroase înfruntări legale, ce au durat din 1914 până în 1920 (Bucur 2006a).

Intrarea în avocatură era mult mai mult decât o chestiune de ambiție personală. Feministe precum Negruzzi, Bilcescu și contemporana lor Calypso Botez (1880–1933) au înțeles că clasa conducătoare a bărbaților folosea legea pentru a exclude femeile din numeroase arii de activități publice și economice, inclusiv de la vot. Traiectoriile lor profesionale au contestat în esență Codul civil care le subordona pe femei bărbaților (Bucur 2001b). Contestări serioase ale acestui cod, precum cea realizată de Negruzzi, au apărut pentru prima dată în timpul Primului Război Mondial. La fel ca alte femei din timpul său, Negruzzi a conștientizat că, dacă femeile nu participă la conceperea legilor alături de bărbați, instituțiile legale, practicile și valorile statului român vor rămâne separate în două regimuri de gen complet diferite în privința drepturilor.

În timpul Primului Război Mondial, limitările extreme ale Codului civil și ale altor reglementări impuse femeilor au devenit din ce în ce mai evidente. Legal, femeile nu puteau să conducă afacerile soților fără consimțământul explicit al acestora (Alecsandru [1865] 2011, 65). Această prevedere includea și vânzarea de bunuri agricole și industriale. Astfel, deși soția unui soldat mobilizat putea să lucreze și să culeagă recolta agricolă de pe terenurile familiei, ea nu putea să angajeze ajutoare sau să vândă recolta (nici chiar recoltele de pe terenurile ei, primite ca zestre), fără permisiunea scrisă a soțului. Impactul acestor restricții a fost devastator, pentru că mai mult de 80% din populația României locuia la sat, iar majoritatea locuitorilor erau analfabeți.

Regatul României a mobilizat mai mult de un milion de bărbați în timpul războiului (jumătate din ei când a intrat în război, în 1916), aproximativ 13% din populația totală a țării sau echivalentul întregii populații masculine cu vârste între 18 și 45 de ani. Date fiind dimensiunile medii ale familiei din România de la acea dată, în jur de un milion de femei și trei până la patru milioane de minori, sau 63% din populație, au rămas într-o situație imposibil de gestionat. Când soții lor au plecat în armată, femeile măritate aveau puține surse de venit. Deși femeile înstărite puteau vinde obiecte personale, majoritatea aveau mult mai puține resurse. Pentru a-și putea întreține familiile, femeile au fost nevoite să-și dea la schimb puținele obiecte personale, să facă schimburi în natură, precum și să muncească pentru mâncare sau pentru resurse de încălzire. Unele au fost silite să cerșească (Bucur 2006b).

La începutul războiului, clasa politică românească a început să înțeleagă că inegalitățile fundamentale conținute în Codul civil limitau puterea economică a femeilor și a demarat abordarea acestor probleme luând unele măsuri. În decembrie 1914, Parlamentul a trecut o legislație care oferea sprijin economic soțiilor angajaților guvernamentali, care reprezentau însă o mică parte a populației (Bucur 2000).

După cum prevedea legea, soții mobilizați își puteau da acordul ca soțiile să primească o parte a salariilor sau pensiilor lor. Dar femeile trebuiau să ceară acest sprijin în scris – o problemă în plus, pentru că rata analfabetismului era foarte ridicată în rândurile lor. Legea oferea protecție suplimentară dreptului de proprietate al bărbaților din mediul rural care fuseseră mobilizați, dar nu conținea nici o prevedere referitoare la soții.

Legea din 1914 s-a dovedit, din păcate, neadecvată. În septembrie 1916, la mai puțin de o lună după ce România a intrat în război, a fost modificată, stipulând ca toate femeile din mediul rural să primească temporar drept de control asupra proprietăților soților. Legea din 1916 nu a intrat niciodată în vigoare pe deplin, pentru că guvernul a fost nevoit să evacueze în grabă Bucureștiul, la începutul lunii decembrie. Sute de mii de familii au rămas sub ocupația Puterilor Centrale până în 1918. Femeile ai căror soți au plecat pe front au condus multe dintre aceste gospodării. Populația din Moldova, unde s-au retras guvernul, armata și în jur de jumătate de milion de refugiați, a înfruntat noi dificultăți, incluzând supraaglomerația și o serie de epidemii periculoase, precum febra tifoidă. În deceniile care au urmat Primului Război Mondial aspirațiile femeilor au fost determinate în mod fundamental de experiențele lor traumatice, dar mobilizatoare, din timpul războiului.

Femeile din Transilvania înainte de 1918

Situată în principatul Transilvaniei, Hunedoara a fost una dintre zonele estice marginale ale Imperiului Austro-Ungar, până în 1919. Această regiune devenise parte a Regatului Maghiar la începutul perioadei moderne.

Înainte de epoca modernă, nobilimea latifundiară conducea Transilvania. Etnicii maghiari (adepți ai catolicismului și protestantismului) reprezentau cea mai mare parte a acestui grup de elită, alături de o mână de nobili germani și un număr și mai mic de români convertiți de la ortodoxie la catolicism sau protestantism. Aceste elite beneficiau de privilegii politice și economice exclusive, susținute de stat. Deși etnia nu era o categorie folosită explicit pentru a determina drepturile politice sau economice, statul nu a acordat creștinilor ortodocși și etnicilor români beneficii legate de impozitare sau sprijin instituțional. Aceste grupuri, în mod efectiv cetățeni de rangul doi, reprezentau mai mult de 50% din populația regiunii (Hitchins 1969).[1] Din restul populației, maghiarii reprezentau puțin peste jumătate (în medie 28%, între 1720 și 1910), iar etnicii germani erau a doua minoritate ca mărime (în jur de 11% din populație, în aceeași perioadă). Sârbii, ucrainenii, evreii și rromii alcătuiau restul populației.

Înainte de 1867, sub conducerea Regatului Maghiar, iar ulterior a Imperiului Habsburgic, afilierea religioasă determina în mare parte soarta femeilor (Brie 2011; Csizmadia *et al.* 1979). Șeful statului purta și titlul de împărat roman. Biserica Catolică, congregația oficială (și deci privilegiată), avea o autoritate largă în privința aspectelor civile. Biserica, și nu autoritățile civile, administra căsătoria și moștenirea.

1. Încă din secolul al XIX-lea, autoritățile române și maghiare au contestat statisticile demografice din această regiune pentru a avansa pretenții naționaliste. Estimările anterioare secolului al XVIII-lea variază foarte mult, identificând alternativ etnicii români și pe cei maghiari ca fiind majoritari. Totuși, începând din 1720, atât statisticile austriece, cât și cele maghiare au devenit mai regulate și mai consistente. Ele au dezvăluit că populația etnic română variază între 50 și 63% din numărul total de locuitori („Megyénkénti lebontás“, accesat la 6 mai 2018, http://varga.adatbank.transindex.ro/).

Tradiţiile legale şi dogma catolică ofereau beneficii, dar impuneau şi limitări asupra femeilor de această credinţă. Femeile catolice (în general de etnie maghiară, dar şi germană şi ocazional română) şi în special membrii nobilităţii ereditare[1] beneficiau de o mai mare protecţie cu privire la statutul social şi autonomia economică faţă de femeile din Valahia şi Moldova. De exemplu, ele beneficiau de acelaşi sistem de moştenire ca şi bărbaţii. Zestrea lor era protejată, rămânând proprietate personală, şi aveau un control mai mare asupra administrării ei faţă de femeile din Principate. Pe de altă parte, Biserica Catolică nu permitea divorţul, şi, prin urmare, femeile nu puteau părăsi căsătoriile abuzive.

Statul a lăsat protecţia statutului civil al femeilor ortodoxe, protestante şi evreice pe seama congregaţiei lor (Brie 2011). Dacă credincioasele protestante (în majoritate de etnie maghiară şi germană) beneficiau de unele drepturi asupra proprietăţii, regimuri mai bune de moştenire şi chiar de posibilitatea de a divorţa, femeile ortodoxe (de etnie română şi sârbă) şi femeile evreice nu o duceau prea bine. Tradiţiile ortodoxe, similare cu cele din Valahia şi Moldova, guvernau statutul legal al femeilor şi dreptul lor de proprietate. Această populaţie nu se bucura de reprezentare politică şi avea o foarte slabă autoritate economică şi socială. În plus, femeile ortodoxe din Ardeal nu puteau apela la justiţia bisericească. Soţiile de boieri moldoveni şi valahi puteau, dar boierii români erau un grup socio-economic mai degrabă absent în regiunea Transivaniei.

Ca rezultat al luptelor politice (şi ocazional militare) iniţiate de diverse mişcări naţionaliste, statutul unor femei s-a îmbunătăţit pe parcursul secolului al XIX-lea. După 1848 instituţiile civile au trecut printr-o perioadă de secularizare.

1. Acest grup reprezenta în jur de 5% din populaţia Ungariei şi a Transilvaniei.

În consecință, sistemul juridic modern a omogenizat în cele din urmă codurile civile. Limba/etnia, și nu religia a determinat de atunci drepturile individuale ale cetățenilor (Bader-Zaar 2012; Loutfi 2006). Pentru femeile căsătorite, maghiare, germane sau evreice asimilate, această victorie a condus la noi drepturi, incluzând chiar diviziunea proprietății la divorț, moștenirea egală între fete și băieți și dreptul legal de a semna contracte.

Cetățenele de etnie română au întâmpinat mai multe obstacole referitoare la capacitarea lor. Instituțiile de stat, la fel ca școlile și băncile, erau explicit și exclusiv destinate deservirii vorbitorilor de limbă maghiară. Așadar, etnicii români trebuiau să vorbească fluent limba respectivă. Numai cu această condiție puteau să aibă acces deplin la sistemul educațional, la noile organizații profesionale și de stat care le ofereau instrumentele economice și politice necesare autoreprezentării. Aceste politici de maghiarizare sau excludere s-au intensificat după 1867. Școli de limbă maghiară s-au deschis în zonele cu vorbitori de limbă română. Natura agresivă a campaniei de maghiarizare i-a descurajat pe români să profite de aceste instrumente de progres social și economic. Acțiunile naționaliștilor români de a avea limba română recunoscută ca limbă oficială au intensificat respingerea cererilor lor (Hitchins 1969).

Reprezentarea grupurilor etnice în diverse straturi sociale din regiune era puternic corelată cu nivelul de educație și locul de origine. Mai mult de 80% dintre femeile de etnie română din Transilvania erau analfabete înainte de Primul Război Mondial (Colescu 1944). În plus, majoritatea trăiau în zone rurale și erau subreprezentate în mediul urban. Pe scurt, femeile și bărbații de etnie română tindeau să fie mai puțin educați și mai puțin prezenți în orașe decât cetățenii maghiari, germani sau evrei (Gusti 1938). Erau mai mulți români care trăiau în sărăcie decât orice alt grup etnic din

Transilvania, cu excepția populației rrome, dar puțini români erau prezenți în rândurile antreprenorilor mai înstăriți.

Tendințele naționaliste au separat mișcările feministe din Austro-Ungaria, în special după 1867 (Bader-Zaar 2012). Femeile cehe au luptat pentru educație și drepturi politice în cadrul mișcării naționaliste cehe mai ample (Havelková 1996). Feministele maghiare au dezvoltat câteva direcții de autoidentificare ideologică, unele mai apropiate de ideile liberale de cetățenie (Fábián 2007). Aceste grupuri s-au concentrat însă exclusiv asupra femeilor maghiare, chiar dacă locuiau în părți din Transilvania populate predominat de femei de etnie română care erau supuse unor forme asemănătoare de discriminare, dacă nu chiar mai grave, căci li se adăugau și discriminările etnice.

Ca multe dintre femeile contemporane lor de pe glob, femeile românce au fost supuse la forme complexe de discriminare bazate pe religie, clasă socială, etnie și gen. Astăzi am discuta experiențele lor în termeni de intersecționalitate. De exemplu, Rózsa Schwimmer (1877–1948) a devenit o figură de marcă printre feministele internaționaliste și pacifistele antinaționaliste în timpul perioadei interbelice. Ea s-a născut în Temesvár/Timișoara.[1] Până la sfârșitul secolului al XIX-lea populația din Timișoara a crescut la peste 60.000 de locuitori. Jumătate se identificau ca vorbitori de germană, în vreme ce românii reprezentau 13% în 1880 și 10% în 1900. Populația vorbitoare de maghiară a crescut de la 20% în 1880 la 32% în 1900. Aceste schimbări demografice arată faptul că era un mediu prielnic maghiarilor.

Schwimmer, care aparținea clasei de mijloc, s-a identificat ca evreică și vorbitoare de limbă maghiară. Și-a efectuat studiile în Timișoara și mai târziu la Budapesta. La puțin

1. Orașul ei natal, Temesvár, se afla în Banat și nu în Transilvania, dar după 1867 această regiune a fost integrată în aceeași unitate administrativă ca și Transilvania.

timp după ce s-a întors la Timișoara să lucreze ca secretară, familia ei a întâmpinat greutăți financiare. Atrasă de ideea dezvoltării unei mișcări social-democrate în Ungaria, a devenit feministă (Zimmermann și Major 2006). Deși era interesată de drepturile femeilor în ansamblu, eforturile ei s-au concentrat asupra îmbunătățirii statutului economic al femeilor muncitoare, un demers care i s-a părut potrivit pentru a aborda mai general inegalitățile de gen. Totuși, ea nu a încercat să se preocupe de femeile aflate în aceeași situație, în afara comunităților vorbitoare de limbă maghiară, autolimitând impactul ideilor și politicilor pe care le propunea.

Feministele de etnie română s-au afiliat strategic mișcării naționaliste din Transilvania (Păltineanu 2015). Lupta femeilor romånce pentru dreptul de vot s-a asociat cu aspirațiile naționaliste de a obține o mai bună reprezentare și, implicit, influență în Parlamentul de la Budapesta. Pentru plătitorii de taxe vorbitori de română din Transilvania, drepturile politice erau esențiale în vederea dobândirii unor facilități, precum accesul la fonduri de stat pentru școli în limba română și proiecte economice și culturale. Totuși, femeile din Austro-Ungaria nu au câștigat dreptul de a vota decât după destrămarea Imperiului, la sfârșitul Primului Război Mondial.

România interbelică: misoginism vechi cu mască nouă

În contextul unirii Transilvaniei cu Regatul României, în 1918, și al formării României Mari, s-au îmbunătățit condițiile pentru majoritatea etnică română care locuia în Hunedoara și în alte părți ale regiunii. Totuși, femeile, în calitate de cetățeni ai acestui nou stat, nu au beneficiat de o extindere a drepturilor. Deși li s-a promis dreptul la vot în ziua

Unirii de la Alba-Iulia, la 1 decembrie 1918, femeile nu beneficiau de drepturi politice depline, iar unele au pierdut drepturile economice de care se bucuraseră ca cetățene ale Imperiului Austro-Ungar. Bărbații și femeile care făceau parte din minoritatea maghiară privilegiată anterior au suferit cele mai puternice lovituri economice și politice. De exemplu, înainte de 1918, femeile maghiare aveau mai multe drepturi referitoare la proprietate decât femeile din Regatul României cu privire la moștenire și la folosirea zestrei lor; puteau să semneze contracte și să se angajeze după căsătorie. Aceste drepturi le-au fost refuzate femeilor din Regat până în 1932 (Bucur 2017). Deși comunitățile germane din zonă se numărau printre grupurile cele mai educate și mai bogate, femeile germane au întâmpinat greutăți similare.

În timp ce tuturor bărbaților li s-au acordat drepturi politice depline în perioada interbelică, puterea femeilor era limitată. Constituția din 1923 nu a recunoscut sufragiul femeilor, în ciuda campaniilor intense duse de organizațiile feministe (Bucur 2001a, 2001b). Numai după 1929 au câștigat femeile măritate care absolviseră liceul (mai puțin de 10% din populația feminină totală) dreptul de vot și de a participa la alegerile municipale. Într-o țară în care educația femeilor nu a beneficiat de interes public susținut, calificarea educațională (diploma de liceu) în vederea participării la alegerile municipale reprezenta o piedică instituțională serioasă în calea deschiderii oportunităților pentru femei. Bărbaților, mulți dintre ei încă analfabeți, nu li s-au impus astfel de condiții referitoare la educație atunci când au obținut votul universal.

În 1932, ca răspuns la presiunea grupurilor feministe și a avocaților interesați să armonizeze Codul civil cu promisiunile făcute la Alba Iulia, femeile au câștigat noi drepturi. Din acel moment, toate femeile au putut semna contracte și au obținut controlul asupra proprietăților lor, fapt ce le-a oferit o mai mare independență economică (Bucur 2017). Totuși, în afară de cazul în care erau decedați, soții și tații încă le administrau zestrea. Deși bine-venite, aceste schimbări ale statutului legal al femeilor s-au produs însă în mijlocul unei crize economice în care unele oportunități, precum locurile de muncă, erau limitate. În consecință, impactul lor real a fost minim, mai ales pentru că femeile nu erau văzute ca salariate sau angajate de bază, pe termen lung.

Educația a reprezentat un domeniu în care femeile au făcut progrese semnificative. Statul nu controla personalul didactic de la școlile private, dar un număr crescând de educatoare lucrau în aceste instituții. După 1918, când guvernul a oferit un sprijin notabil școlilor publice, femeile au găsit slujbe ca învățătoare și profesoare atât în instituțiile publice, cât și în cele private. Femeile dețineau rareori poziții prestigioase în cadrul universităților sau al institutelor de cercetare. Cele care lucrau în sistemul educațional postliceal găseau slujbe doar în instituții de rangul doi. De exemplu, filozoafa Alice Voinescu (1885–1961) a fost educată la Sorbona, și apoi la Oxford. Deși pregătirea ei o depășea pe a multor colegi bărbați, nu a primit niciodată un post la universitățile prestigioase din România, la Facultatea de Filozofie, potrivit specialității ei. În schimb, a fost acceptată pe un post de mâna a doua la Conservatorul din București, unde nu existau studenți specializați în filozofie și unde a predat istoria teatrului și estetică, dar nu filozofie (Voinescu 1997).

Paradoxal, mișcările naționalist-corporatiste din anii 1930, de la eugenism la fascism, au avut abordări mai favorabile privitoare la profesiile femeilor decât așa-numitele partide democratice, incluzând Partidul Național Liberal (PNL), cu condiția ca interesele femeilor să nu se extindă dincolo de domeniile specific „feminine“.[1] Școala Superioară de

1. Bineînțeles, oportunitățile respective erau deschise numai femeilor a căror identitate etnică și religioasă era considerată „curată“

Asistenţă Socială, fondată în 1929, la Bucureşti, a primit sprijin din partea mişcărilor eugeniste şi a creat programe de dezvoltare profesională pentru asistentele sociale, o nouă profesie în România interbelică (Bucur 2002). Mişcările eugeniste doreau să controleze şi să elimine problemele sociale, precum alcoolismul şi prostituţia. Eugeniştii vedeau femeile ca fiind potrivite mai ales pentru a ghida indivizii din clasa medie spre a-şi înfăptui viziunea biopolitică paternalistă, deopotrivă rasistă şi xenofobă, legată de valorile familiale.

Când regele Carol II, alături de coaliţia partidelor de dreapta, a impus dictatura regală din 1938, femeile au primit dreptul de vot la alegerile generale. Tocmai atunci când fundaţiile sistemului parlamentar multipartinic s-au năruit, sufragiul femeilor a creat impresia că dictatura se va bucura de sprijinul populaţiei. Situaţia nu avea să dureze mult. Aproximativ în aceeaşi perioadă, guvernul le-a retras evreilor protecţia economică, politică şi civilă, iar în 1940 i-a transformat în non-cetăţeni. În luna iunie a aceluiaşi an, Uniunea Sovietică a luat României Basarabia. În august, Transilvania de Nord a fost cedată Ungariei. Aşa au rămas lucrurile pe durata celui de-al Doilea Război Mondial. Au urmat patru ani de tulburări interne. O mare parte a populaţiei masculine a fost trimisă în armată sau la munca forţată. Lăsate să se ocupe singure de gospodării, femeile de toate etniile au trebuit să înfrunte abuzurile trupelor care mărşăluiau prin ţară (române, maghiare, germane, sovietice). În ciuda abuzurilor săvârşite de cei implicaţi, istoriografia românească nu are încă un raport documentat al acestor experienţe, văzute din perspectivă de gen.

sau „pură", în concordanţă cu aceste ideologii exclusiviste, bazate pe principii rasiale.

Comunismul și egalitatea de gen: ideologia vis-à-vis de politici

Chiar dacă sufragiul femeilor a fost recunoscut, după al Doilea Război Mondial comuniștii au preluat puterea, în 1946–1947; în consecință, femeile nu au participat la alegeri democratice libere pluripartidiste decât după 1989. În timp ce regimurile anterioare au exclus aproape complet femeile din parlament și din guvern, prezența unui grup de femei, incluzând-o pe Ana Pauker, în poziții importante, de decizie, ar putea părea un progres.[1] Totuși, realitățile privind rolul PCR în viața femeilor și al interesului lor în activitățile politice erau mai complicate decât în cazul bărbaților, dată fiind dubla lor zi de muncă (Jinga 2015). La sfârșitul anilor 1980, membrii PCR alcătuiau 23% din populația României, însă femeile reprezentau mai puțin de 27% din acest total, o statistică prezentă de altfel și în alte țări ale Blocului Comunist (Leven 1994).

Acest dezechilibru de gen a persistat, în ciuda eforturilor de a recruta femei la nivel înalt. De exemplu, Nicolae Ceaușescu avea ca scop să ridice procentul membrilor de partid la 35% până la sfârșitul anilor 1980 și a considerat că femeile sunt ținta principală a acestor eforturi. Totuși, femeile ezitau să se înscrie în partid. Luciana Jinga (2015) oferă importante indicii cu privire la refuzul femeilor de a deveni membre PCR. Ea evidențiază restricțiile de timp impuse de ziua de

1. Ana Pauker a devenit lidera din umbră a PCR la sfârșitul celui de-al Doilea Război Mondial, aflându-se la conducere, deși nu a servit formal ca secretară generală a partidului. Genul și etnia nu i-au permis să își asume rolul de secretară generală sau prim-ministră. Ca femeie evreică, era conștientă (și personaje importante de la Moscova și din România i-au atras atenția) că, dacă ar primi o funcție publică de cel mai înalt rang, acest fapt ar diminua semnificativ legitimitatea PCR într-o țară în care antisemitismul și sexismul erau predominante (Levy 2001).

lucru cu normă dublă, care limita capacitatea femeilor de a se angaja politic. Femeile care au făcut față obligațiilor familiale, de serviciu și angajamentelor politice au trebuit să se bazeze pe rețele formale și informale de sprijin; uneori aveau un soț care, prin excepție, le susținea. Analiza noastră relevă clar cât de rară și de dificilă, dar mai ales cât de puțin voluntară era participarea politică a femeilor.

În estul Europei, regimurile comuniste de după război au creat oportunități educaționale și profesionale pentru femei, oferindu-le o mai mare independență economică. Femeile din Bulgaria, Iugoslavia, Polonia, Ungaria, Cehoslovacia, România și Albania erau cetățene cu drepturi depline, ceea ce le-a permis să participe la alegeri. Acest fapt presupunea o serie de beneficii sociale: statul asigura accesul femeilor la educație, pe picior de egalitate cu bărbații. Statul garanta dreptul femeilor de a-și exercita controlul asupra proprietăților personale (spre exemplu, conturi de economii, apartament sau mașină) și al veniturilor, protejându-le astfel puterea economică. Zestrea, o componentă fundamentală a relațiilor economice ale femeilor în relație cu bărbații, a fost eliminată. Bineînțeles, în lipsa controlului privat asupra mijloacelor de producție, drepturile de proprietate au căpătat alte semnificații. Pentru bărbați, principalii posesori de proprietăți înainte de 1945, această schimbare a adus o mare pierdere. Pentru femei, aceste schimbări au adus rezultate mixte: unele au pierdut proprietatea personală (individual, dar în special prin rudele lor de sex masculin), în timp ce altele au câștigat accesul la salariu, împrumuturi și alte forme de proprietate – e drept, doar asupra bunurilor de consum, prin eliminarea legală a discriminării de gen.

Fără îndoială, a existat o uriașă diferență între litera legii și aplicarea ei. Studiul nostru sondează aceste probleme din perspectiva femeilor care se presupune că beneficiau de aceste transformări. Dar, mai întâi, trebuie să înțelegem ce au reprezentat aceste schimbări în contextul istoric respectiv. La începutul secolului XX rata analfabetismului printre femei era de 80% în unele părți din Transilvania (și aproximativ 92% în Regatul României). Regimul comunist a impus educația primară obligatorie (iar mai târziu și pe cea secundară) pentru toți copiii, eliminând astfel analfabetismul femeilor. Acest fapt a marcat o totală desprindere de trecut.

Înainte de 1945, restricțiile legale nu le permiteau femeilor să-și exercite drepturile și responsabilitățile de cetățeni. În 1954, un Cod al familiei revizuit a intrat în vigoare. Documentul avea în vedere probleme legate de căsătorie, divorț, moștenire, paternitate etc., folosind modelul sovietic (Ghimpu 1967). Codul familiei le oferea bărbaților și femeilor statut egal în fața legii și elimina zestrea.

Ce fel de drepturi aveau însă femeile? Obligațiile cetățeanului față de stat, atât de a munci cât și de a construi societatea proletară, defineau acest statut în linii largi. Regimul identifica forțat interesele individului cu cele ale statului condus de partidul unic. Căsătoria nu mai reprezenta dorința a doi indivizi de a construi o viață împreună, ci mai degrabă participarea lor activă la construcția societății socialiste. În mod asemănător, după 1966 nașterea nu mai reprezenta decizia unui cuplu de a avea și a crește copii, ci dorința poporului (de fapt, a PCR) de a crește numeric clasa muncitoare (Biebuyck 2010). Dacă rolul bărbatului și rolul femeii în cadrul familiei au devenit egale în fața legii, acestea erau simultan redefinite în cadrul ideologiei colectiviste a PCR.

Ca cetățene cu drepturi depline, femeile au primit acces în domenii profesionale care până atunci fuseseră predominant, dacă nu chiar exclusiv, destinate bărbaților. Armata constituie o importantă excepție. Statul cerea ca bărbații să primească instruire în armată timp de 18 luni. Puținii cetățeni de sex masculin care urmau studii universitare trebuiau sa satisfacă serviciul militar timp de 9 luni. Toți bărbații care își îndepliniseră stagiul militar deveneau membri în rezervă ai corpului armatei pe tot parcursul vieții lor. Femeile trebuiau să efectueze și ele serviciu militar, dar acesta era diferit calitativ și cantitativ. După 1968, toți tinerii de sex feminin și masculin din licee trebuiau să participe la „pregătirea pentru apărarea patriei“, un serviciu militar care includea și învățarea folosirii armelor. Femeile își încheiau serviciul militar cu acest program dacă nu se înscriau la facultate. Femeile care urmau o facultate își continuau serviciul militar o dată pe săptămână în timpul anului academic și o lună vara, pe parcursul întregii perioade a studenției. Această obligație a fost eliminată după 1989.

Totuși, femeile nu aveau acces la cariera de ofițer de armată sau în forțele de securitate/poliție, de exemplu. Au existat și excepții, atât înaintea perioadei comuniste – cazul Ecaterinei Teodoroiu și al Smarandei Brăescu –, cât și după, în special printre sportivele care făceau parte din echipele miliției sau ale armatei. Femeile reprezentau numai o mică parte a forțelor serviciilor secrete, deși nu este foarte limpede dacă funcționau ca ofițere sau numai ca informatoare. Femeile au câștigat acces (deși nu complet) la aceste profesii după 1989, în mare parte datorită presiunii internaționale asupra României ca stat candidat la includerea în NATO și UE. Ambele instituții au cerut eliminarea discriminărilor de gen ca o condiție pentru aderare. Astăzi, femeile servesc în dispozitive de luptă în armată și poliție, chiar dacă nu se bucură de drepturi egale cu cele ale bărbaților (Rădoi 2011, 115).

După 1945 toate instituțiile de învățământ au devenit mixte, cu excepția teologiei pastorale, fără restricții privitoare la înscrierea femeilor. Nu existau proporții normative de gen. În consecință, femeile dominau anumite școli cu profil „feminin“, precum institutele pedagogice. Școlile vocaționale cu profil „masculin“ (minerit, operare cu mașini grele sau extracția petrolului) înscriau mai ales, dacă nu chiar exclusiv, bărbați. Femeile care îndrăzneau să treacă aceste bariere invizibile de gen întâmpinau obstacole la școală și aveau dificultăți în găsirea unei slujbe, așa cum evidențiază interviurile noastre.[1]

Totuși, femeile au avut acces deplin la studii avansate în domeniile tehnice și științifice și s-au înscris în astfel de programe în număr tot mai mare. România a luat-o înaintea țărilor din vestul Europei sau din America de Nord cu privire la înscrierea femeilor în programe de inginerie și la practicarea acestei profesii. Diferența este valabilă și pentru alte țări comuniste, precum Uniunea Sovietică și China, unde s-a atins un nivel apropiat privitor la egalitatea de gen în această profesie, la sfârșitul anilor 1980.

Cu toate acestea, oportunitățile de dezvoltare profesională după absolvire constituiau o poveste diferită. Chiar și în domeniile considerate „feminine", de la predat în școală până la munca în industria textilă, femeile ocupau rareori poziții de management sau alte funcții înalte. Cerințele politice asociate acestor posturi erau un factor important; de vreme ce femeile reprezentau un procent de aproape patru ori mai mic decât al bărbaților membri ai PCR, șansele lor de a deveni managere într-un domeniu de activitate public erau cu mult mai mici decât ale bărbaților. Pe lângă piedicile politice în avansarea profesională, anumite domenii, precum justiția, educația sau jurnalismul deveniseră foarte politizate. Înainte de 1945 bărbații reprezentau forța de muncă majoritară în aceste domenii. Când statul a început să ia în considerare clasa socială în procesul de evaluare și selecție, multor bărbați „burghezi" li s-a refuzat practicarea acestor profesii. Deoarece femeile aveau în mod tradițional

1. Malgorzata Fidelis (2010), care a cercetat situația femeilor din Polonia care au trăit în aceeași perioadă, a ajuns la rezultate similare când le-a intervievat pe femeile angajate în minerit.

acces limitat la aceste slujbe, au avut mai puţin de pierdut. Totuşi, femeile cu origini „nesănătoase" au avut şi ele de înfruntat dificultăţi atunci când au încercat să urmeze studii avansate şi să-şi construiască cariere. În plus, pe măsură ce regimul comunist prelua controlul tuturor ariilor economice – instruirea, producţia, serviciile –, şi-a asumat autoritatea asupra certificării profesionale. Astfel, dacă femeile puteau să obţină o diplomă în drept şi puteau deveni juriste, profesarea efectivă implica un serviciu supus supravegherii stricte de către guvern, cum se întâmpla de altfel şi în cazul bărbaţilor.

În principiu, extinderea cetăţeniei depline pentru toţi cetăţenii însemna că minorităţile etnice şi religioase nu aveau să mai primească un tratament diferit. Aceste schimbări presupuneau şi faptul că femeile minoritare urmau să se bucure de protecţie legală mai mare împotriva discriminării etnice şi de gen. În realitate, unele minorităţi etnice, precum minoritatea rromă, au rămas marginalizate, iar discriminarea ei a continuat, sub noi forme, în timpul regimului comunist.

Judeţul Hunedoara înainte de 1945

Observaţiile generale de mai sus se aplică şi judeţului Hunedoara. Aproape 90% din populaţia acestei regiuni locuia în mediul rural în momentul preluării puterii de către comunişti. În 1945, oraşul Hunedoara avea o populaţie de 5.000 de locuitori. Marea majoritate a rezidenţilor erau etnici români. Mai locuiau în Hunedoara mici minorităţi maghiare şi germane, ca şi o mică comunitate de evrei. Cele opt biserici ale oraşului reflectau situaţia demografică: patru biserici ortodoxe (frecventate de etnici români), una greco-catolică (care deservea etnicii români), una catolică (în principal pentru etnicii maghiari), una luterană (cu o congregaţie majoritar germană) și una baptistă (mixtă din punct de vedere etnic). În plus, mai existau o sinagogă și o mănăstire franciscană în apropiere, care deservea în special etnicii maghiari (Mărginean 2015, 48).

Deva, capitală a județului din 1950, avea o populație de 13.000 de locuitori în 1948, în creștere cu 2.500 de locuitori de la recensământul din 1930. Înainte de 1918, populația maghiară era majoritară, deoarece administrația austro-ungară încurajase imigrația în zonă între 1880 și 1910. Acești imigranți câștigaseră drepturi exclusive asupra unui număr de proprietăți și au pătruns în clasele superioare ale orașului. După 1918 situația s-a schimbat: în jur de 50% din locuitorii Devei s-au înregistrat ca etnici români în 1920 (etnicii maghiari reprezentau 42% din populație, în timp ce evreii și germanii reprezentau procentele rămase). În 1948 etnicii români alcătuiau 75% din populația totală, iar maghiarii 24%.

Fiind o regiune muntoasă și de deal, țăranii cultivau mici terenuri, se îngrijeau de livezi și creșteau animale în special pentru foloase alimentare, incluzând produsele lactate și carnea. Au existat și câteva exemple de agricultură de producție la scară largă, în unele zone din jurul orașului Hunedoara. Femeile luau parte activă la economia rurală (Kligman și Verdery 2011). Însă, cum școlile erau rare la sate, majoritatea locuitorilor aveau puține oportunități educaționale.

Judecând după standardele din Transilvania, orașul Hunedoara avea un număr neobișnuit de mare de instituții culturale. Printre instituțiile de învățământ ale orașului se numărau patru școli primare și alte trei școli care admiteau fete (Mărginean 2015, 48).[1] Aceste instituții au apărut după 1918, când statul român a asimilat regiunea programului

1. Acestea erau Liceul Industrial de Fete, Școala Industrială de Ucenici și Școala Superioară Tehnică.

de iniţiativă de la Bucureşti, menit să crească competitivitatea populaţiei româneşti în raport cu alte grupuri etnice din Transilvania şi să centralizeze instituţiile de învăţământ şi economice ale ţării. În 1945 începuse să se dezvolte o clasă educată, care includea femei cu educaţie primară şi secundară.

Zăcămintele de cărbune şi minereu erau cele mai importante resurse ale judeţului la sfârşitul secolului al XIX-lea. Prima fabrică de oţel s-a deschis în Hunedoara în 1884. Fabrica aparţinea unui concern austro-ungar care considera această frontieră ca pe un nou El Dorado (Mateş 2012). Goana după aur s-a dovedit lucrativă pentru companiile care au cumpărat drepturi miniere în Munţii Apuseni, toate fiind în proprietatea cetăţenilor de altă etnie decât cea română. Într-un secol de funcţionare, minele au produs mai mult de 800 de tone de aur. Industria minieră a atras muncitori ambiţioşi din întreg Imperiul Austro-Ungar, din Slovacia, în nord, până în Italia, în sud, precum şi români şi maghiari din zonă. Istoria migraţiei bărbaţilor tineri în căutare de oportunităţi economice s-a repetat în perioada comunistă.

Hunedoara: o regiune-model pentru dezvoltarea comunistă

La începutul perioadei comuniste, judeţul Hunedoara era predominant rural, iar locuitorii săi erau mici proprietari de pământ. Între 1949 şi 1962 procesul de naţionalizare şi colectivizare a transformat populaţia rurală în muncitori agricoli săraciţi (Klingman şi Verdery 2011). Totuşi, administraţia de la Bucureşti a decis transformarea Hunedoarei într-un model de economie industrială.

Încă din 1945, secretarul general Gheorghe Gheorghiu-Dej declara în faţa congresului PCR că fabricile din Hunedoara „vor asigura producţia necesară de oţel pentru următorii 30 de ani" (Mărgineanu 2015, 49). Nu era o promisiune în vânt. În doar cinci ani de comunism, județul Hunedoara a ajuns să dea 60% din producția națională de cărbune și 90% din minereul de fier. De-a lungul perioadei comuniste a produs între 30 și 50% din produsele industriale pe bază de fier existente la nivel național. În vreme ce contribuția proporțională a județului Hunedoara a scăzut în următorii 40 de ani, pe măsură ce regimul comunist își diversifica baza industrială, producția totală a continuat să crească. În 1989, județul Hunedoara producea mai mult de 30% din oțelul țării, dădea 90% din producția de cărbune și aproape 70% din minereul de fier (Mateș 2012).

Migrația populației de la țară, dar și din alte părți ale României a susținut această creștere. Mulți muncitori veneau din Moldova și Oltenia. Într-o singură generație de regim comunist, raportul între populația urbană și cea rurală s-a inversat; în 1989, rata de urbanizare a județului Hunedoara (77%) îl situa pe locul doi în țară, pe primul loc aflându-se Bucureștiul (Mateș 2012). Acest proces a fost determinat în mare măsură de migrația locuitorilor din alte regiuni spre Hunedoara. Migrația cetățenilor din alte părți ale României a crescut constant în timpul perioadei comuniste, depășind migrația populației hunedorene către alte regiuni cu peste 23.000 de persoane. Migranții erau în speță bărbați tineri, cu vârste între 14 și 24 de ani.

Deva și Hunedoara, unde multe dintre interlocutoarele noastre și-au petrecut cel puțin o parte a vieții lor, au devenit orașe relativ extinse în primele două decenii de comunism, care aveau nevoie de noi facilități, precum spitale, un sistem școlar extins, infrastructură – străzi pavate, electricitate și apă curentă (Mărginean 2015). Prima etapă a procesului de urbanizare a avut în vedere în primul rând construcția de locuințe pentru influxul de imigranți. Deși au fost propuse câteva modele, în anii 1950 proiectele de planificare urbană copiau modelele sovietice. Dezvoltarea urbană a Hunedoarei a devenit un experiment în care se negocia între autoritățile locale și cele de la București. La începutul anilor 1960, centralizarea a fost în parte înlocuită cu luarea deciziilor pe plan local. Prioritățile proiectanților urbani reflectau mai îndeaproape nevoile populației, care crescuse de aproape 10 ori în 18 ani, de la 7.000 în 1948 la 69.000 în 1966. În special la începutul anilor 1960, proiectanții au urmărit să construiască spitale, școli și alte instituții publice.

În anii 1970 profilul regiunii se modificase, devenind predominant urban. În 1930 populația județului era de aproximativ 332.000 de locuitori și aproximativ 12% locuiau în orașe mai mici sau mai mari. În 1969, județul număra 475.000 locuitori și mai mult de 69% dintre ei locuiau în zonele urbane. Influxul de muncitori tineri a creat un dezechilibru de gen. În categoria indivizilor cu vârste cuprinse între 20 și 24 de ani s-a produs un mare decalaj: în 1956 bărbații erau cu 22% mai mulți decât femeile. Pe parcurs, femeile au migrat la oraș pentru căsătorie sau școală, iar această statistică s-a echilibrat. Totuși, în 1966 bărbații reprezentau deja majoritatea în acest grup de vârstă (Mărginean 2015, 201).

Statisticile privitoare la ocuparea forței de muncă reflectă procesul de urbanizare al regiunii. În 1968, 51,2% din forța totală de muncă lucra în producția de oțel (Combinatul Siderurgic) și 16% în construcții, ambele domenii fiind dominate de bărbați (Mărginean 2015, 197). O mare parte a forței de muncă, alcătuită în special de femei, a rămas în agricultură. Femeile care au migrat în vederea căsătoriei sau a completării educației spre ariile urbane începând de la sfârșitul anilor 1950 și până la mijlocul anilor 1960 au întâmpinat dificultăți în a găsi de lucru cu normă întreagă în economia urbană. Unele dintre ele au devenit gospodine, așa cum reflectă o parte dintre interviurile noastre.

Majoritatea intervievatelor au luat astfel parte la o serie de procese foarte dinamice care au transformat complet regiunea. Aproape toate cele născute înainte de 1960 proveneau de la țară. Deși viața la oraș a devenit realitatea de zi cu zi pentru multe dintre ele, la fel ca și perspectiva din care au trăit modernizarea, majoritatea aveau încă rude (de obicei părinți) în zonele rurale. În consecință, cunoșteau îndeaproape condițiile de viață de la țară, precum și problemele politice pe care le-au întâmpinat țăranii la începutul perioadei comuniste, inclusiv problemele legate de colectivizare.

Femeile din România după căderea comunismului

Căderea comunismului a schimbat radical statutul politic, legal și economic al femeilor. În studiul nostru identificăm aceste schimbări ca precondiții ale cetățeniei democratice.

După 51 de ani de dictatură regală, fascistă și comunistă, România a organizat primele alegeri libere la 20 mai 1990. În 1991 a fost votată prima constituție pe deplin democratică, în care erau erau prevăzute drepturi politice depline pentru femei. Totuși, femeile au reprezentat numai 3,7% dintre membrii aleși în parlament[1] și 2,6% din membrii aleși în consiliile locale, în ciuda numărului mult mai mare de femei angajate activ în toate partidele politice. Această tendință a persistat de-a lungul întregii perioade postcomuniste.

1. În comparație, procentele femeilor care au fost alese în parlament după căderea regimurilor comuniste în alte țări din Europa de Est au fost următoarele: 8,8% în Bulgaria, 7,3% în Ungaria, 9,9% în Lituania și 13,5% în Polonia. În Iugoslavia, unde căderea regimului comunist a fost urmată de războaiele din anii 1990, procentul a fost mult mai mic, 2,5%. În Ucraina a fost la fel de scăzut, numai 3% (Matland și Montgomery 2003).

În 1996, o dată cu alegerea unui nou președinte, România a trăit prima cedare de putere în condiții pașnice și pluraliste. În această perioadă (1996–1999), majoritatea partidelor politice au adoptat platforme pro-vestice (pro-NATO, pro-UE). Câteva partide, cu excepția Partidului Social Democrat (PSD), au început să pună bazele unui regim neoliberal. În consecință, bugetele și ideologiile ce justificau o întreagă serie de servicii sociale stabilite în timpul regimului comunist, de la îngrijirea copiilor de către stat până la chiriile de stat, au început să dispară (M. Miroiu 1999). Partidele de stânga (de exemplu PSD), continuând precedentul creat de regimul comunist, au limitat prezența femeilor în politică la roluri pur formale și pasive. Partidele de centru-dreapta, spre exemplu PNL, la fel ca precursorii interbelici, au ignorat masiv interesele politice ale femeilor și reprezentarea lor în politică.

În perioada de tranziție, retrocedarea drepturilor de proprietate a devenit subiectul central al politicilor publice, ignorându-se costurile ei sociale. Pe măsură ce proprietățile confiscate de regimul comunist au început să fie retrocedate, iar proprietățile de stat (ca de exemplu fabricile) au fost privatizate, au apărut tendințe clare de inegalitate de gen. Parlamentul a votat legi care susțineau interesele elitei masculine aflate la conducere, ignorând discriminările de gen. Un grup mic, majoritar masculin, alcătuit din manageri industriali ai perioadei comuniste sau oficiali de stat, s-a îmbogățit, membrii lui devenind clienții celor care au organizat procesul de privatizare sau intrând în politică pentru a-și însuși proprietățile de stat în folos personal (Nicolae 2010; Pasti 2006). Restul populației, în special femeile, au continuat să trăiască în stadii variate de marginalizare politică și sărăcie. Totuși, în munca noastră de teren, am întânit câteva persoane aparținând generației de tranziție, care au alcătuit un mic strat de antreprenoare de clasă mijlocie.

Între 1999 și 2006, transformarea politică spre democrația liberală s-a accelerat, cel puțin formal, culminând cu aderarea la UE. Până în 2016, acest proces a reprezentat cea mai spectaculoasă etapă a dezvoltării democratice. De exemplu, deși era ultima pe listă, în 2003 România a fost inclusă pe lista The Economist Intelligence Unit, alături de democrațiile liberale (The Economist Intelligence Unit 2010). În țări precum Cehia și Bulgaria, a avut loc un proces similar de aliniere a instituțiilor naționale la cele europene, iar legislația adoptată a oferit noi forme de sprijin pentru drepturile femeilor, de la legislația împotriva violenței domestice și a hărțuirii sexuale până la acordarea de fonduri pentru programe de studii de gen și feminism. În România, această perioadă a coincis cu consolidarea unei abordări neoliberale a bunăstării sociale; multe servicii de stat (ca de exemplu îngrijirea copiilor, accesul la împrumuturi cu dobândă scăzută) au fost privatizate, în special cele legate de asigurarea îngrijirilor, lăsând femeile cu și mai puține mijloace de a face față dublei zile de muncă decât în timpul comunismului.

Acesta este momentul în care politicile inspirate de al doilea val de feminism vestic au fost acceptate și instituite, începând cu Platforma Beijing (1995) și acquis-ul comunitar.[1] În 2000 România a adoptat o lege completă privind discriminarea bazată pe rasă, etnie, gen, religie, clasă și orientare sexuală. În 2002, parlamentul a votat Legea privind egalitatea de șanse și de tratament între femei și bărbați. În 2003, în Constituție s-a introdus un articol privitor la principiul egalității de șanse între femei și bărbați. În același an, Legea pentru prevenirea și combaterea violenței domestice a fost

1. Am identificat procesul de acceptare a legislației antidiscriminatorii și pentru oportunități egale din partea statelor care încercau să obțină statutul de membru al UE ca fiind un feminism „room-service" (M. Miroiu 2004c, 257).

votată.[1] Au fost înființate instituții-cheie pentru implementarea acestor legi: Consiliul Național pentru Combaterea Discriminării (CNCD), în 2001, și Agenția Națională pentru Egalitatea de Șanse între Femei și Bărbați (ANES).

În ultimul deceniu aceste instituții s-au dezvoltat în continuare prin formarea Comisiilor Județene în Domeniul Egalității de Șanse între Femei și Bărbați (COJES), menite să le reprezinte la nivel local. Din păcate, odată cu implementarea noilor măsuri de austeritate, la începutul anului 2011, ANES și-a pierdut autonomia bugetară, iar COJES-urile au fost închise, semnalând astfel că discriminarea de gen era considerată o problemă lipsită de importanță pentru conducerea politică a partidului aflat la guvernare (PDL).

În ansamblu, există un decalaj între instituțiile ce se concentrează asupra combaterii discriminării, care sunt puternice și eficiente, și instituțiile formate pentru a promova egalitatea de șanse, care operează la nivel formal, dar rămân ineficiente, în special pentru că cei aflați la conducere sunt numiți pe baza clientelismului politic, și nu pe baza competențelor reale. Reprezentarea în parlament continuă să fie în mod covârșitor masculină (81% în 2017). Bărbații conduc Comisia pentru egalitatea de șanse din Senat. Comisia din Senat nu avea decât un membru de sex feminin. În Camera inferioară, bărbații reprezentau 60% dintre totalul membrilor (Băluță, Iancu și Dragolea 2007a, 2007b; M. Miroiu 2004c, 2015a, 2015c; Neaga 2013).

Contrar așteptărilor activiștilor civici, după ce România a devenit membră a UE (2007), procesul de democratizare a trecut printr-o perioadă de stagnare și chiar de regres. Conform The Economist Intelligence Unit, în 2011 România

1. Totuși, adăposturile pentru femei care oferă sprijin concret victimelor abuzurilor domestice sunt insuficiente. De exemplu, nu există un singur adăpost de acest fel în județul Hunedoara. Capitolul 3 oferă o prezentare detaliată referitoare la părerile femeilor asupra acestor lipsuri.

nu mai era clasificată ca o democrație liberală, ci ca o democrație electoralistă neliberală (The Economist Intelligence Unit 2011, 15; Forbig și Demeš 2009; M. Miroiu 2011). Cercetarea noastă a avut loc la începutul acestei perioade de regres, când cetățenii din Hunedoara erau din ce în ce mai neîncrezători în partidele politice, în parlament, în administrația orașului sau a județului (vezi și INSCOP 2015). Pierderea încrederii în instituțiile democratice era generată de convingerea că promisiunile electorale se dovediseră mincinoase, iar campaniile populiste aduseseră la putere guverne care promovau pasivitatea civică. Totuși, analiza noastră va arăta că slăbiciunile democrației neliberale din România nu au produs apatie, docilitate sau obediență printre femeile pe care le-am intervievat.

Deși în anii 1990 politicile de privatizare și de marketing i-au favorizat pe investitorii bărbați, femeile au jucat un rol din ce în ce mai important în economie în calitate de antreprenoare (Paul 2011). În 2016, o treime dintre antreprenorii români erau femei, o statistică care depășește media din UE. Femeile sunt bine reprezentate în mai multe profesii astăzi decât erau în 1989 și reprezintă majoritatea studenților înscriși în sistemul de învățământ, la toate nivelurile. Cele mai semnificative forme de discriminare economică de gen se referă încă la salarizarea în profesiuni feminizate, deoarece serviciile de îngrijire pe care tind să le ofere femeile, de la medicină la educație, sunt mai slab plătite. În plus, prin eliminarea multor forme de sprijin pentru îngrijirea copiilor, regimurile neoliberale din anii 2000 au mărit provocările economice și familiale cărora multe femei trebuie să le facă față. Fără un schimb radical în compoziția de gen a guvernării la nivel național și local, dar și fără o reprezentare substanțială a intereselor femeilor[1] este puțin probabilă o schimbare a acestei politici.

1. În perioada în care lucrăm la versiunea românească a acestei cărți, prezența femeilor în parlament și guvern este categoric mai

Hunedoara după comunism

Dacă Hunedoara a fost un exemplu impresionant de urbanizare și industrializare în timpul perioadei comuniste, reprezintă și un exemplu la fel de impresionant de dezindustrializare, stagnare economică și depopulare după 1989, în special în zonele urbane.

Începând din 1990, cele mai mari combinate siderurgice au fost închise, iar altele dramatic restrânse și privatizate. Numărul total de oameni angajați în acest sector a scăzut de la peste 20.000 la mai puțin de 200. Industria minieră a suferit o lovitură similară; în două decenii, mai mult de 20 de mine mari s-au închis. Din 1990, exceptând trei ani, rata șomajului din județul Hunedoara a fost mai mare decât media națională, în unii ani chiar de două ori mai mare (20% în 1999, anul de vârf al perioadei de tranziție). Rata șomajului a scăzut în ultimul deceniu, apropiindu-se de media națională de 7% (Mateș 2012). În ultimii ani, mai ales după 2014, este însă sesizabil un deficit semnificativ de forță de muncă. În spatele acestor statistici oficiale se ascunde o realitate complexă. Așa cum s-a întâmplat și în alte regiuni în care industria grea a dominat economia, între 1990 și 1996 guvernul le-a oferit beneficii muncitorilor, în majoritate bărbați, care au fost în pierdere când s-au închis fabricile, iar întreprinderile mari de stat s-au privatizat (M. Miroiu 2004c). Multora li s-a oferit pensionare anticipată cu pensie întreagă, iar alții au primit salarii „compensatorii“ (între 24 și 36 de salarii) ca să fie stimulați să își părăsească respectivele locuri de muncă. Pentru femeile care lucrau în industrii mai puțin favorizate (ca de exemplu industria textilă sau

semnificativă. România are cea dintâi prim-ministră din istoria sa (pe Viorica Dăncilă). Nici una dintre aceste femei nu are o agendă feministă și nu este interesată de politicile referitoare la egalitatea de șanse. Dimpotrivă, par să le ignore complet.

a pielăriei) nu s-au făcut asemenea aranjamente. Cum fabricile se restrângeau prin privatizare sau se închideau fără salarii compensatorii, femeile erau date afară și trebuiau să își caute de lucru în altă parte.

Diminuarea oportunităților economice, după 1990, are legături strânse cu câteva probleme sociale, în special cu abandonul școlar și rata delincvenței. Potrivit unui studiu din 2009, județul Hunedoara avea cea mai ridicată rată a delincvenței din România, cu peste 250 persoane condamnate la 100.000 de locuitori (Mateș 2012). În această categorie de persoane, numărul bărbaților îl depășea cu mult pe cel al femeilor.

De la sfârșitul anilor 1990, când Hunedoara a înregistrat cel mai scăzut nivel de producție și cel mai ridicat nivel al șomajului, industria a început să crească ușor, în special prin diversificarea piețelor și a produselor. Totuși, regiunea se confruntă cu o diminuare a numărului de locuitori. Rata scăzută a nașterilor este responsabilă de acest fenomen, dar și migrația în zonele rurale, pentru a practica agricultura de subzistență, sau în state vest-europene a fost un factor important (Mateș 2012; Pasti, Miroiu și Codiță 1997). În 2011, populația județului reprezenta doar 72% din populația existentă în urmă cu 20 de ani. Această scădere dramatică se poate observa cu precădere în zonele urbane, unde populația a fost în scădere de la sfârșitul perioadei comuniste. Experiența repondentelor noastre privitoare la tranziția spre capitalism și democrație din ultimii 30 de ani trebuie plasată în contextul acestei migrații masive de resurse economice și umane. Drumul orașului Hunedoara de la modernizarea controlată de stat din timpul regimului comunist la parțiala recuperare din perioada capitalismului neoliberal este unul extrem, dar totodată semnificativ, pentru că ne permite să înțelegem procesele mai ample din Europa de Est.

2

Bărbații: normele de gen în familie

Începem examinarea percepțiilor și atitudinilor față de gen și cetățenie ale femeilor prin prezentarea modului în care descriu relațiile lor cu bărbații, în special cu soții lor. Heteronormativitatea stă la baza relațiilor de gen din România. Căsătoria cu intenția de a avea copii este încă o normă puțin contestată.[1] După 1989, în alte țări postcomuniste normele sociale și comportamentele legate de căsătorie, coabitare și chiar legate de familiile monoparentale s-au transformat semnificativ. Înainte de reunificare, normele din RDG privitoare la căsătorie și fertilitate erau asemănătoare celor din România. Statul oferea împrumuturi substanțiale cu dobânzi mici și recompense financiare pentru tinerele cupluri căsătorite, ștergând bune părți din împrumuturi dacă acestea aveau copii (Adler 1997). După reunificarea cu RFG din 1990, ajutoarele respective au dispărut, iar rata căsătoriilor a

1. Mișcarea LGBTQ+ a devenit vizibilă după 1990, dar minoritățile sexuale rămân încă marginalizate; subiectul sexualităților non-heteronormative a fost tabu, în special în zonele rurale și orașele de dimensiuni medii, precum cele incluse în studiul nostru. Subiectul a câștigat vizibilitate odată cu organizarea referendumului pentru definirea heteronormativă a căsătoriei în Constituție (6–7 octombrie 2018). Referendumul a fost invalidat în absența cvorumului necesar.

scăzut cu 50%, la fel ca rata fertilității.[1] În Uniunea Sovietică, deși normele sociale privitoare la căsătorie au rămas neschimbate, rata divorțurilor a crescut în mod semnificativ după 1970, de la 2,6 la mia de locuitori la 3,5 la mia de locuitori în 1980. După 1991, tendința de scădere a numărului căsătoriilor și de creștere a numărului divorțurilor a persistat, iar o cercetătoare a definit actualele gospodării monoparentale (alcătuite de obicei din femei) drept o „revoluție" (Utrata 2015). În schimb, femeile din România au continuat să se căsătorească la vârste mai tinere și în procente mai mari decât media din UE (situându-se la un moment dat pe locul patru în Uniune), incluzând și alte state membre postcomuniste.[2] Aceste statistici au fost pe deplin confirmate de munca în teren, deoarece toate intervievatele noastre au vorbit despre cutumele și/sau experiența căsătoriei ca despre norme de necontestat.

În ultimele două decenii, studiile cantitative au relevat schimbări importante în opiniile populației cu privire la relațiile matrimoniale. În 2000, 92% dintre bărbați și 91% dintre femei aprobau afirmația potrivit căreia bărbații sunt „capul familiei", în timp ce 71% dintre bărbați și 79% dintre femei erau de acord că femeile sunt „stăpânele casei" (Fundația pentru o Societate Deschisă 2000, 30). Șapte ani mai târziu, doar 49,7% dintre bărbați și 33,7% dintre femei mai credeau că bărbații ar trebui să fie „capul familiei".

1. Între 1990 și 1994 rata căsătoriilor a scăzut de la 7,9 la mia de locuitori la 3,4 la mia de locuitori, cu mult sub media europeană. Rata nașterilor a scăzut de la 12 la mia de locuitori la 5,1 la mia de locuitori (Adler 1997, 40).

2. În 2017, rata căsătoriilor în Romania (7,3 la mie) era pe al doilea loc în Uniunea Europeană dupa Letonia și cu mult mai mare decât media UE (4,4 la mie). Rata divorțurilor era de 1,6 la mie, aproximativ aceeași cu cea din Bulgaria, Croația și Italia. Numai Slovenia și Malta aveau o rată mai scăzută în rândul țărilor membre ale UE (Eurostat 2017).

Pentru a discuta evoluția rolurilor de gen din familie cu intervievatele noaste, ne-am concentrat asupra următoarelor întrebări: Cum definesc femeile bărbatul ideal și femeia ideală? Cum își descriu ele căsnicia? Cine ia deciziile importante în familie? Cine administrează banii? Cine se îngrijește de treburile zilnice? Cine duce copii la școală și cine se asigură că și-au făcut temele? Cine are grijă de bătrânii din familie?

Deși tații, fiii, colegii de serviciu, politicienii și iubiții au fost menționați, soții erau figurile masculine centrale din poveștile pe care le-au istorisit aceste femei. Repondentele au vorbit liber despre felul în care cred că ar trebui să fie bărbații, descriind atât trăsături de caracter, cât și comportamente. Fie normative sau descriptive, rolurile de gen pe care ni le-au prezentat repondentele noastre ne-au ajutat să înțelegem felul în care femeile se situează, ca persoane și cetățene, la intersecția dintre sfera privată și cea publică, atrăgându-ne atenția asupra relației dinamice dintre cele două sfere. Felul în care repondentele noastre ne-au vorbit despre rolul lor ca subiecte, agente autonome, partenere și purtătoare de responsabilitate și autoritate în familie ne-a permis să înțelegem felul în care ele își negociază participarea la viața polisului și își construiesc relațiile sociale pe care le stabilesc dincolo de casă.

Când femeile ne-au vorbit despre aspirațiile personale, firul poveștilor se împletea cu rolurile lor familiale și profesionale sau, mai amplu, cu rolurile lor publice. Rareori vorbeau despre ele însele independent de relațiile cu ceilalți (Mackenzie și Stoljar 1999; Tannen 2001), mai ales cele căsătorite. Bărbații apăreau aproape în fiecare scenă; câteodată menționați pe nume, alteori ca făcând parte dintr-un „noi" generic, de fundal. Deși nu au folosit niciodată termenul „gen", repondentele noastre au articulat o percepere de ansamblu nuanțată a normelor de gen și au oferit interpretări specifice sau mai degrabă exemple ale rolurilor de gen. Parteneriatul se afla atât la baza abordărilor lor normative, cât și la baza celor descriptive.

În ansamblu, comentariile lor cu privire la bărbați au confirmat diferențele de putere în cuplu: femeile încă depind într-o anume măsură de bani și de alte resurse oferite de soții lor sau de tați. Frustrarea și resentimentul, mai degrabă decât recunoștința, le caracterizează cel mai bine atitudinile. Multe și-au descris căsătoriile drept parteneriate de succes; alte intervievate le-au descris drept tensionate și dificile. Foarte puține au folosit cuvântul *dragoste* în descrierea relațiilor lor cu soții sau chiar cu tații lor. Aliatele lor cele mai apropiate din familie tindeau să fie alte femei – mamele, fiicele sau bunicile.

Rezultatele cercetării noastre sugerează că o schimbare fundamentală s-a produs în felul în care femeile înțelegeau și și-au conturat rolurile de gen în România, în timpul perioadei comuniste. Înainte de 1940 femeile se considerau supuse bărbaților în căsnicie, dar în 2010 ajunseseră să se aștepte la parteneriate și apreciere pentru rolul pe care îl jucau în construirea și menținerea gospodăriei, incluzând treburile zilnice și amenajarea casei, supravegherea educației copiilor și planificarea vacanțelor. Totuși, numai repondentele din generația de tranziție par să considere egalitatea de gen, atât pe cea economică cât și pe cea familială, ca parte integrantă a așteptărilor personale.

Parteneriatul și luarea deciziilor în familie

Le-am întrebat pe toate repondentele cine ia deciziile în familie. Definițiile lor privitoare la ce însemna o decizie importantă variau, deși nu cu mult. Intervievatele noastre s-au concentrat în ansamblu: (1) asupra aspectelor financiare, incluzând persoana care administrează venitul familiei și achiziționarea de obiecte importante (măsurate numai parțial în funcție de cost sau complexitate, funcția vitală a obiectului cumpărat contând uneori mai mult); (2) asupra copiilor, în special în privința oportunităților legate de educația lor. Aceste priorități sugerează că normele de gen sunt importante într-o căsătorie.

Pe măsură ce femeile vorbeau despre importanța deciziilor luate în căsătoriile lor, foloseau uneori termeni complecși, iar alteori foarte simpli, dar întotdeauna au evidențiat faptul că pentru ele căsătoria însemna un parteneriat care implica responsabilitatea simultană a soților în luarea deciziilor:

> Aia nu e familie în care fiecare își ține banii separat... Când facem ceva, facem împreună. (A.G., 74 de ani)

> [În familia noastră] mergem pe înțelegere. Facem totul pentru casă și pentru nevoile noastre... când luăm o hotărâre, tot timpul ne sfătuim. (D.M., 56 de ani)

> Î: Care credeți că este secretul unei căsătorii fericite?
> R: Nu există o rețetă pentru asta. Mai întâi secretul este că cei doi parteneri trebuie să se înțeleagă, să discute problemele... Atâta timp cât își rezolvă problemele împreună... ca parteneri... și [cât timp] ești dispus să lași puțin de la tine... (L.J., 38 de ani)

În aceste descrieri putem observa că încrederea, dar și deschiderea de a asculta și de a face compromisuri sunt cheia unei relații de succes. Se presupune că atât bărbații, cât și femeile joacă un rol activ și egal în crearea acestor calități. Aceleași caracteristici au apărut și în descrierile intervievatelor noastre despre ce înseamnă să fii un cetățean bun și în special un bun lider politic.

Câteva dintre femei, mai ales din zona rurală, au indicat că sunt supuse soților. Comentariile lor ne-au amintit de clișee vechi, precum „Femeia trebuie să urmeze bărbatul", dar au reflectat și ansamblul sociologic mai larg privind migrația muncitorilor și oportunitățile inegale de muncă în funcție de gen, pe care le-am descris în capitolul 1: „Când m-am măritat, soțul meu lucra într-o fabrică, așa că m-am dus după el" (A.G., 74 de ani). Totuși, asemenea afirmații sunt rare. Majoritatea repondentelor, indiferent de generație și de diferențele de educație, se considerau partenere în căsnicie.

Femei din toate generațiile au vorbit cu convingere și în detaliu despre munca în gospodărie alături de soții lor:

> Î: Cum funcționa gospodăria în familia dumneavoastră?
> R: La început făceam numai eu treabă, dar după un timp am făcut amândoi. Acum multă vreme, știți, bărbații nu făceau nimic în casă, dar acum se implică mai mult... Vremurile s-au schimbat, și acum bărbații fac treabă în casă. Nu numai în familia mea, peste tot.
> Î: Cine avea grijă de copii?
> R: Când băiatul era mic, eu; mai târziu, amândoi. (C.B., 78 de ani)

Această repondentă s-a născut cu un deceniu și jumătate înainte de venirea la putere a comuniștilor, când rolurile domestice de gen erau clar separate, iar femeile erau principalele îngrijitoare ale copiilor și ale casei. Felul în care ea a descris schimbarea dinamicii de gen, ca pe un proces care a început să semene de-a lungul timpului din ce în ce mai mult cu un parteneriat, poate fi considerat ca o interpretare pozitivă a modului în care relațiile între femei și bărbați au evoluat în România, după al Doilea Război Mondial.

Totuși, unele detalii din alte interviuri evidențiază faptul că există o diferență semnificativă între dorințele privitoare la parteneriat și realitatea de zi cu zi. Limbajul folosit de femei este simptomatic pentru acest decalaj. De exemplu, ele observau că bărbații erau de ajutor, subînțelegându-se că femeile își asumau responsabilitățile gospodăriei, în timp ce bărbații mai degrabă le asistau. În ciuda acestui fapt, intervievatele noastre afirmau că bărbații și femeile colaborează și își împart responsabilitățile casnice mai des în prezent decât în trecut, o schimbare pe care ele o percepeau ca pe un progres real.

Femeile născute în timpul primelor două decenii de regim comunist au articulat mai clar conceptul de parteneriat și l-au considerat o normă. De exemplu, M.T. (56 de ani) ne-a vorbit despre relația cu soțul ei:

> R: În primul rând, bărbatul meu m-a ajutat foarte mult, că, dacă nu mă ajuta... nu aveam mamă, soacră... [nu aș fi avut pe] nimeni... Ne-am completat unul pe altul. Când era el liber, avea grijă de fată, când eram liberă, aveam eu grijă de ea.
> Î: În familia dumneavoastră, cum vă împărțeați treburile casei?
> R: Nu e important cum le împarți, când e nevoie de ceva și are el timp, se ocupă el. Eu la fel... Când era la facultate, eram căsătoriți și fata noastră era mică, el făcea pe mama în locul meu și se juca cu ea sau se ocupa de treburile gospodăriei, iar eu lucram la lucrarea lui de licență. Era un proiect dificil, cu multe anexe cu desene, și, pentru că mă pricepeam la asta, am desenat schițele de care avea nevoie, pentru că nu exista xerox pe vremea aia... Așa că l-am ajutat cum m-am priceput; ne ajutam unul pe altul.

Această poveste exprimă elocvent atât potențialul, cât și limitele parteneriatului. M.T. a identificat treburile casei drept responsabilitatea *ei*, și nu ca pe o responsabilitate comună; a surprins direct dubla ei responsabilitate – serviciul și munca în gospodărie. În plus, M.T. a lucrat la proiectul de licență al soțului ei de bunăvoie, ba chiar cu bucurie. În timp ce ea ajuta cu proiectul, el „o făcea pe mama". Din felul în care s-a exprimat, reiese că M.T. a susținut scopurile profesionale și educaționale ale soțului ei, fără să se aștepte să primească mulțumiri pentru efortul depus. Ea a folosit un limbaj referitor la asistență, oferindu-și talentul de desenatoare în schimbul grijii arătate de soț fetiței. Era recunoscătoare că soțul a ajutat-o, în timp ce ea îi făcea tema. Totuși, M.T. a considerat acțiunile lui mai degrabă excepționale, nu ca pe o parte din cursul normal al obligațiilor zilnice. Implicit, după cum a remarcat Diana Neaga (2013), M.T. vedea creșterea copiilor nu ca pe o obligație egal asumată, alături de soțul ei, ci ca pe o responsabilitate predominant feminină. Aceasta nu înseamnă că din familia respectivă lipsea afecțiunea, ci că nu exista, pe de altă parte, un parteneriat între egali.

Câteodată, femeile, în special cele din generația de tranziție, au comparat relația lor cu soții cu cea dintre mamele și tații lor. Erau critice la adresa mamelor, descriindu-le ca pe niște soții fără autoritate, care voiau să perpetueze lipsa lor de putere, insistând ca fiicele să fie supuse și ascultătoare. M.S. (48 de ani) părea supărată pe mama ei pentru că a fost o „sclavă" a tatălui:

> Când l-am întâlnit pe soțul meu, nu pot să zic că m-am îndrăgostit de el la prima vedere. Dar mi-a plăcut cum mă trata. [Într-o excursie cu prietenii] făceam cu schimbul la bucătărie. Când am început să gătesc, a venit imediat la mine, a luat un cuțit și a făcut o ustensilă de zdrobit usturoiul și apoi a curățat legumele cu mine... Mi s-a părut foarte interesat și am fost surprinsă să văd că există bărbați care le ajută pe femei, pentru că tatăl meu nu făcea asta niciodată. Mama zicea că bărbații nu au ce căuta în bucătărie și greșea foarte tare... Nu am fost niciodată de acord cu ideea că o femeie este servitoarea soțului, așa cum credea mama.

> După ce m-am căsătorit, stăteam acasă, în concediu postnatal: „Oh, M., soțul tău a ajuns acasă... Lasă scutecele alea și du-te să-i încălzești mâncarea. Bărbatul tău a venit acasă". Ei bine, eu nu sunt de acord cu principiul că unul dintre soți trebuie să fie prostul celuilalt.

Această femeie, a doua generație de locuitori la oraș, marchează clar un schimb între generații, care a avut loc în România anilor 1960 și 1970: prima generație de migranți la oraș a continuat să accepte rolurile de gen tradiționale, așa cum existau la țară, în timp ce generația următoare, a fetelor lor, s-a desprins de această viziune. În cazul lui M.S., alte părți ale interviului sugerează faptul că, la fel ca în cazul multora dintre contemporanele sale, parteneriatul în căsnicie a rămas mai mult o aspirație decât o realitate.

Povestea ei arată cum relațiile puternice și tensionate dintre mame și fiice contribuie substanțial la dezvoltarea normelor de gen în familie. În bună parte din interviuri, femeile au arătat că și-au petrecut mult mai mult timp în compania altor femei decât a bărbaților, și în special în compania membrelor propriei familii. În povestea de mai sus, interlocutoarea noastră și-a exprimat frustrarea cu privire la normele pe care mama ei încerca să i le inculce, dar și distanțarea deplin conștientă pe care a plasat-o între acele norme și propriile ei aspirații.

Într-un un alt moment al conversației, ea a respins și modelul masculin reprezentat de tatăl ei:

> I-am zis: „Tată... nu ai fost niciodată țăran, ai plecat din sat când aveai 19 ani pentru că nu ți-a plăcut să cosești iarba și acum, la bătrânețe, vrei să te faci agricultor?"
> „Strămoșii mei s-au chinuit să cumpere fiecare părticică din pământul ăsta, și acum birocrații ăștia nu vor să mi-l dea înapoi?"

În cele din urmă a ajuns la părerea mea, dar era încă supărat pe mine când i-am spus lucrul ăsta.

Totuși, tatăl ei a insistat să se retragă la țară la pensie. Pentru tot restul vieții lor, părinții lui M.S. au muncit din greu, fără prea mari rezultate. M.S. a fost de părere că tatăl ei a fost extrem de încăpățânat și că această alegere a fost nocivă pentru sănătatea mamei. A calificat decizia drept o povară pentru ea și familia ei, fiindcă au fost nevoiți să-și petreacă vacanțele „jucându-se de-a țăranii" alături de părinți, în loc să se odihnească și să se relaxeze.

Noile oportunități și responsabilități din afara casei, ca studente, cetățene și profesioniste, au schimbat adeseori felul în care femeile își reprezentau rolul de soții. M.S. și-a definit în parte ideea de parteneriat observând alte femei și bărbați la școală și la serviciu. Din acest motiv, ea a respins normele acceptate de părinții ei. Observațiile pe care le-a făcut în afara familiei de proveniență au ajutat-o pe M.S. să înțeleagă diferit rolurile de gen. Stând în propria bucătărie, și-a amintit de câteva ori cum a refuzat să continue inegalitățile de gen pe care le-a observat în casa părinților. Ca în cazul altor femei din generația ei, eforturile depuse au fost adeseori în zadar, dar unele dintre schimbările dorite au avut mai mulți sorți de izbândă.

Femeile tind să facă cele mai multe lucruri în gospodărie. Ele tind să admită că iau deciziile financiare de bază în casă (Fundația pentru o Societate Deschisă 2000, 30). Unele au spus direct că erau responsabile cu administrarea banilor din gospodărie. Deși soții lor participau în mod esențial la costurile casei, de obicei nu stăteau suficient de mult acasă și nici nu erau acolo în cazul unei urgențe. În consecință, femeile administrau în general banii câștigați de ambii soți. Într-o economie bazată exclusiv pe bani lichizi, aceasta nu era o formă de autoritate nesemnificativă sau iluzorie.[1] Femeile controlau, într-adevăr, portofelele familiilor lor, pentru că ele plăteau toate cele necesare, de la hrană la electricitate, cărți și vacanțe. Ele se referă la rolul pe care îl aveau în mod direct: „Eu, eu, eu. Soțul meu le lăsa pe toate în grija mea; așa am făcut noi de la început“ (A.N., 53 de ani).

O altă repondentă a descris autoritatea pe care o avea în administrația casei cu lux de amănunte:

> R: Treburile casei erau responsabilitatea mea, pentru că soțul meu, fiind șofer, nu putea să mă ajute, pleca dimineața și mai venea noaptea târziu. Chiar nu putea să mă ajute; mă ajuta la cumpăratul de obiecte mari, dar pentru nevoile zilnice eu făceam cumpărăturile.
> Î: Cine lua deciziile cu privire la bani, la casă și la educația copiilor?
> R: Socoteam banii și făceam o listă cu ce ne trebuie și mă consultam cu el... nu a zis niciodată „nu“: „Dacă crezi că e bine, fă-o; nu mă bag, fiindcă nu sunt acasă oricum“. De educația copiilor tot eu m-am ocupat, pentru că el venea acasă târziu. Copiii deja dormeau... copiii aproape se obișnuiseră cu mine și nu aveau curajul să îi spună lui ce le trebuia. (D.L., 63 de ani)

Un alt interviu a punctat controlul banilor familiei de către soție drept o necesitate. Femeia a sugerat că soțul nu era un administrator chibzuit, în parte pentru că bea excesiv:

1. Înainte de 1990, românii aveau acces la conturi de economii la locul de muncă, prin CAR (Casa de Ajutor Reciproc), sau la CEC (Casa de Economii și Consemnațiuni). Oamenii luau împrumuturi prin aceleași instituții, iar plățile lunare erau deduse direct din salarii. Nu existau conturi bancare personale, carduri de credit sau împrumuturi individuale de sume mari, cu excepția celor pentru locuințe.

Î: În familia dumneavoastră, cine ia decizii cu privire la bani, casă, educația copiilor?
R: Se zice că bărbatul e capul familiei, dar femeia este cea care conduce. După părerea mea, femeia este cea care creează mediul familial... pentru că, dacă bărbatul vine acasă obosit, puțin beat, și sari cu gura la el, faci mai mult rău. Trebuie să-l lași în pace și să vorbești cu el mai târziu... În familia noastră l-am implicat în tot ce era posibil. Eu am economisit bani, că el era genul care cheltuia tot, așa că am pus bani deoparte, iar când voiam să cumpărăm ceva, îi ziceam: „Uite, avem nevoie de asta". Și el zicea: „Dar sigur nu avem banii". Și eu ziceam: „Nu te îngrijora, am împrumutat niște bani", dar de fapt îi împrumutam de la mine. Întotdeauna aveam grijă de asta.
Î: Și cum făceai asta, îi luai salariul și. . . ?
R: Îi luam salariul și plăteam toate facturile. Cu ce mai rămânea, cumpăram ce ne trebuia. (E.M., 70 de ani)

Potrivit acestei conversații, faptul că soțul consuma alcool și faptul că era mână largă îi diminuau responsabilitatea, în timp ce soția lui era o persoană rațională, capabilă să ia decizii și să fie o cheltuitoare chibzuită. În loc să îl trateze ca pe un partener, în deplinul sens al cuvântului, ea se baza pe mici minciuni, necesare ca să își atingă scopurile în casă. Când spunea „îl implicam" ea se considera principalul factor de decizie, plasându-și soțul pe o poziție decizională secundară. În aceste exemple, parteneriatul însemna implicare reciprocă, nu egalitate, deoarece fiecare dintre soți deținea o poziție diferită de putere (bărbații erau cei care aduceau mare parte din bani în casă)[1] sau de autoritate (femeile erau principalii factori de decizie în ceea ce privește cheltuielile).

1. În comunism salariile erau stabilite de către stat, inclusiv în industrie. Între domeniile masculinizate și cele feminizate exista o ierarhizare clară în favoarea celor masculinizate (Pasti, 2003).

În special în societăţile agrare, cercetătorii au scos la iveală cazuri similare, în care femeile își asumă autoritatea din necesitate. De exemplu, studii comparate privind comportamentul femeilor și al bărbaţilor capi de gospodărie în Africa au relevat faptul că femeile tind să fie administratore mai bune ale resurselor familiei, în special în zonele sărace. Ele folosesc fondurile mai eficient, economisesc mai mult și tind să investească economiile fie în educaţia copiilor, fie în îmbunătăţirea locuinţei, semnificativ mai bine decât bărbaţii. În schimb, bărbaţii tind să risipească banii familiei pe cheltuieli personale neproductive, precum diverse forme de divertisment (Nussbaum 2001; Blackden și Bhanu 1999). Interlocutoarele noastre au sugerat diferenţe similare de gen cu privire la administrarea fondurilor familiale.

În toate interviurile, interlocutoarele au afirmat că își asumă roluri mai mari în luarea deciziilor, pentru că sunt responsabile de casă și de copii. Ele au o perspectivă flexibilă asupra traiectoriei vieţii lor, fiind dispuse să își așeze căsătoria, datoriile gospodărești și copiii înaintea obligaţiilor profesionale și a ambiţiilor legate de carieră. Din acest punct de vedere, femeile din România sunt asemănătoare majorităţii femeilor din toată lumea.

Multe dintre interlocutoare și-au contrazis involuntar afirmaţiile privitoare la parteneriatul egal atunci când au fost chestionate în detaliu cu privire la anumite responsabilităţi, precum creșterea copiilor. Când au povestit cine mergea să se întâlnească cu profesorii, să se informeze cu privire la școală sau să participe la alte activităţi educaţionale, aproape nici una dintre ele nu a spus că împărţea responsabilităţile respective cu soţul ei. Uneori, tatăl mergea la întâlnirile cu profesorii sau cu diriginta, participa la excursii cu școala, la evenimente sportive sau ajuta la teme. Cel mai adesea însă, mamele își asumau integral responsabilitatea acestor activităţi:

Î: Cum participați la educația copilului dumneavoastră și la rezolvarea problemelor școlare?
R: Ei bine, nu prea particip, nu am timp. Mă duc de fiecare dată când e ședință cu părinții, îmi fac timp și, în afară de asta, comunic, eu și fiica mea comunicăm. Îmi spune ce probleme are, încerc să răspund și, dacă nu mă descurc, mă consult cu soțul meu; și, dacă e o problemă serioasă, mergem la școală.
Î: Soțul dumneavoastră merge la școală, la întâlnirile cu părinții?
R: Nu așa de des. Soțul meu face parte din echipa de conducere de la fabrică, așa că pleacă la servici[u] la opt și nu știi când se mai întoarce, muncește mult, este plecat în majoritatea timpului, are multe întâlniri în afara orașului, așa că este evident că eu mă implic direct. Sufletește este alături de noi, dar fizic eu sunt prezentă mereu. (L.J., 38 de ani)

Repondenta afirma că soțul o susținea pe ea și pe copil „sufletește“, pentru a încerca să echilibreze răspunsul. Realitatea acestei familii, la fel ca a multor altora, este că mamele sunt principalele îngrijitoare și educatoare ale copiilor, în timp ce tații sunt mai degrabă personaje de fundal.

Această femeie, care are și ea o slujbă ce îi ocupă mult timp, se contrazice și în alte feluri. Începe prin a spune că nu are timp să se ocupe de educația fiicei ei. Totuși, concluzionează spunând „eu sunt prezentă mereu“. Intervievata se gândește la întrebare pe măsură ce răspunde, reflectând asupra rolului ei de părinte. Se confruntă cu lipsa soțului în această parte a vieții copilului ei. Se simte oarecum stânjenită și simte nevoia să ofere o explicație. Narațiunea ei evidențiază flexibilitatea femeilor în a da prioritate căsătoriei, datoriei de părinte și apoi serviciului, o flexibilitate pe care nici una dintre interlocutoarele noastre nu a atribuit-o soțului sau altor bărbați. Această calitate a reapărut în discuțiile intervievatelor privitoare la politică.

Când femeile au încercat să-și promoveze propriile ambiții profesionale și civice, nu s-au putut baza pe bărbații lor pentru același gen de sprijin, pe care ele îl ofereau necondiționat. Nu am auzit exemple în care un bărbat să-și susțină soția, ci dimpotrivă. B.F. (38 de ani), aproximativ de aceeași vârstă cu repondenta anterioară, este doctoră, politiciană, soție și mamă. Era divorțată și a mărturisit că mariajul a eșuat pentru că soțul ei nu a vrut să își asume un rol activ în gospodărie, ceea ce i-ar fi permis să aibă timpul și energia necesare pentru a activa în politică. Exemplul ei sugerează limitele egalității de gen în familiile din România. Femeile își asumă dubla povară. Când vor să transfere o parte din responsabilitățile domestice soților (după cum afirmă L.J.), se lovesc de o rezistență de neclintit.

Un studiu din 1970, condus de o echipă de sociologi, a ajuns la rezultate similare privind autoritatea și factorii de decizie în gospodărie (Elliott și Moskoff 1983). Studiul a evidențiat că bărbații și femeile erau pe picior de egalitate în ceea ce privește deciziile importante luate în casă. În același timp, femeile aveau mult mai multe responsabilități privitoare la întreținerea casei. Autorii au atribuit această situație paradoxală procesului de urbanizare și oportunităților educaționale și profesionale noi din primele decenii ale comunismului. Interviurile noastre confirmă aceste concluzii.

Tensiunile dintre dorința de parteneriat în căsnicie, pe de o parte, și realitățile relațiilor maritale, pe de altă parte, joacă un rol evident în procesul de formare a ideilor acestor femei despre cetățenie și politică. Unele dintre ele prezintă această tensiune drept o realitate de care sunt conștiente, ca un fapt ce determină modul în care iau alte decizii în viață, de la cele profesionale la cele politice. Altele se contrazic în momentul în care încearcă să atenueze această neconcordanță. În ansamblu, se pare că ele fac mai multe alegeri menite să le ușureze dubla povară, decizii care au un impact clar asupra genului de cetățenie pe care o exercită sau pe care au timp să și-o asume.

Tăcerile din familie

Ceea ce interlocutoarele noastre au ales să lase sub tăcere când ne-au spus cum se implicau ele și soții lor în luarea de decizii în gospodărie este la fel de grăitor ca ceea ce au ales să povestească.

Pentru început, în interviurile noastre repondentele au vorbit despre îngrijirea părinților bătrâni, atât ai lor, cât și ai soților. În majoritatea societăților, femeile au avut un rol de bază în îngrijirea bătrânilor, din timpuri premoderne. Acesta este încă cazul în România, atât în zonele urbane, cât și în cele rurale. Statul nu a dezvoltat nici până azi forme instituționalizate de îngrijire a bătrânilor și există puține centre private. Oamenii în vârstă, în special cei cu probleme medicale, petrec mult timp în spital. Deși implică cheltuieli majore, rearanjarea spațiului de locuit și foarte mult timp liber, nici una dintre repondentele noastre, incluzându-le pe cele care lucrează în sănătate, nu au legat îngrijirea bătrânilor de luarea deciziilor în familie. Acest fapt sugerează că femeile simt că acest gen de obligație familială nu se negociază.

Mai sugerează și faptul că, deși societatea românească a evoluat spre un model nuclear de familie odată cu venirea la putere a comuniștilor, normele tradiționale privind raporturile de rudenie dintre generații și cele de gen încă guvernează relațiile dintre copiii maturi și părinții lor. În cazuri rare, repondentele au observat că soții au avut grijă de părinții lor. Cel mai adesea, totuși, femeile și-au asumat responsabilitatea nu doar pentru părinții lor, ci și față de socri. Ele au prezentat acest aspect drept o normă de gen de nedisputat:

> Î: Cine are grijă de bătrânii sau de bolnavii din familie?
> R: Ei bine, de obicei femeia, pentru că bărbatul e bărbat, nu poate veni să spele un bătrân, dar femeia are grijă de tot ce e în casă. (D.L., 63 de ani)

La fel ca multe alte intervievate, această femeie a esenţializat natura bărbaţilor („bărbatul e bărbat") şi a prezentat îngrijirea bătrânilor drept o activitate în care ei nu se implică decât în mod excepţional.

Câteva au mărturisit că mai primeau ajutor şi de la rude: „Tatăl meu... eu şi cu fratele meu am avut grijă de el; bineînţeles, cu ajutor din partea soţului meu şi al cumnatei mele" (M.V., 45 de ani).Totuşi, aceste exemple de soţi sau fraţi care au ajutat la îngrijirea bătrânilor sunt rare: „Eu am avut grijă de cei bolnavi, cine să aibă? M-am îngrijit de mama mea, de mătuşa mea, de soţul meu – am avut grijă de toţi" (M.B., 75 de ani). Indiferent de generaţie, răspunsurile sunt tipice.

Aceste rezultate sugerează că normele de gen referitoare la îngrijirea bătrânilor şi a bolnavilor nu s-au schimbat semnificativ de-a lungul secolului XX. Totuşi, contextul socio-economic mai larg s-a schimbat dramatic, de la creşterea distanţei fizice faţă de părinţi, până la slujbele care ocupă foarte mult timp şi obligaţiile familiale pe care şi le-au asumat femeile. Sistemul medical s-a schimbat şi el. Spre exemplu, vizitele la doctor sau la spital erau foarte rare înainte de 1945.

Cum fac faţă femeile îngrijirii bătrânilor, muncii plătite, îngrijirii copiilor şi parteneriatului sau lipsei acestuia în căsătorie? Din interviurile noastre reiese că ele îşi asumă mai puţin explicit acest rol decât cel asociat cu munca plătită sau cu educaţia copiilor. Răspunsurile lor evidenţiază o schimbare semnificativă în relaţiile de rudenie, care înainte de secolul XX erau bazate mai explicit pe un set de obligații multigeneraționale, pe care atât bărbații, cât și femeile le aveau față de părinți, socri, unchi, mătuși și alte rude (Bolovan *et al.* 2009). Această schimbare a avut implicații serioase pentru felul în care femeile înțeleg cetățenia și politica. Când ne-am îndreptat întrebările spre serviciile publice și nevoile comunității, aproape toate repondentele noastre au identificat îngrijirea bătrânilor ca pe o prioritate care nu a fost considerată ca atare de politicieni. Vom discuta acest subiect mai pe larg în capitolul despre comunități.

Al doilea aspect important, absent din discuția noastră privitoare la luarea de decizii în familie, se referă la opțiunile profesionale. În perioada comunistă statul controla aproape toate locurile de muncă. Această situație le-a limitat oportunitățile profesionale. În consecință, de vreme ce majoritatea intervievatelor noastre au început să lucreze în perioada respectivă, acest fapt le-a îngrădit opțiunile în carieră. Deși fiecare persoană putea selecta diverse domenii de studiu, la toate nivelurile educaționale, existau restricții structurale și instituționale ce determinau posibilitățile de angajare, în special pentru cele care căutau de lucru în anumite arii profesionale.[1] Repondentele noastre, în special cele aparținând celor două generații mai în vârstă, ne-au vorbit despre cariera lor profesională ca despre o alegere făcută fără să discute decizia respectivă cu soții lor. De asemenea, nu au menționat că soții le-ar fi consultat cu privire la propriile decizii de angajare.

Această lipsă este importantă, în special pentru că opțiunile legate de serviciu dictau multe dintre aspectele vieții de cuplu, incluzând reședința familiei, resursele economice și timpul liber petrecut împreună. Economia de stat a regimului comunist a generat structuri de gen care au afectat

1. Ne vom referi la acest aspect mai pe larg în capitolul despre muncă.

profund vieţile de zi cu zi ale multor cupluri. În interviurile lor, repondentele ne-au spus că şi-au asumat diverse responsabilităţi (ca de exemplu îngrijirea casei, cultivarea pământului), pentru că bărbaţii lor erau plecaţi de acasă pentru perioade semnificative de timp, din cauza navetelor zilnice lungi sau a orelor de muncă prelungite. Alte intervievate ne-au spus că şi-au urmat soţii din zonele rurale la oraş pentru ca ei să îşi poată găsi astfel de lucru. În multe dintre aceste cazuri, repondentele nu erau consultate înainte de luarea deciziilor, dar trebuiau să li se supună. Hotărârile pe care le luau soţii au afectat însă profund orizontul de aşteptări al acestor femei în privinţa propriei lor vieţi.

Hotărârile respective au avut impact pe termen lung. Unele repondente s-au plâns că aveau pensii mici la bătrâneţe. Au observat că politicile de pensionare au creat o dependenţă de sistem în ultimii 70 de ani. Femeile în vârstă ne-au explicat că pensiile de urmaşe ale soţilor decedaţi erau mai mari decât cele provenite din propria muncă. Atunci când erau femei tinere nu puteau să ia în consideraţie consecinţele pe termen lung ale deciziilor privind serviciul, inclusiv relocarea. În prezent, reflectând asupra situaţiei lor, după ani de acumulare a acestor forme structurale de inegalitate, femeile comentau asupra realităţilor diferite de gen ale politicilor economice. Ele realizau că aceste politici i-au susţinut pe bărbaţi ca principale surse de venit şi au transformat femeile în angajate secundare. Ne vom întoarce la acest subiect mai pe larg în capitolul 4.

Al treilea subiect trecut sub tăcere, dar legat de deciziile luate în comun, se referă la implicarea în politică. Interlocutoarele noastre au arătat diverse niveluri de participare la activităţile politice, ca de exemplu înscrierea într-un partid politic sau prezenţa la evenimente politice. Când ne-au vorbit despre deciziile lor de a se implica în organizaţiile politice sau de a susţine anumite organizaţii, intervievatele nu au menționat niciodată că au discutat aceste lucruri cu soții lor. Una dintre repondente a avut o funcție politică, obținută în urma alegerilor. Și-a amintit cu tristețe de refuzul soțului de a-i susține munca politică, precum și de destrămarea căsniciei lor:

> Î: Cum ați reușit să împăcați viața profesională cu cea de familie?
> R: Destul de bine, până la un moment dat... Nu pot pretinde că am fost complet înțeleasă, și, ca să fiu cinstită, anul trecut am divorțat... Acum sunt numai eu cu copilul meu și vreau să vă spun că mă simt împăcată, mă pot concentra pe toate responsabilitățile mele... [Înainte, el] îmi reproșa că... de ce plec dimineață și mă întorc noaptea... (B.F., 38 de ani)

B.F. nu a menționat că a discutat cu soțul ei înainte să aleagă o carieră în politică. Acest exemplu arată clar că repondentele noastre nu par să fi considerat că participarea în politică face parte dintre procesul de luare a deciziilor în parteneriat conjugal.

Violența domestică și divorțul

În rare cazuri, repondentele noastre au vorbit despre violența domestică, și, atunci când au făcut acest lucru, au vorbit preponderent despre terțe persoane:

> La mine la birou am văzut situații de femei bătute de bărbați, femei care au suferit tot felul de forme de agresiune – verbală, fizică, de toate felurile... Am încercat cât am putut de bine să le arăt că acești bărbați nu sunt singurii de pe pământ, că trebuie să-și trăiască viața și că nu merită să o trăiască cu cineva care le bate sau le abuzează verbal. (B.F., 38 de ani)

Altele ne-au vorbit în termeni vagi despre femei pe care le cunoșteau. Nu este limpede dacă se refereau sau nu și la propriile lor experiențe. Deși câteva dintre intervievate ne-au sugerat că violența domestică era o problemă grea în viața lor, puține ne-au dat detalii.

Un număr mic de femei au vorbit deschis despre abuzurile fizice și psihice din căsniciile lor: trei erau divorțate, iar una dintre ele încă locuia cu soțul ei la data interviului. Aceste femei ne-au descris relații care au început bine, dar s-au deteriorat. Ele speraseră să trăiască în căsnicii bazate pe parteneriat, dar s-au izbit de multe necazuri. Băutura era deseori un factor care contribuia la comportamentele abuzive ale partenerilor:

> Într-o noapte a venit acasă atât de beat, încât în loc să mă ajute să pun totul la loc, a spart toate vasele... Îmi aduc aminte că fata mea avea 6 ani pe atunci... Avea izbucnirile astea, băutura îl înnebunea. Dar nu era om rău. Acum îi pare rău. Îi pare rău de toate. Când am hotărât să amân divorțul un an, i-am spus că, dacă continuă să bea, încep procedura de divorț. A zis că îi pare rău de ce a făcut și că nu meritam așa ceva și că nu o să se mai întâmple, că nu o să mai bea și că o să devină cel mai bun soț din lume... Prea târziu... să aștepți 19-20 de ani pentru asta. Te uiți în urmă și vezi că au trecut 20 de ani. Multe femei zic: „Stau pentru copil". (L.P., 48 de ani)

Acest exemplu trist este tipic pentru ciclul de violență dintr-o relație abuzivă (Walker 1987). În acest caz, repondenta a refuzat să își părăsească soțul ani la rând, pentru că a crezut că el depindea de ea. Deși nu a exprimat direct un sentiment de nesiguranță și frică, ea a povestit cum soțul „înnebunea" sub influența alcoolului în micul lor apartament. Inițial, grija pentru fiica ei i-a amânat decizia de a divorța. Mai târziu, a încercat să obțină mai multă autonomie:

> Când am hotărât să intentez acțiune de divorț, ca și [atunci] când am hotărât să o amân, am discutat cu fiica mea. Și ea mi-a spus: „Mama, nu ți-e milă de el? Nu vezi că dacă nu stă cu tine e pierdut? Uită-te cum arată, el e totuși tatăl meu". Am luat decizia greșită atunci... [dar] vine o vreme când trebuie să ai grijă de tine singură; pur și simplu nu mai merită să te gândești la alții, la cei pe care îi iubești". (L.P., 48 de ani)

Cu alte cuvinte, copilul ei, care a crescut într-un cămin abuziv, a încurajat-o să stea. Fiica ei explica comportamentul tatălui spunând că este slab și că are nevoie de ajutor, oarecum scuzându-l și privindu-l ca pe o victimă, nu ca pe un abuzator. În același timp, o caracteriza pe mama ei drept persoana puternică din familie, arătând cum „i-a tras pe toți [după ea]", ani de zile. În cele din urmă, totuși, mama a plecat, deși nu a divorțat de soț.

Rata divorțurilor din România este una dintre cele mai scăzute din Europa (5,3 la mia de locuitori – Eurostat 2015).[1] Sunt cuplurile din România mai fericite decât alte cupluri din Europa, sunt mai puțin înclinate spre divorț? Sunt femeile mai apte să construiască parteneriate viabile cu soții lor? Sunt soții lor mai iubitori? Sunt ele mai tolerante la abuzuri și inegalități? Acceptă ele sacrificiul mai ușor? Deși nu avem răspunsuri clare, datele noastre ne permit să speculăm că satisfacția nu pare să fie motivul principal al stabilității maritale. Poveștile pe care le-am auzit erau lipsite de discuții sentimentale privitoare la iubirea casnică. Femeile rareori vorbeau despre soți ca despre cele mai importante persoane din viața lor. Aveau mai degrabă o viziune

1. În 2011, media în UE era de 7,4 la mia de locuitori. România avea o rată a divorțurilor mai mică decât toate statele postcomuniste, cu excepția Croației (4,7).

pragmatică asupra divorţului: se gândeau la consecinţele asupra copiilor şi la consecinţele materiale.

Până în 2011, când mass-media şi politicienii au început să ia în serios violenţa sexuală şi în special violenţa domestică, proporţiile acestui tip de abuz erau necunoscute şi adesea greşit reprezentate (Molocea 2015; Vlad 2015). Regimul comunist nu a abordat această chestiune ca pe o problemă socială. Înainte de 2003 nu existau prevederi legislative, forţe de poliţie specializate sau instituţii de stat care să abordeze problema violenţei domestice, deşi ONG-urile feministe o cercetau şi făceau proiecte politice pentru contracararea acesteia (Molocea 2015). Femeile simţeau adesea că nu pot părăsi relaţiile abuzive, deşi pereţii subţiri ai apartamentelor de oraş şi curţile alăturate din comunităţile rurale permiteau cu uşurinţă adunarea de dovezi incriminatoare.

După ce România a început procesul de aderare la UE, contextul legislativ s-a schimbat drastic. În 2014, Codul penal a fost modificat, permiţând judecătorilor să extindă sentinţa cu 25% pentru cei care şi-au abuzat fizic familiile. Abuzatorul poate primi până la şapte ani de închisoare şi procurorii pot depune plângeri fără cererea explicită a victimelor. Deşi în principiu acest articol (articolul 199, paragraful 1) se referă la toate tipurile de relaţii familiale, el este îndreptat preponderent împotriva violenţei pe care femeile o suportă din partea soţilor.[1] În 2014 au fost raportate peste 9.000 de cazuri violenţă domestică. Dar acestea sunt cifre oficiale şi reprezintă numai o parte din totalul cazurilor.

Există estimări care sugerează că peste 75-80% dintre femeile din România sunt, într-o anumită măsură, victime ale violenţei domestice (includem aici şi abuzul verbal). Un studiu creditabil din 2014 indică un procent de 22%

1. Există prevederi separate în lege privitoare la abuzul asupra copiilor.

(autoraportare).[1] După ce România a ratificat Convenția de la Istanbul, în mai 2016, definițiile legale ale violenței domestice s-au schimbat (Consiliul Europei 2011). Pe lângă violența fizică și sexuală, femeile pot raporta acum violența psihologică și economică. Statele semnatare, incluzând România, urmau să revizuiască legislația națională astfel încât să permită agenților responsabili de aplicarea legilor să implementeze prevederile Convenției. Interviurile noastre sugerează că nici una dintre repondente nu a arătat încredere în capacitatea autorităților de a interveni în cazurile de abuz în familie.

În lipsa autorităților la care să apeleze, până de curând, intervievatele care și-au trăit cea mai mare parte a vieții în regimul comunist tindeau să accepte sau se învinovățească pe ele însele pentru abuzurile soților lor. Un sondaj național ulterior sugerează că această atitudine este încă foarte răspândită: 30,9% dintre repondenți au fost de acord că „femeile merită să fie bătute“, 8,1% au fost de acord că este o virtute să-ți bați soția, iar 6,4% văd bătaia ca pe o formă de iubire.[2] Pe scurt, aproape jumătate dintre cei intervievați nu considerau violența de cuplu drept o problemă socială, o încălcare a drepturilor omului, un delict grav (INSCOP 2013).

1. Primele date sunt furnizate de un raport publicat în presă, în 2012: Cristina Lica, „Soții bătăuși ținuți la distanță și evacuați“, *Evenimentul Zilei*, 16 februarie 2012, http://www.evz./sotii-batausi-tinuti-la-distanta-si-evacuati-966614.html. Al doilea raport, Violence against Women (Violența împotriva femeilor), provine de la The Fundamental Rights Agency (Agenția pentru Drepturi Fundamentale) a UE, 5 martie 2014, file://fra.europa.eu/sites/default/files/fra-media-memo-violence-against-women_ro.pdf. Considerăm că metodologia și integritatea statisticilor raportate de UE sunt mai credibile. Folosim așadar procentul de 22%, indicat de acest raport.

2. Dacă împărțim aceste procente pe gen, femeile au fost de acord cu aceste afirmații într-o proporție cu 2,5-6% mai mică decât bărbații.

Bărbatul ideal: onest, muncitor, respectuos cu ceilalți

Pentru a le încuraja pe repondente să reflecteze asupra normelor de gen, le-am cerut să descrie calitățile ideale masculine și feminine. Apoi le-am pus întrebări privitoare la rolurile publice – politice, civice, profesionale. Le-am întrebat și care sunt aspirațiile lor pentru femeile din comunitățile de care se simt legate. În răspunsurile lor, multe au vorbit pe larg despre normele de gen. Deși referințele directe la politică și cetățenie erau rare, răspunsurile privitoare la calitățile ideale ale bărbaților și femeilor s-au reflectat și în comentariile pe care le-au făcut ulterior cu privire la viața politică. Aceste asemănări între bărbatul ideal și femeia ideală și, mai târziu, între politicianul ideal și politiciana ideală reflectă fundamentele etice ale ideilor pe care aceste femei le au în privința cetățeniei. Vom reveni la aceste aspecte în capitolele despre politică.

Reprezentantele generației comunismului au respins în mod explicit clișee precum forța ca esență a masculinității și frumusețea fizică pentru feminitate. Pentru majoritatea acestor femei, calități precum onestitatea, înțelegerea și bunătatea erau trăsături dezirabile atât în cazul femeilor, cât și al bărbaților:

> Î: Care ar trebui să fie calitățile de bază ale unei persoane?
> R: Să fie cinstită și bună... nu inteligența, pentru că există oameni care nu sunt foarte inteligenți sau educați, dar care sunt cinstiți și buni și fac fapte bune.
> Î: Cum ar trebui să fie femeile, în particular?
> R: La fel, să nu crezi că voi spune frumoase, că frumusețea este bună, dar nu este esențială... Dacă nu ești tolerant cu alții, ești mereu nefericit, nu ești niciodată o persoană completă.

Î: Dar bărbații?
R: La fel, la fel. Nu cred că bărbații trebuie să fie macho, cum se zice acum. Dacă nu este bun, iubitor, cinstit, totul este fals, nu durează. (E.B., 77 de ani)
R: Bărbatul ar trebui să-și ajute soția, să se înțeleagă și să nu umble prin alte locuri. Banii lor trebuie să fie la comun. (A.G., 74 de ani)

Deși femeile din această generație nu au diferențiat în mod explicit între trăsăturile de gen, noțiunile de gen au apărut în descrierile lor. De exemplu, comentarii de felul „bărbatul ar trebui să-și ajute soția" ar putea sugera faptul că femeile au nevoie de sprijin din partea bărbaților și că se așteaptă să îl primească. Totuși, afirmația ar putea să sugereze și faptul că femeile ocupă o poziție centrală de autoritate și execuție în casă. Indiferent de interpretare, repondenta nu a susținut că soțul și soția trebuie să se ajute unul pe altul, indicând astfel că reciprocitatea nu făcea parte din înțelesurile ei asupra ideii de parteneriat în căsătorie.

Răspunsurile repondentelor privitoare la onestitate au creionat diferențe clare de gen. Nici una dintre ele nu le-a descris pe femei drept necinstite, dar mai multe au oferit exemple specifice despre lipsa de onestitate a bărbaților. În răspunsul de mai sus, intervievata a folosit expresia „să nu umble prin alte locuri" ca un eufemism pentru adulter. Dacă onestitatea se referă în special la a nu-ți înșela soțul/soția, repondentele noastre au sugerat că bărbații erau cei care se abăteau de la această normă. O altă intervievată a considerat că: „Un bărbat trebuie să aibă o funcție și o meserie, să fie cinstit, un bun exemplu... Nu ar trebui să producă conflicte în comunitatea în care trăiește și să nu respecte normele sociale" (D.D., 84 de ani). Comentariul ei sugerează poate o experiență directă de acest fel, poate tensiuni maritale cauzate de refuzul bărbatului de a respecta normele sociale, poate legate și de adulter. Nici o repondentă nu a povestit cazuri legate de nevoia de a le reaminti femeilor că trebuie să respecte normele sociale. Când intervievatele noastre au discutat mai apoi despre politicieni, care sunt predominant bărbați, tema onestității s-a ivit din nou. Lipsa de încredere în politicienii aleși amintea de rezervele pe care le aveau cu privire la propriile căsătorii.

Am avut un număr mai mare de femei din generația tranziției și astfel o mai mare diversitate de răspunsuri. Am observat și unele constante în înțelegerea normelor de gen. De exemplu, câteva femei au accentuat frumusețea femeilor și forța fizică a bărbaților drept idealuri. Dar altele au vorbit ironic despre aceste clișee:

> Î: Ce calități trebuie să aibă o femeie?
> R: [Zâmbind] Să arate bine, să fie frumoasă și să nu aibă nimic în cerebel; asta e femeia ideală din zilele noastre, nu-i așa? (E.A., 53 de ani)

Mai mult de jumătate dintre repondentele din acest grup au accentuat atribute comune celor două sexe, fără să le individualizeze în funcție de gen. Când le-am cerut să identifice diferențe specifice, nu ne-au dat răspunsuri complete.

Când au identificat trăsături diferite la bărbați și la femei, descrierile bărbatului ideal au fost mult mai puțin variate decât cele oferite pentru femeia ideală. L-au descris pe bărbatul ideal drept responsabil, muncind din greu să câștige pâinea zilnică – „Trebuie să fie înțelegător, muncitor și responsabil, pentru că este capul familiei“ (E.M., 55 de ani) –, dar și ca pe o figură protectoare, paternă: „Un bărbat trebuie să își protejeze soția dacă este stâlpul casei, [și] atunci trebuie să arate asta“ (D.M., 56 de ani). Asemenea descrieri prezintă o viziune polarizată asupra rolurilor de gen, legată în mod indestructibil de căsătorie.

O serie dintre trăsăturile pe care le-au evidențiat coincid cu trăsăturile pe care ele le consideră esențiale pentru funcțiile publice și pentru cele de lideri. Femeile își doreau onestitate și loialitate acasă, integritate și transparență în viața publică. Adeseori simțeau că bărbaților care erau politicieni și lideri civici le lipseau aceste calități. De asemenea, admirația pentru soții care muncesc din greu și sunt protectori corespundea cu gospodărirea eficientă a bunurilor publice – o altă trăsătură care considerau că le lipsește liderilor contemporani. În final, au subliniat că o atitudine înțelegătoare și iubitoare este de dorit atât din partea soților, cât și a liderilor politici: „Un bărbat trebuie să fie un soț bun, muncitor, să îi placă toate aceste lucruri, să combine bunătatea cu dragostea și omenia“ (D.M., 55 de ani).

Deși considerau că respectul pentru alții este o trăsătură importantă atât pentru bărbați, cât și pentru femei, repondentele noastre au considerat că această capacitate le lipsea bărbaților atât în viața de familie, cât și în cea publică. Câteva dintre intervievate s-au referit la Traian Băsescu pentru a evidenția acest fapt:

> Președintele României ar trebui să fie un om decent, care să știe cum să se adreseze oamenilor în public ca să nu îi jignească, pentru că nu l-am ales să ne jignească; trebuie să ne respecte dacă pretinde respect și din partea noastră... dacă se contrazice cu miniștrii și membrii parlamentului, trebuie să facă asta fără să țipe la ei cu un limbaj de școală primară – ăla nu e președintele României. (D.L., 63 de ani)

În timp ce noțiunea de respect a apărut frecvent în răspunsuri, cu referire atât la mediul privat, cât și la cel politic, alte caracteristici, precum inteligența, par să fie esențiale mai degrabă conducerii publice decât rolurilor din sfera privată. Deși unele dintre repondente au considerat că empatia sau aptitudinea de a aprecia punctul de vedere al celorlalți era o calitate importantă pentru un lider, numai una dintre intervievate a identificat-o ca pe un ideal legat de masculinitate. Câteva dintre repondente au remarcat în mod direct că bărbații au mai puțină răbdare decât femeile și au fost de părere că acest fapt explică incapacitatea politicienilor de a duce lucrurile la bun sfârșit: „Nu știu dacă bărbații au atât de multă răbdare“ (E.M., 70 de ani). În ansamblu, aceste femei au considerat că bărbaților le lipsesc adeseori calitățile ideale pe care le-au menționat.

Femeia ideală: de la grija pentru alții la grija față de sine

Generația perioadei de tranziție a oferit cele mai diverse și contradictorii descrieri ale bărbatului ideal și ale femeii ideale. Printre calitățile pe care le prețuiesc aceste femei se numără credința, loialitatea, respectul față de alții, abilitatea de a asculta și de a face compromisuri (sau de a lăsa de la sine din când în când), răbdarea, o etică a muncii sănătoasă, cinstea și empatia. Luate pe rând, atributele femeii ideale se aseamănă mai mult cu calitățile conducătorului ideal decât cu atributele bărbatului ideal, deși interlocutoarele noastre nu au făcut explicit această legătură.

Adesea au invocat atribute legate de maternitate și gospodărie: „O femeie trebuie să fie o mamă, o soție și o angajată bună“; „Trebuie să fie bine îngrijită, isteață... să aibă copii frumoși, să-i crească bine, să fie o soție bună și o mamă credincioasă“; „Femeile trebuie să fie mai sensibile, să aibă instinctul de mamă“; „[Trebuie] să fie o mamă bună și o gospodină“; „[Trebuie] să-i placă frumusețea, curățenia, chiar dacă nu are destui bani... dar să îi placă curățenia. Și să nu își ignore familia, chiar dacă are o slujbă“. Normele de gen feminin ce caracterizează aceste răspunsuri sunt indisolubil legate de rolurile domestice ale femeilor. Aceeași generație a legat și identitatea bărbaților de familie. Totuși, nu au menționat activități și responsabilități domestice pentru a descrie trăsăturile ideale ale bărbaților. De exemplu, nici una dintre ele nu a vorbit de „instinctul patern", ci numai de cel matern. Responsabilitățile femeilor aveau în vedere activități precum curățenia casei, în timp ce responsabilitățile bărbaților erau discutate în termeni financiari.

Repondentele au creionat o imagine mult mai complexă privitoare la rolurile publice și private multiple ale femeilor, atât de complexă, încât ne întrebăm dacă cineva ar putea să se ridice la nivelul așteptărilor pe care le menționează ele. Sunt așteptările pe care femeile însele par să și le asume și să le accepte. O repondentă ne-a oferit o explicație bazată pe credință: „Cred că o femeie poate să lucreze 20 de ore pe zi; așa a creat-o Dumnezeu. Un bărbat nu poate să-și asume atâtea îndatoriri; lor le place numai puterea și puterea asupra altora" (D.L., 55 de ani). O femeie trebuie „să-și vadă de meseria ei, să facă tot ce i se cere" (S.W., 53 de ani). Alte intervievate au vorbit despre forța femeilor, deși erau de părere că ele ar trebui să-și folosească aceste calități pentru a câștiga o independență mai mare: „Femeile trebuie să fie puternice și să nu se lase dominate de bărbați" (M.V., 55 de ani).

Această generație de femei a trebuit să se confrunte atât cu responsabilitățile puse în seama lor ca principale administratore ale casei, cât și cu obligațiile profesionale create de șansele educaționale și profesionale mai numeroase care au apărut după 1948. După cum arată răspunsurile de mai jos, ele au făcut față presiunilor variate într-o manieră contradictorie:

> Un bărbat – nu știu – trebuie să își protejeze soția dacă e stăpânul casei, [și] atunci trebuie să o arate. Vreau să

zic... nu cred că sunt normale aceste probleme financiare, nu cred că este normal ca femeile să se ocupe şi de asta... Un bărbat trebuie să se gândească când îşi întemeiază o familie: „Pot să am grijă de familia asta?“ Femeile trebuie să fie mai sensibile, să aibă instinctul matern... Nu e corect, indiferent de situaţie, ca noi să fim egale cu bărbatul. Nu, nu este posibil. Şi eu sunt feministă, să ştii. Dar nu-mi plac diferenţele astea. De ce bărbaţii pot, şi femeile nu? De ce e considerată femeia inferioară bărbatului? Dacă o femeie face o greşeală, este stigmatizată, iar bărbaţii pot să greşească cât poftesc şi fără întrerupere. (E.M., 70 de ani)

Această femeie a atins vârsta maturităţii în perioada comunistă. Părerile exprimate la început despre normele de gen erau tradiţional patriarhale, în special cele privitoare la sfera privată. În acelaşi timp se definea ca feministă, un caz rar printre repondentele noastre. Pe măsură ce vorbea, s-a îndepărtat de la descriere, tinzând spre criticarea normelor sociale de gen. Totuşi, nu şi-a reconsiderat părerile privitoare la bărbaţi drept principalii furnizori de venit şi „stâlpi ai casei“. Afirmaţiile ei contradictorii sugerează vulnerabilitatea femeilor în gospodărie şi modul în care stigmatul social şi valorile tradiţionale continuă să contureze şi să perpetueze inegalităţile de gen din cadrul familiilor.

Femeile din generaţia tranziţiei au discutat aceste aspecte în mod foarte diferit. Într-o anumită măsură, ele au exprimat păreri asemănătoare cu cele ale mamelor lor, acceptând dubla povară a femeilor ca normă socială, identificând creşterea copiilor şi grija casei drept responsabilităţi esenţial femeieşti. În acelaşi timp, au legat trăsăturile masculine de anumite activităţi domestice: „[Ar trebui] să fie un soţ iubitor, un tată bun, să-şi facă treaba, la serviciu să se comporte respectuos şi la fel şi acasă – să-şi ajute soţia, copilul, să aducă bani acasă“ (M.P., 50 de ani).

Această generație de repondente, precum și câteva dintre cele aparținând generației democrației și-au exprimat dorința ca bărbații să trateze femeile cu mai mult respect. Ele își doresc ca bărbații să devină „mai înțelegători [față de femei] și mai implicați în gospodărie" (S.C., 44 de ani); „să asculte mai mult de femei" (B.F., 38 de ani) și „să fie mai cinstiți și sinceri" (M.V., 55 de ani). Spre deosebire de mamele lor, aceste repondente au refuzat să pună semnul egal între dorințele lor și așteptările sociale. Au identificat în mod repetat diferențele dintre relațiile de gen actuale și cele ideale și au conturat o paletă mai largă de trăsături dezirabile la bărbați, incluzând simțul umorului (L.J., 33 de ani) și tandrețea (A., 42 de ani).

Când au discutat idealurile feminine, comentariile s-au îndepărtat și mai radical de cele ale mamelor. Mai întâi, au accentuat forța: „O femeie poate să facă orice își pune în cap", (M.S., 48 de ani). „Întâi și întâi, [femeile] sunt puternice, mult mai puternice decât ei [bărbații]; toată discuția că «bărbații sunt mai puternici fizic» ne arată că natura își bate joc de noi. Femeile sunt puternice pentru că dau naștere, știu cum să aibă grijă de copiii lor în orice împrejurări, știu cum să ducă lucrurile la bun sfârșit" (C.P., 48 de ani). Ele au pus și mai mare accent pe conceptul de demnitate: „Femeile trebuie să își păstreze demnitatea în orice situație" (M.S., 48 de ani); „[Femeile ar trebui] să se străduiască și își depășească limitele și să nu-și piardă niciodată demnitatea" (C.P., 48 de ani).

Aceste răspunsuri au fost presărate cu comentarii privitoare la necesitatea ca femeile să placă celorlalți, să acționeze cu blândețe, să facă sacrificii și să fie modeste, plăcute din punct de vedere fizic și cochete. Totuși, au discutat aceste caracteristici într-un context particular, în care femeile cu autoritate prețuiesc inteligența și independența. Acest context includea parteneriatul egal cu bărbații: „Cei doi parteneri [în căsnicie] trebuie să fie înțelegători unul cu altul și iertători, fiecare cedând puțin" (A., 42 de ani). În timp ce majoritatea femeilor din generațiile mai în vârstă și-au exprimat vagi speranțe privitoare la egalitatea în căsnicie, aceste repondente au discutat responsabilitățile comune în termeni foarte clari.

Deși unele s-au referit la grija femeilor pentru alții, un număr mult mai mare de femei din generația tranziției, comparativ cu generația comunismului, s-au concentrat asupra grijii față de sine. Deși toate generațiile pe care le-am intervievat au exprimat un sentiment puternic de identitate relațională (ca mame, soții și fiice), această generație a accentuat și faptul că femeile trebuie să își acorde timp pentru ele însele, să aibă grijă de ele și să prețuiască plăcerea: „[Femeile] ar trebui să-și facă timp cel puțin o dată pe săptămână să își facă plăcerile personale și să nu fie mereu la comanda altora – orice vor soții sau familiile lor... Dacă vrea să citească o carte, ar trebui să citească o carte; are nevoie să își protejeze viața personală. Dacă vrea să vadă un film, să iasă cu o prietenă sau să facă muncă voluntară... pentru că, dacă tot ce faci se învârte în jurul familiei tale, te prostești (L.M., 50 de ani). Spre deosebire de alte femei, această repondentă a vorbit în mod explicit despre dreptul ei la interese și activități personale, independente. A explicat că își dezvoltă eul „personal" prin contactul și camaraderia cu alte femei. Face față presiunilor zilnice găsind surse de distracție și satisfacție dincolo de mariaj. Această repondentă, precum și altele din generația ei sunt primele care și-au exprimat dreptul la momente de distracție, plăcere și relaxare.

Generația tranziției a făcut legătura directă între normele de gen și acțiunea publică și politică. A prezentat o imagine clară a modului în care valori și norme de gen din familie se reflectă în spațiul civic. Pentru ele, cetățenia și leadershipul civic sunt legate de gen:

Î: Care sunt calitățile ideale ale unei femei?
R: O femeie are multe calități, dar nu este suficient de vizibilă; calitățile ei nu sunt luate în considerare suficient. Femeile sunt managere bune, mame excelente și ar putea fi și conducătoare bune, prim-ministre... Ar trebui să se acorde mai multă încredere capacităților femeilor, ceea ce nu se întâmplă în realitate. (M.V., 55 de ani)

Femeile din această generație fac legătura între buna administrare a casei, creșterea copiilor și calitățile de lider în politică. Se gândesc la acțiunile lor familiale, profesionale și civice ca fiind legate inerent de cetățenie. În plus, vorbesc pe un ton direct, fără rețineri, despre capacitățile femeilor de a juca rolul de lidere politice.

Către viitor: modelele TV și cetățenia

Grupul de repondente care s-au maturizat după anii 1990 a fost mult mai mic decât al generațiilor precedente. În consecință, este greu de apreciat cât de reprezentative sunt afirmațiile lor. Deși răspunsurile lor coincideau în parte cu cele ale generațiilor mai în vârstă, acestea evidențiază și schimbări semnificative, privitoare la viziunea asupra cetățeniei și a politicii.

Cinci dintre cele 18 repondente din acest grup au identificat frumusețea fizică și bunele maniere în societate drept caracteristici ale femeii ideale, iar câteva le-au definit ca esență a feminității. Una dintre repondente s-a referit direct la factorul atracției: „[O femeie] poate să fie foarte inteligentă, dar, dacă nu este și frumoasă își dezvoltă un complex... Așadar, sunt de părere că toate femeile ar trebui să fie frumoase și atrăgătoare“ (M.M., 35 de ani). Inteligența joacă un rol secundar și este rareori menționată de aceste repondente. Nici o femeie aparţinând generaţiilor mai în vârstă nu a accentuat frumuseţea fizică în asemenea măsură.

Răspunsurile uneia dintre intervievate ne-au sugerat o serie de explicaţii pentru această schimbare. În mod repetat şi plină de entuziasm ne-a menţionat că prezentatoarea unui program TV este modelul ei: „Ştiţi, aş vrea să fiu ca Gabriela [Cristea] de la *Noră pentru mama mea*. E frumoasă... Are un fel special de a vorbi, dacă eşti înconjurată de oameni din înalta societate poţi să vorbeşti altfel, la vârsta mea încă nu... Aş vrea să fiu ca ea, aş vrea să fiu prezentatoare de televiziune“ (A.M., 29 de ani). Modelul lui A.M. era numai cu cinci ani mai în vârstă. Ne-a descris cum îşi doreşte să imite stilul sofisticat şi realizările modelului ei. A.M. admira succesul profesional al vedetei, talentul în conversaţia cu participanţii la emisiune şi felul în care arată. Referinţa la o stea de televiziune sugerează existenţa unui nou set de influenţe care conturează activ ideile femeilor despre normele de gen. Asemenea modele pot să aibă consecinţe nefaste pentru conceptul de cetăţean angajat în sine şi pentru egalitatea de gen, datorită tipurilor polarizate de roluri de gen reprezentate cu precădere în aceste emisiuni, axate preponderent pe imaginea decorativă a femeii ca păpuşă.

La mijlocul anilor 1980, România nu avea decât două ore de emisie la televiziune în zilele săptămânii şi un program relativ mai lung în timpul weekendurilor. Singurele show-uri live transmise erau evenimentele sportive (de obicei meciuri de fotbal) şi discursurile interminabile ale lui Ceauşescu. Toate celelalte programe erau atent monitorizate şi controlate de ideologii regimului. În consecinţă, oamenii nu dădeau mare atenţie televiziunii. Femeile mai în vârstă şi cele mature pe care le-am intervievat au făcut, în mare parte, comentarii negative despre programele de televiziune. Putem deduce de aici că generaţiile mature şi vârstnice îşi căutau modelele în altă parte, în persoanele existente în viața lor, în cărți, de exemplu, dar mult mai puțin sau deloc la televizor.

Explozia canalelor de televiziune și a companiilor de cablu din România, la scurt timp după 1989, a transformat felul în care comunică românii și opiniile lor despre politică și valorile cetățenești (Roman 2003). Așadar, nu este surprinzător să vedem influența pe care televiziunea o are asupra răspunsurilor lui A.M. (Aceasta avea 14 ani când a început o nouă eră în mass-media.) Femeile de la televizor sunt de obicei tinere și obsedate de siluetă. În plus, felul în care arată, stilul de viață și abilitățile lor sunt rupte de realitățile sociale și de interese traductibile politic. După cum arată comentariile lui A.M., televiziunea reduce identitatea de gen a femeilor la înfățișarea lor fizică și la atracția sexuală.

Se pare că A.M. și multe dintre contemporanele ei înțeleg normele de gen altfel decât generațiile mai în vârstă. Concepția lor privitoare la femeia ideală are mai mult de-a face cu imaginile care comercializează atributele fizice decât cu angajarea morală și civică pe care femeile mai în vârstă o prețuiesc.

R: O femeie trebuie să își găsească alte ocupații, nu politica. Văd asta altfel, o femeie trebuie să fie în altă parte, nu cu toți bărbații aceia... nu cred că are nimic de câștigat din asta.
Î: Așadar, ce calități ar trebui să aibă o femeie?
R: O femeie trebuie să fie mereu drăguță, dulce, delicată, sociabilă, elegantă; să se îmbrace bine, curat; să aibă calități feminine.
Î: Spune-mi, te rog, care crezi că este secretul unei căsătorii reușite?
R: Ea să facă ce îi zice el, să îl lase pe el să hotărască, să îi arate mereu afecțiune, să nu îi pună prea multe întrebări, să își facă meseria de mamă, să aibă grijă de casă, să îl respecte. (R.L., 28 de ani)

Această viziune asupra mariajului o contrazice pe cea a generaţiilor mai în vârstă. Contrastant, ascultarea şi supunerea sunt secretele unui mariaj reuşit. Se pare că bărbaţii nu au nici un fel de responsabilitate în casă, care – din perspectiva unor repondente din generaţia democraţiei – trebuie să devină un spaţiu în care femeile le fac toate poftele.

Unele dintre repondentele cele mai tinere ne-au oferit însă şi răspunsuri mai încurajatoare, indicând că este posibil ca peisajul contemporan să se transforme din nou. Câteva au descris femeile drept puternice sau erau de părere că femeile ar trebui să îşi cultive forţa: „[Femeile din Hunedoara] au nevoie să devină mai puternice, să fie mai hotărâte cu privire la ce îşi doresc în viaţă" (D.P., 31 de ani). Deşi apolitic, acest răspuns evidenţiază cel puţin încredere în ideea de autonomie individuală. O altă repondentă a afirmat că femeile sunt mai puternice decât bărbaţii şi pot face faţă unei slujbe pe care o face un bărbat, inclusiv serviciul militar (I.G., 25 de ani). În final, una dintre repondente ne-a spus că „femeile sunt mult mai implicate decât bărbaţii... Ele ştiu cum să se descurce, ştiu cum să... se lupte, unde să se ducă, unde să întrebe; în afară de asta, un bărbat este doar [de faţadă]" (I.B., 34 de ani). Asemenea femeilor mai în vârstă, această intervievată şi-a legat observaţiile de potenţialul de participare civică al femeilor. Ea a făcut legătura între calităţile vizate şi rolul femeilor ca îngrijitoare ale casei („ştiu cum să se descurce"). Comentariile acestea ne dau speranţa că există şi posibilitatea unui dialog productiv între generaţii cu privire la semnificaţia politică a inegalităţilor de gen.

Politicile regimului comunist au accentuat dubla zi de muncă a femeilor din România. După 1989, dispariţia multor servicii sociale de stat, precum cele de îngrijire a copiilor, au pus femeile în situaţii dificile. Ele încă îşi asumă partea de bază în îngrijirea gospodăriei şi responsabilităţile de creştere a copiilor; de asemenea, au menţinut şi aplicat rolurile de gen potrivit tiparului tradiţional din familie.

Totuși, nu toate femeile au acceptat societatea patriarhală tradițională. Cele care s-au maturizat în anii 1960 și 1970 cred adeseori că soții lor le tratează în mod nedrept. În consecință, au mai multe șanse să se gândească la propriile lor nevoi ca indivizi. Totuși, normele de gen tradiționale rămân adânc încetățenite. Vom face legătura între acest conservatorism și abordarea etică a femeilor cu privire la relațiile dintre comunitate și politică în capitolele care urmează.

3
Copiii: cea mai mare realizare a vieții mele

Pentru toate generațiile, la toate nivelurile de educație, fără diferențe de religie sau etnie, nașterea și creșterea copiilor sunt considerate componente esențiale ale identității femeilor din România. Copiii au ocupat un loc important în istoriile spuse de repondentele noastre atunci când și-au descris realizările și preocupările. Copiii consumă mult din timpul și energia mamelor, atât acasă, cât și în spații publice precum școlile, spitalele, magazinele și birourile. Ei sunt extrem de importanți și din perspectiva intereselor politice ale mamelor. În acest capitol vom examina modul în care relația strânsă dintre maternitate și feminitate le afectează pe femei ca cetățene, precum și rolul pe care consideră ele că îl au în formarea viitorilor cetățeni.

Felul în care repondentele noastre au descris nașterea și creșterea copiilor contrazice majoritatea studiilor privitoare la naștere din timpul regimului ceaușist (1967–1989) (Băban 1996; Doboș, Jinga și Soare 2010; Jinga și Soare 2011; Kligman 1998). Această perioadă, caracterizată de politici pronataliste radicale, a coincis cu anii reproductivi ai majorității intervievatelor noastre. Deși femeile s-au confruntat cu probleme adesea dureroase privitoare la viața lor sexuală și la capacitățile reproductive, aproape niciodată nu au descris creșterea copiilor altfel decât ca pe o sursă de mândrie și de mare satisfacție, oricât de greu a fost. Presupunem că, odată ce au acceptat sarcina (dorită inițial sau nu) și și-au născut copiii, ele au îmbrățișat cu toată ființa lor relația cu aceștia. În situația în care s-au plâns, ele s-au referit la dificultățile de a obține bunuri sau servicii sau la lipsa ajutorului partenerilor de viață în creșterea copiilor. Relațiile complexe privitoare la reproducere și copii au jucat un rol important în conturarea modului în care femeile au înțeles și continuă să înțeleagă datoriile pe care le au ca cetățene ale statului.

Pentru a încadra cercetarea într-un context explicativ mai larg, am folosit rezultatele cantitative ale proiectului *Gen, interese politice și inserție europeană* (CNCSIS 2006–2008), coordonat de Mihaela Miroiu. Acest studiu a evidențiat diferențele dintre percepții și practici: „Cine ar trebui să îl învețe pe un copil să devină un bun părinte, soț, prieten, cetățean, vecin?", raportat la persoana care îl învață de fapt pe copil despre aceste relații. În funcție de rolul social vizat, 58–88% dintre repondente au fost de părere că membrii familiei, în special părinții, sunt responsabili de educația civică a copiilor. Multe dintre repondente au fost de părere că școala a avut un rol important în formarea viitorilor cetățeni (24%). Autoritățile guvernamentale și religioase au înregistrat de-abia 3% și respectiv 2% (CNCSIS 2006–2008, 58).

Când au fost întrebate despre propriile experiențe, repondentele au indicat că mamele, tații, familia în general, școala, biserica, mass-media sau guvernul sunt oamenii și instituțiile care le-au educat cu privire la relațiile sociale. Dintre ele, un procent între 55% și 62% s-au referit la familie în general, iar 6–14% au menționat că mamele au fost principala sursă a educației lor civice. Numai 1–2% i-au menționat pe tații lor. 15% dintre repondente au afirmat că au învățat să devină cetățene mai bune la școală (CNCSIS 2006–2008, 58).

Studiul evidențiază modul în care ideile privitoare la cetățenie – ca norme și practici – se formează în general acasă. Interviurile noastre se corelează cu rezultatele acestei cercetări. Le-am pus repondentelor următoarele întrebări: Cum v-a schimbat maternitatea viața? Cine petrece/a petrecut cel mai mult timp cu copilul acasă? Ce valori ați încercat să îi transmiteți copilului dumneavoastră? Sunt aceste valori identice sau diferite de cele care v-au fost transmise de către părinții dumneavoastră? L-ați încuraja/încurajat pe copilul dumneavoastră să intre în politică? Din răspunsuri a rezultat că mamele lor au jucat un rol foarte important în conturarea percepțiilor. Mamele intervievatelor noastre le-au transmis valorile familiale și civice, iar ele, devenind mame la rândul lor, le-au transmis mai departe.

Cea mai frumoasă experiență din viața mea

Când le-am întrebat „Care a fost cel mai frumos eveniment al vieții dumneavoastră?“ și „Ce eveniment sau persoană v-a schimbat viața în cea mai mare măsură?“ repondentele și-au menționat adeseori copiii:

> Cea mai frumoasă experiență din viața mea a fost când am devenit mamă. Copiii, nepoții, de ei îmi pasă cel mai mult. (A.N., 53 de ani)

> Î: Puteți să menționați o persoană care v-a schimbat viața?
> R: Cred că fiul meu. Pentru că m-a făcut să descopăr ce înseamnă să fii mamă, nevoia de a proteja pe cineva. (S.C., 44 de ani)

Acesta a fost răspunsul cel mai frecvent pe care l-am primit de la femeile din toate generațiile la întrebările pe care le-am adresat. El a rămas constant în relație cu toate variabilele sociale pe care le-am luat în considerație. Câteva dintre repondente l-au menționat pe Dumnezeu și credința, și una l-a menționat pe soțul ei. După copii, femeile au menționat cel mai des munca și realizările profesionale (pe care le vom discuta în capitolul următor). Așadar, copiii și creșterea lor stau la baza identității lor ca femei și le aduc un sentiment de împlinire mai mare decât orice altă realizare sau activitate întreprinsă de-a lungul vieții.

De-a lungul secolului XX, legislația și comportamentele privind reproducerea au trecut prin schimbări fundamentale. Aceste modificări ne ajută să înțelegem atitudinile femeilor față de copii și față de îngrijirea lor. În perioada interbelică, în timp ce România își revenea după pierderile masive de vieți din timpul Primului Război Mondial (victimele de război au fost proporțional printre cele mai numeroase din Europa, fapt ce a creat un dezechilibru de gen în anii 1920), rata natalității a fost cea mai ridicată de pe întregul continent (35,9 la mie); 93,8% din acele nașteri avuseseră loc în mediul rural, unde rata natalității a rămas constantă până la sfârșitul secolului (Bucur 2002, 207). În același timp, în Europa, numai Ungaria avea o rată mai mare a mortalității infantile, în aceeași perioadă. În România, 17,4 la o mie de copii nu supraviețuiau. Această statistică s-a îmbunătățit după 1930. Din confluența acestor direcții demografice a rezultat că, deși femeile din România nășteau mai frecvent decât celelalte femei din Europa, populația a crescut încet în comparație cu restul continentului. Această istorie a avut consecințe importante pe termen lung pentru comportamentul femeilor și configurarea normelor de gen.

După cel de-al Doilea Război Mondial, populația României a scăzut din nou, în special printre bărbații aflați la vârsta reproducerii și cu precădere printre grupurile etnice pe care regimul fascist al lui Ion Antonescu le viza (evreii și rromii). Totuși, rata nașterilor a continuat să crească, atingând vârful în 1949 (27,6 la mie), urmat de un declin în anii 1950 și de un minim istoric în 1964 (14,6 la mie) (Popa 2016). Trei politici de modernizare din perioada comunistă au influențat aceste tendințe. În primul rând, regimul i-a mobilizat pe toți adulții ca forță de muncă. Femeile au primit acces la educație și mai multe locuri de muncă plătită, ceea ce le-a determinat să amâne căsătoria și reproducerea. În al doilea rând, numărul nașterilor a crescut mai lent datorită accesului legal la avort, care a fost dezincriminat între 1957 și 1966. O importantă cercetătoare estimează că, în această perioadă, 80% din sarcini s-au încheiat cu un avort (Kligman 1998). Totodată, a contribuit și faptul că femeile s-au mutat de la sat la oraș pentru educație și serviciu și aveau resurse limitate de timp și condiții restrânse de îngrijire și de creștere a copiilor. În primele două decenii ale regimului comunist, România, ca și alte țări din estul Europei, a dezvoltat cu întârziere forme instituționalizate de îngrijire a copiilor (Fidelis 2010; Ghodsee 2015; Haney 2002). Recent mutate la oraș, femeile au pierdut sprijinul intergenerațional pe care îl ofereau în satele lor de origine alte membre ale familiei. Deși unele dintre femei și-au trimis copiii foarte mici înapoi în satul natal, majoritatea nu s-au putut baza pe bunici și alte rude pentru îngrijirea copiilor. Pe scurt, fără servicii de stat adecvate care să le ușureze povara serviciului de opt ore și îngrijirea copiilor, femeile au avut mari dificultăți în a-și echilibra rolurile de mame și de salariate.

După 1966 avortul a fost reincriminat, iar rata nașterilor a crescut temporar (27 la mie în 1967–1968). Apoi a început să scadă din nou, și în 1983 rata era de numai 14,3 la mie. Așadar, în ciuda politicilor pronataliste draconice, femeile au făcut ce era mai potrivit pentru ele în situația în care se aflau, cu orice risc, nu ce le dicta regimul. Aceste statistici nu sunt surprinzătoare, date fiind rezultatele politicilor pro și contra creșterii natalității pe care regimurile democratice sau autoritare de pe întreg mapamondul le-au promovat după al Doilea Război Mondial (Solinger și Nakachi 2016).[1] Femeile au hotărât rareori să aibă un al doilea copil. Majoritatea repondentelor noastre care au născut între 1967 și 1989 au avut un singur copil. Totuși, toate intervievatele noastre, incluzându-le și pe cele mai tinere, au vorbit cu entuziasm despre experiența maternității. Declarațiile lor evidențiază că maternitatea continuă să aibă un rol prioritar în viața femeilor din România.[2]

Femeile au trăit frustrări în timpul sarcinii și în special în perioada copilăriei celor mici. După cum am evidențiat în capitolul anterior, femeile continuă să rămână principalele sau chiar singurele îngrijitoare și educatoare ale copiilor, deoarece soții lor își asumă rareori un rol primar și nu dedică la fel de mult timp creșterii copiilor, așa cum fac femeile. Mai mult, deși înainte de 1989 instituțiile dedicate îngrijirii copiilor ofereau servicii de o calitate precară, în prezentul cercetat de noi nici acelea nu mai existau, în marea lor majoritate. Centrele private de îngrijire a copiilor sunt din ce în ce mai numeroase, dar costul lor este adesea prohibitiv. În plus, costurile de întreținere și cele legate de educația copiilor au crescut. Părinții care speră să își pregătească copiii pentru piața europeană a muncii resimt cu precădere această presiune financiară. Așa se face că multe femei lucrează în prezent în străinătate pentru perioade îndelungate de timp. Climatul de incertitudine economică creat de confluența politicilor domestice neoliberale de după 1989 cu piețele UE au sporit neîncrederea femeilor

1. Cercetările în domeniul istoriei au acordat puțină atenție perspectivei femeilor asupra acestor tipuri de politici guvernamentale (Bucur 2008b).

2. Pentru o discuție aprofundată privind experiența nașterii printre tinerele femei din România care au crescut în comunism, incluzând generația celor care au devenit mame după 1989, vezi Miroiu și Dragomir (2010).

în capacitatea guvernanților de a le ajuta în creșterea copiilor: „La un moment dat, am crezut că banii erau totul. Dar nu e așa. Acum familia ocupă pentru mine primul loc... Avem nevoie de bani să trăim. Dar cel mai important este copilul. Când devii mamă, totul se schimbă... În ultimii ani, de când am copilul, pot spune că mă simt împlinită. Dacă nu aș locui în România aș fi foarte fericită". Repondenta noastră, M.M., în vârstă de 34 de ani, și care se mândrește cu serviciul ei, care a purtat-o în Spania pentru câțiva ani, s-a identificat imediat cu rolul de mamă și și-a exprimat frustrarea că trăiește într-o țară în care aspirațiile ei profesionale nu sunt sprijinite. Femeile au menționat adeseori lipsa acestui sprijin, atât din partea partenerilor, cât și a statului, atunci când au hotărât să nu mai facă un al doilea copil.

Ciclul de creștere al copiilor: bunici, mame și copii

Repondentele noastre au menționat frecvent rolul pe care mamele și bunicile l-au jucat în viața lor. Au discutat despre modul în care femeile și-au transmis normele de gen de la o generație la alta: „Așa am fost crescute – noi trebuie să ne vedem de casă, să creștem copiii, să spălăm rufele, să gătim și să îi lăsăm pe bărbați să își vadă de treaba lor, fiindcă ei sunt mai inteligenți și așa mai departe. Cel puțin așa au fost crescute bunicile și mamele noastre și așa probabil a continuat ideea asta de plafonare" (L.J., 38 de ani). Deși nu toate repondentele au fost la fel de critice la adresa femeilor care au interiorizat normele de gen de tip conservator, ele consideră că mamele și bunicile lor au jucat un rol mult mai important în viața lor decât tații. Câteva dintre repondente i-au menționat în mod explicit pe tați drept un model pozitiv pentru ele, dar au prezentat aceste exemple ca pe o excepție sau ca pe o situație extraordinară. Pe scurt, femeile nu consideră că tații, soții sau fiii lor sunt principalii agenți care transmit rolurile de gen copiilor lor.

Femeile care au crescut în comunism tind să fie mai critice la adresa mamelor lor sau a soacrelor. S-au prezentat pe ele însele în opoziție cu aceste persoane: „Mama soțului meu era casnică și cred că s-a plafonat din cauza asta" (A., 42 de ani). În același timp, aceste femei au depins de ajutorul mamelor, bunicilor și soacrelor lor pentru a-și crește copiii. În pofida serviciilor sociale preaslăvite de regimul comunist, care pretindea că le oferă femeilor sprijinul de care aveau nevoie pentru a fi active profesional, aproape toate repondentele noastre au avut dificultăți în a-și împărți timpul între îngrijirea copiilor și serviciu. Unele au reușit să se învoiască de la serviciu un timp mai îndelungat, primind doar o parte din salariu sau luându-și concediu fără plată pentru a se îngriji de copiii preșcolari, în timp ce soții lor erau la muncă.[1] Totuși, majoritatea s-au întors la slujbă lor după un scurt concediu de maternitate de trei luni și jumătate (mai scurt decât în unele state din împrejurimi, precum Cehoslovacia, deși generos după standardele americane contemporane). Femeile care lucrau în Cooperativele Agricole de Producție (CAP-uri), prin urmare în agricultură, nu primeau concediu de maternitate.

Mamele aflate în câmpul muncii aveau două opțiuni: îngrijirea instituționalizată a copiilor (de la 3 ani până la vârsta școlară) – în orașele în care acest serviciu era disponibil – sau ajutorul oferit de rudele de sex feminin, mai în vârstă, în general mamele sau bunicile. Câteva dintre repondente au considerat creșele drept instituții utile. Cele mai multe

1. În comunism, accesul la multe servicii publice și beneficii sociale se obținea adesea prin relații personale și mită. Unele femei s-au folosit de aceste mijloace pentru a obține certificate medicale, ca să-și poată prelungi astfel concediul de îngrijire al copilului.

femei care au folosit facilităţile oferite de stat au migrat la Hunedoara din alte regiuni şi nu s-au putut baza pe relaţiile de familie. O mare parte a intervievatelor noastre a apreciat că facilităţile din perioada comunistă destinate educaţiei copiilor mici prezentau multe inconveniente, precum calitatea scăzută a serviciilor şi faptul că nu erau îndeajuns de numeroase. Îngrijirea copiilor a fost şi rămâne o problemă mai degrabă privată. Cele mai multe dintre repondentele noastre s-au bazat pe membrii familiei pentru ajutor. Ajutorul statului constă mai ales în concediul de maternitate pe care îl oferă (actualmente poate să ajungă şi la doi ani). Majoritatea părinţilor care lucrează şi care au copii cu vârste între 2 şi 6 ani au însă puţine opţiuni, mai ales în satele şi oraşele mai mici (Păunescu 2012; Ştefan 2006).[1]

Aşadar, nu este surprinzător că multe femei au acceptat şi reprodus rolurile de gen tradiţionale din familia lor. Femeile din generaţia tranziţiei au avut puţine opţiuni de îngrijire a copiilor când au intrat în câmpul muncii, la sfârşitul anilor '70 şi începutul anilor '80. Adesea şi-au lăsat copiii cu mamele lor:

> Î: Cum v-aţi descurcat cu copiii când erau mici?
> R: Am avut noroc cu mama mea, locuiam împreună cu ea; eu făceam ce era necesar şi ea se ocupa de restul. (M.V., 53 de ani)

Situaţia a fost similară şi pentru femeile din generaţia democraţiei: „Sunt norocoasă. O am pe mama care locuieşte aproape, aşa că în timpul săptămânii, când copiii merg la şcoală, după şcoală se duc direct la ea acasă" (M.S., 41 de ani).

Încă din perioada comunistă, ziua de şcoală din România era mai scurtă în învăţământul preuniversitar decât în

1. Pentru concediul paternal, vezi Monitorul oficial (1999). Numai 5% dintre taţi îl folosesc, şi în special cei care sunt în pragul şomajului (Păunescu 2012).

statele vest-europene și în Statele Unite. Până în clasa a opta, copiii merg la școală de dimineață, de la 8 la 12-13, sau după-amiaza (în special elevii de liceu).[1] Copiii cu vârste până în 14 ani petrec de obicei dimineața la școală și se întorc acasă cu trei-patru ore înainte de terminarea zilei de lucru. Pentru părinții care lucrează în două-trei schimburi, orarele sunt și mai problematice, deoarece instituții care să ofere îngrijire și înainte și după școală sunt greu de găsit. Acest fapt a creat probleme îndeosebi pentru femei, care reprezintă 47% din forța totală de muncă.[2]

Când femeile mai în vârstă ajută la îngrijirea nepoților, acestea trebuie să-și reorganizeze propriile orare de lucru, deoarece majoritatea bunicilor prezentate în studiul nostru încă lucrează. Femeile din generația tranziției s-au căsătorit de tinere (de obicei la 20-24 de ani) și au avut copii în jurul vârstei de 25 ani. În 1989, de exemplu, peste 40% dintre copii au fost născuți de mame cu vârste între 20 și 24 ani.[3] O lege din 1977 a stabilit vârsta de pensionare a femeilor la 57 de ani (pensionarea înainte de termen din motive de sănătate și alte motive era permisă la 53 ani) (Marea Adunare Națională 1977). În consecință, un copil în vârstă de doi ani, născut de o mamă de 25 ani, putea să aibă atât mama, cât și bunica încă încadrate în muncă. În acest caz, o parte dintre copii au fost crescuți chiar și de străbunicile lor.

În unele familii, femeile mai în vârstă lucrau mai puține ore și aveau un program mai flexibil sau ieșeau la pensie mai devreme: „Când [fiica mea] a mers la școală, soacra mea

1. Clasele de seral sunt oferite îndeosebi pentru adulții care merg la cursuri liceale în paralel cu serviciul; aceste cursuri încep de obicei la orele 17.

2. Programele *after school* s-au introdus la câțiva ani după cercetarea noastră și în cea mai mare măsură sunt private.

3. În 2010, procentul scăzuse la 24,4%, iar femeile cu vârste între 25 și 29 de ani aveau mai mulți copii (25%), ca și cele cu vârste cuprinse între 30 și 34 de ani (Institutul Național de Statistică).

s-a pensionat și [fiica mea] a stat la ea un timp“ (S.M., 56 de ani). Bunicile care lucrau în industria de servicii își luau din când în când nepoții cu ele la muncă. Și noi am trăit aceeași experiență când am fost mici. De exemplu, Maria Bucur (n. 1968) a mers cu bunica ei la serviciu de la vârsta de trei la șase ani. Părinții ei erau foarte ocupați, deoarece lucrau ca ingineri la o fabrică din afara Bucureștiului. În timpul zilei, se juca în camera din spate sau în fața magazinului unde lucra bunica ei. Nici ea și nici adulții din jur nu considerau acest fapt anormal. Mihaela Miroiu (n. 1955) a fost crescută la țară, de bunica ei, până când a mers la școală, în orașul în care locuiau părinții. Cei care au avut copii în anii 1950, de obicei prima generație care s-a mutat la oraș, își trimiteau adeseori copiii înapoi la țară, în timp ce ei munceau sau studiau la oraș.

Deși programul flexibil sau redus le oferea femeilor mai mult timp pentru îngrijirea copiilor, această situație a avut consecințe economice. Deoarece femeile lucrau mai puțini ani, pensiile lor erau și sunt mai mici decât cele ale soților (Băluță 2006; Pasti 2003). În plus, slujbele care permiteau un program flexibil, precum industria de servicii, nu erau de obicei bine plătite. Deși statul recunoștea formal necesitatea îngrijirii copiilor, și în special obligațiile materne, în legislația muncii activitatea propriu-zisă de îngrijire a copiilor rămânea neplătită (Marea Adunare Națională 1972). Cu alte cuvinte, statul nu recunoștea îngrijirea copiilor drept un serviciu adus binelui comun al proletariatului (Doboș, Jinga și Soare 2010; Jinga și Soare 2011). În prezent, munca de îngrijire a copiilor este în continuare neplătită și subevaluată, mai ales după încheierea concediului legal de creștere a copilului (Dragolea 2007; Harsany 1995).[1]

1. Acest fenomen a condus la plecarea masivă a lucrătorilor din acest domeniu: asistentele specializate au migrat în Europa de Vest și în America de Nord, ca și în Orientul Mijlociu, pentru a oferi servicii de îngrijire la domiciliu sau în centrele de îngrijire.

Evitarea conflictelor: cum sunt transmise valorile către noua generație

În ce constă îngrijirea copiilor și cum a conturat acest mediu dominat de femei rolurile de gen? Când au discutat despre îngrijirea copiilor, repondentele noastre s-au axat inițial pe aspecte logistice și materiale: mâncare de pus pe masă, verificarea temelor, mersul la școală, și așa mai departe: „O duceam la grădiniță dimineața; după aceea, eu și soțul meu o luam la trei după-masă. Când a mers la școală, soacra mea era deja pensionară și a dus-o ea la școală un timp, în clasa a doua și a treia. La ședințele cu părinții mergea cine avea timp. De obicei, ca mamă, mergeam mai mult eu" (S.M., 65 de ani).

În mod similar, când le-am întrebat despre tradițiile culturale și religioase, repondentele noastre ne-au vorbit mai degrabă despre ritualuri decât despre valori:

> [Am învățat] de la părinții mei... Mama mea era foarte credincioasă. Așa ne-a crescut și pe noi. Duminica trebuia să mergem la biserică. Așa am fost învățați. Și de Paște... de Paște mergeam la slujba de la miezul nopții. Ne trezeam; mama stătea trează toată noaptea să facă treabă în casă... ne punea să dormim și ea vopsea ouăle. Și era frumos, ne făcea haine noi de Paște. (S.M., 65 de ani)

În acest exemplu, repondenta noastră nu s-a referit la mesajul spiritual al Paștelui: sacrificiu, renaștere, dragoste, mântuire. În schimb, și-a adus aminte de vopsitul ouălor, de hainele noi pe care le-a primit și de faptul că mama ei făcea curățenie în casă.

Repondentele noastre rareori au vorbit despre modul în care valorile, credința și preceptele lor au influențat creșterea copiilor. Odată ce am abordat aceste chestiuni cu ele, ne-au spus istorii clare despre mamele și bunicile lor, care le-au transmis idei despre bine și rău, respect, dragoste, frică și credința în Dumnezeu: „Mama mea a suferit mult, dar întotdeauna se ruga pentru noi, pentru că eram șapte frați și trei dintre noi au apucat-o pe căi greșite... Mi-e rușine că [darul] primit de la mama când eram mică nu l-am transmis mai departe la copiii mei. Pe vremea aia, puteai să dai vina pe regim sau puteai să-ți educi copiii în acest spirit [al credinței în Dumnezeu], dar era prea multă comoditate și lene, am fost comozi“ (E.M., 60 de ani). Comentariile lui E.M. sugerează două aspecte importante ale creșterii copiilor, care pot avea consecințe sociale și civice. În primul rând, mama ei a făcut un efort să îi ofere lui E.M. o educație religioasă. În acest caz, mama sa fusese neoprotestantă. Deși ea nu ne-a menționat credința mamei, putem deduce, în contextul regional, că aceasta a fost fie baptistă, fie adventistă de Ziua a Șaptea. Ambele congregații aveau un număr mare de credincioși în județul Hunedoara, în comparație cu alte biserici neoprotestante. Deși nici una nu era ilegală, statul i-a discriminat pe membrii lor începând de la sfârșitul anilor 1940. Continuarea practicilor și a credințelor mamei ei presupunea un mare efort din partea lui E.M. (Stan și Turcescu 2007). Mai mult, E.M. s-a căsătorit cu un creștin ortodox activ. Ne-a mărturisit că și-a ascuns propria credință și i-a crescut pe copii în biserica soțului ei. Totuși, i-a învățat pe fiii săi mai degrabă ritualurile, și nu esența morală a credinței. Răspunsul ei confirmă concluziile unui studiu național (menționat anterior) din care a rezultat că bărbații și femeile au acordat puțină importanță credinței în educația copiilor lor ca viitori membri ai societății (CNCSIS 2006–2008).

E.M. pare să înțeleagă (și să accepte) rolul normativ al femeilor ca educatoare morale ale copiilor lor. Ne-a mărturisit sentimentul de vinovăție pe care îl simte pentru că nu a reușit – probabil ca mamă sau ca femeie creștină – să transmită mai departe credința propriei mame. Vorbind despre rolul mamei ei ca model spiritual pentru copii și despre „darul" pe care ea nu l-a prețuit suficient, E.M. consideră că a greșit din acest punct de vedere. Ea afirmă că natura atee a regimului comunist nu este o explicație suficient de puternică, care să justifice motivul pentru care nu le-a oferit copiilor săi îndrumare spirituală în spiritul neoprotestantismului; ne-a mărturisit că acest eșec este datorat comodității ei spirituale și morale ca mamă. Atitudinea sa corespunde rezultatelor de ansamblu obținute în studiul pe care l-am citat anterior (CNCSIS 2006–2008, 58).

Puține alte femei ne-au vorbit direct despre relația dintre normele de gen și educația morală a copiilor lor. Totuși, unele exemple indică faptul că mamele erau cele de la care se aștepta să ofere modele morale copiilor. Bărbații erau absenți din aceste povești: „Copiii au fost întotdeauna cei mai importanți pentru mine. Nu mi-a plăcut niciodată să văd pe stradă cum cineva lovește un copil. Nu am dat niciodată în copiii mei; întotdeauna au făcut ce le-am spus. Vorbeam atât de mult cu ei că uneori mă durea gâtul. Sau găseam alt fel de a le arăta că eram supărată pe ei, și ei încercau să facă ceva să mă împace" (E.M., 60 de ani). După cum arată acest exemplu, repondentele noastre încearcă să evite conflictele și le-au transmis aceste valori copiilor lor. Această atitudine are repercusiuni importante asupra atitudinii față de violență și civilitate în ansamblu (Neaga 2013).

Femeile au evidențiat impactul negativ pe care l-a avut abuzul soților asupra copiilor. Atât femeile care au plecat, cât și cele care au rămas în relații violente au fost de părere că abuzul domestic a fost traumatizant pentru copii. Adeseori, ele au încercat să ascundă acest comportament de fiii și fiicele lor, pentru că nu își doreau ca ei să urmeze acest model mai târziu, în viață.

Pentru unele dintre repondentele noastre, evitarea confruntării fizice cu soțul a influențat și alte forme de confruntare legate de creșterea copiilor. Repondenta citată în pasajul de mai sus ne-a spus: „Soțul meu sărea uneori să îi bată, dar întotdeauna le-am spus băieților mei: dacă vreți să vă bateți, să o faceți când eu nu sunt prin preajmă". Prima ei afirmație privitoare la rezolvarea rațională a problemelor oferă o importantă lecție morală în spiritul cetățeniei democratice. Cea de-a doua afirmație ridică totuși probleme, pentru că sugerează că numai ceea ce este vizibil este important. Repondenta este mai interesată să evite problema decât să o confrunte și sugerează că bărbații sunt în esență violenți.

Mass-media reflectă spiritul atitudinii acestei repondente. De exemplu, în 2000, unul dintre primele numere românești ale revistei *Playboy* a inclus un articol intitulat „Cum să îți bați nevasta fără să lași urme" (*Playboy* 2000). Deși redactorii au susținut că articolul respectiv era o parodie, câteva grupuri feministe și grupuri care militau pentru drepturile omului au protestat în mod public. *Playboy* și-a cerut scuze mai târziu. Totuși, o serie de materiale similare care au circulat online, la televizor și în alte medii au tins spre acceptarea violenței domestice.[1]

În timp ce România candida pentru statutul de membră a UE, a fost votată Legea pentru prevenirea și combaterea violenței în familie (Legea 217/2003). Această lege a adus importante reglementări structurale, având în vedere atitudinile sociale privitoare la femei și la violență. De exemplu, studiul efectuat la nivel național în anul 2000, *Barometrul de gen* (Fundația pentru o Societate Deschisă) a raportat că, deși 53% dintre repondente au recunoscut că femeile sunt

1. „Rupem tăcerea" este un proiect recent (un parteneriat între un grup de ONG-uri și Ministerul Fondurilor Europene) care oferă femeilor informații despre legislația relevantă, centre de sprijin, consiliere confidențială online și prin telefon și acces la studii recente despre violența domestică (accesat la 27 august 2017, https://violentaimpotrivafemeilor.ro).

supuse la violență domestică, numai 17% dintre bărbați au admis acest fapt.

În ultimul deceniu au avut loc multe proteste împotriva violenței domestice. Totuși, participantele sunt în majoritate activiste ale organizațiilor feministe din București și Cluj (Vlad și Fabian 2015). Deși aceste proteste au avut, într-o anumită măsură, impact politic, ele nu au atras și femei din alte categorii sociale, iar problema modelării rolurilor de gen prin abuz domestic nu a primit atenția publică necesară. Observațiile repondentelor noastre ne amintesc de complicitatea femeilor ca mame în acceptarea violenței domestice, în ciuda impactului negativ pe care îl are asupra agresorului și în special asupra victimelor.

Problema de interes mai larg vizată aici se referă la modul în care femeile își definesc ele însele cetățenia, drepturile și obligațiile. Repondenta de mai sus vede violența masculină ca pe un dat al vieții, care ține de gen în mod biologic. Ca mamă, a încercat să controleze tendințele înnăscute ale fiilor ei prin comportament non-violent și negociere verbală ca mijloace de rezolvare a conflictului. Totuși, ea a evitat să intervină când conflictul nu o implica direct. Și-a restricționat autoritatea morală, ca mamă, la relațiile imediate cu fiii ei. Refuzul de a-și exercita autoritatea în contexte mai largi, din dorința de a evita confruntarea fizică („când nu sunt prin preajmă"), reprezintă teoretic o lecție nocivă despre drepturile și responsabilitățile civice.

Tema evitării conflictului a apărut în numeroase interviuri. De exemplu, o repondentă ne-a vorbit despre locul de muncă astfel:

> Întotdeauna i-am spus [fiicei mele] să își cunoască locul în relațiile cu toată lumea și cu șeful ei. Indiferent de educația șefului, el ocupă poziția de conducere și trebuie să îl respecți, cum ai fost învățată. Chiar dacă șeful nu

> face treabă bună... [Fiica mea] spune: „M-ai învățat să nu spun nimic și să aștept ca timpul să rezolve aceste probleme". Întotdeauna am fost de părere că oamenii trebuie să fie respectați pentru funcția lor, indiferent ce fac. Pentru că nu îl poți educa pe șeful tău; dacă îi explici că a greșit, generezi discuții. Și asta e greșit, pentru că îl înfrunți. (M.B., 58 de ani)

La fel ca alte femei pe care le-am intervievat, această repondentă a învățat-o pe fata ei „să își cunoască locul". Intervievata nu s-a gândit critic la relațiile de putere – fie ele exprimate în norme de gen sau context instituțional –, ci le-a acceptat ca pe un dat. Obligația de „a respecta" implică acceptarea diferențelor de putere și zădărnicește încercarea de a modifica normele sociale și profesionale. Mai mult, această mamă a sfătuit-o pe fiica ei să evite conflictul. Când a avertizat-o „să nu genereze discuții", ea a continuat să inhibe capacitatea fiicei ei de a face față unei situații dificile. Singura soluție pe care i-a oferit-o pentru rezolvarea conflictelor a fost răbdarea sau „să nu spună nimic și să aștepte ca timpul să rezolve aceste probleme".

Putem doar să speculăm asupra consecințelor pe care le are această lecție asupra atitudinii copiilor față de chestiuni civice și politice mai ample. Repondenta, nemulțumită de toți candidații, nu a participat la ultimele alegeri. Deși era interesată de organizațiile civice, nu era implicată în nici una. Când am întrebat-o dacă ar încuraja-o pe fiica ei să se implice în politică, ne-a spus: „Nu știu. Are o familie așa unită și prea frumoasă... E păcat să îți lași copilul de dragul ambițiilor tale".

Totuși, nu toate repondentele au acceptat pasive relațiile de putere date și unele i-au încurajat pe copiii lor să fie activi:

> Părinții mei m-au sprijinit mereu, atât cât au putut. Bunătatea, calmul, altruismul, înțelepciunea – mi-au transmis

toate lucrurile pe care nu le-au putut înfăptui ei în timpul copilăriei mele, insuflându-mi aceste valori. Mă duc la vot pentru că l-am educat [pe fiul meu] că aceasta este cea mai înaltă formă de acțiune civică; nu poți să fii cetățean fără să faci asta. (C.P., 48 de ani)

Născută în plină perioadă comunistă, această femeie ne-a vorbit despre relația dintre creșterea copiilor, valorile morale, datoriile și drepturile civice altfel decât a făcut-o vecina ei ceva mai în vârstă. Deși ambele au fost crescute în mediul rural și au fost primele din familiile lor care s-au mutat la oraș și au mers la liceu, au învățat lecții foarte diferite de la părinți, transmițându-le, la rândul lor, copiilor. Pentru repondenta mai tânără, altruismul și calmul conturat de părinți reprezintă o piatră de temelie pentru angajamentul și acțiunea civică.

Este aceasta o diferență între generații sau structurală? Probabil ambele. C.P. a avut o căsnicie abuzivă și nefericită. Și-a părăsit soțul pentru a-și crește copilul într-un mediu mai puțin violent, mai favorabil. Într-o societate în care divorțul este privit cu aprehensiune, acest gest a demonstrat o putere excepțională. C.P. a ajuns la vârsta adolescenței la mijlocul anilor 1970, când regimul comunist a trecut printr-o relativă relaxare a politicilor culturale și sociale. În 1990 ea avea 28 ani – suficient de tânără să își construiască o viață nouă și deprinderi noi.

În schimb, repondenta noastră mai în vârstă, M.B., a devenit adolescentă la mijlocul anilor 1960, aproximativ în perioada în care Ceaușescu a venit la putere. Ne-a spus că îi lipsește existența ordonată din vremea respectivă. Pentru ea, o angajată care muncea din greu și cu o poziție bună, tranziția de după 1989 a fost un dezastru: „Când a venit democrația, [a fost] ca un câine scăpat din zgardă. Din păcate, după 20 de ani, suntem încă în mijlocul acestei nebunii“ (M.B., 58 de ani). În timpul perioadei comuniste, M.B. s-a bucurat de satisfacții personale și stabilitate economică. Mediul de muncă ierarhizat îi organiza experiențele, în contrast cu haosul de după 1989. Asumându-și valorile pe care i le împărtășea fiicei ei – supunerea, răbdarea în liniște și truda –, a avansat treptat și a atins o poziție cu o anumită autoritate. Atitudinea ei nu este unică și studii la scară largă, precum *Barometrul de gen*, au raportat rezultate similare (Fundația pentru o Societate Deschisă 2000; Vlăsceanu, Neculau și Miroiu 2002).

Creșterea cetățenilor

Gândurile mamelor despre ele însele ca agenți morali sunt adeseori legate de modul în care înțeleg cetățenia. Le-am întrebat pe repondentele noastre dacă i-ar încuraja pe copiii lor să se implice în politică, iar răspunsurile au fost foarte variate. În câteva rânduri, femeile au observat că aceasta este o decizie pe care copiii trebuie să o ia ca oameni maturi. Unele dintre mame chiar au respins ideea că ele, ca părinți, ar avea un rol în implicarea civică a copiilor. Deși în alte părți ale interviului femeile au menționat că politica constituie un domeniu specific bărbaților, răspunsurile lor nu au evidențiat faptul că tații ar trebui să își influențeze copiii cu privire la acest aspect. Transcriem mai jos câteva dintre variatele răspunsuri pe care le-am primit; acestea au oscilat de la entuziasm (puține), la scepticism (mai multe), mergând până la respingerea clară, dar argumentată, a domeniului politicii, considerată la momentul cercetării noastre compromisă și lipsită de orice preocupări pentru binele comunității (cele mai numeroase răspunsuri):

> Î: Ați încuraja-o pe fiica dumneavoastră să intre în politică?

> R: Da, bineînțeles, bineînțeles. Dar nu mi se pare că e interesată de asta. La un moment dat, părea că e interesată. A flirtat cu idea, dar după aceea l-a născut pe fiul ei și a renunțat. Dar i s-ar fi potrivit. A fost mereu lideră la școală, tot timpul a fost șefa clasei. Mi-ar fi plăcut să o văd mai implicată. (I.R., 65 de ani)
> R: Nu știu... Dacă aș ști că are sprijin... ca să te implici și să faci treabă bună trebuie să ai pe cineva în spate. Și e păcat să-ți lași copilul singur. (M.B., 58 de ani)
> R: Nu, cred că lupta e prea grea și sunt prea multe certuri și jocuri de culise, nu, nu, în nici un caz. (S.C., 44 de ani)

Comentariile lui I.R. ne vorbesc nu numai despre relația cu fiica sa, dar și despre propriile păreri referitoare la conducerea politică în ansamblu. După părerea ei, liderii nu se nasc, ci se șlefuiesc treptat, iar talentele lor se formează de timpuriu într-un cadru public, ca de exemplu în mediul școlar. Ei au nevoie de aceste abilități pentru a reuși în structurile instituționale existente. Răspunsul ei sugerează faptul că părinții și educatorii trebuie să colaboreze pentru a forma tinerele generații de cetățeni. În ultima secțiune a acestui capitol, vom analiza părerile pe care repondentele noastre le au cu privire la legătura dintre familie și diversele instituții publice în transmiterea valorilor civice (M. Miroiu 2004a).

Educația civică: casa, școala, statul, mass-media și biserica

Repondentele noastre au vorbit despre importanța instituțiilor în conturarea și consolidarea valorilor copiilor lor. Au stabilit diferențe clare între perioada comunistă și cea postcomunistă. Uneori, repondentele au descris relația dintre părinți, profesori și preoți drept una de colaborare și apropiere, iar alteori drept dezechilibrată și chiar conflictuală. Nu a existat un răspuns unanim în această privință.

La început, repondentele au avut păreri total diferite despre experiența creșterii copiilor în timpul perioadei comuniste. Unele dintre ele considerau politicile pronataliste traumatizante pentru femei. În timp ce o parte dintre repondente au menționat faptul că lipsa informațiilor a avut efect negativ asupra creșterii copiilor, altele au văzut lipsa informațiilor ca pe un lucru pozitiv, pentru că îi proteja pe copii de materialele pornografice care au devenit accesibile după 1989:

> Nu era ușor atunci, dar totuși aveam o educație mai bună; acum nu sunt de acord – vorbesc din proprie experiență și uitându-mă în jur –, nu sunt de acord cu televiziunea asta, care a depășit limitele cu libertatea asta, cu mai multe canale... destrăbălarea asta. (E.O., 68 de ani)

> Era bine că nu erau atâtea programe de televiziune, nu pierdeai mult timp uitându-te la televizor. (M.B., 34 de ani)

Femei aparținând mai multor generații au remarcat impactul negativ al mass-mediei. Într-o anumită măsură, părerile lor nu sunt neapărat specifice României; părinți, politicieni și comentatori au exprimat critici similare la nivel global (Brădeanu și Dragomir 2002; Grünberg 2005). Totuși, criticile lor sunt adesea legate de amintirile referitoare la un anumit regim și de sentimentul că problemele legate de mass-media sunt noi. Moștenirea regimului comunist este neclară în răspunsurile lor; ele nu consideră neapărat că exercitarea controlului asupra informației este un lucru negativ, ci o metodă de a modela comportamentul copiilor. Existența puținelor emisiuni de divertisment însemna că cei mici își făceau temele și nu se uitau la show-uri nepotrivite atunci când nu erau supravegheați. Aceste atitudini sunt în mod special legate de gen. Un studiu din 2006 al Fundației pentru o Societate Deschisă a conchis că femeile tind să considere că televiziunea are o influență negativă asupra copiilor, în timp ce bărbații nu sunt de aceeași părere (Comșa, Sandu, M. Voicu și O. Voicu 2006).

Repondentele noastre nu ne-au oferit și alte opinii cu privire la cenzură și la libertatea de informație. Ele nu au văzut impactul televiziunii prin prisma conflictului dintre programul de la școală și orele de serviciu. Nu s-au referit la cenzura exercitată asupra mass-mediei de regimul comunist și nici la politicile regimului privitoare la părinții care lucrau sau la îngrijirea copiilor.

Repondentele au avut o părere pozitivă despre educația din perioada comunistă. Intervievatele care au comparat școala dinainte și de după 1989 au fost de acord în mod unanim că educația era mai serioasă în trecut:[1] „În trecut școala era foarte temeinică... Profesorii noștri erau dedicați profesiei. Știau meserie și erau o inspirație pentru noi, ne transmiteau cunoștințele lor, așa că eu cred că învățam mai mult și profesorii erau mai dedicați, ne ofereau un sprijin mai mare decât îl oferă cei de acum" (I.P., 43 de ani). Această repondentă a mers la școală în perioada de vârf a cultului personalității lui Ceaușescu (Tudosoiu 2010). A început școala primară în 1974 și liceul în 1982. Pe vremea când era elevă

1. Nu există statistici comparative de referință care să includă țări în aceeași situație cu România, înainte de 1989. În perioada postcomunistă, în 2012, România s-a clasat în ultimul eșalon al evaluărilor internaționale conduse de Programul Internațional pentru Evaluarea Elevilor (PISA), cu mult sub alte țări europene (Zanoschi și Deteșan 2012). Un articol publicat în revista *The Economist* în 2012 a evidențiat că un procent mic de elevi se situează cu mult deasupra mediei generale, în timp ce marea majoritate sunt sub așteptările țărilor europene. Acest articol și altele publicate ulterior leagă rezultatele PISA de alocarea fondurilor de stat. În medie, în jur de 3% din bugetul de stat este alocat educației, în timp ce media europeană este de 5% (*The Economist* 2012).

curriculumul şcolar nu era doar supus cenzurii, dar era în aşa fel alcătuit încât să promoveze ţelurile ideologice ale regimului. Totuşi, ea a vorbit laudativ despre educaţia primită, calitatea profesorilor şi abilităţile pe care le-a deprins în şcoală.

Este aceasta nostalgie oarbă sau analiză sobră? Cercetările comparative nu oferă o concluzie definitivă (A. Miroiu 1998; Vlăsceanu, Neculau şi Miroiu 2002). Masificarea educaţiei secundare (în anii 1950) şi universitare (la sfârşitul anilor 1990) a avut în ansamblu un impact negativ asupra calităţii educaţiei. În timpul regimului comunist, restricţionarea accesului la informaţie însemna că indivizii aveau puţine sau nici o sursă alternativă de pregătire. În plus, statul era singura instituţie care angaja profesori (situaţie care s-a schimbat din 1990 încoace); este posibil ca posibilităţile limitate de angajare şi salariile mici să fi influenţat selecţia profesorilor şi dedicaţia lor faţă de şcoală.

În poveştile repondentelor, educaţia era mai puţin legată de valorile civice şi mai mult de aspectele referitoare la conţinut sau la abilităţile tehnice. Profesorii erau mai degrabă modele de dedicaţie profesională decât exemple de cetăţeni angajaţi în viaţa publică. Totuşi, unele dintre intervievate ne-au oferit descrieri nuanţate ale profesorilor, văzuţi ca modele de urmat: „Adevărul este că cei care au mers la şcoală [în perioada comunistă] sunt mai bine pregătiţi [pentru viaţă] atât profesional, cât şi în [ce priveşte] educaţia lor generală. Din punct de vedere al libertăţii personale, aceasta era zero. Dar ce era bun, repet, erau educaţia, interesul pentru ştiinţă şi artă, atât cât era permis. Din punctul meu de vedere, educaţia şi cultura joacă un rol important în definirea unei persoane“ (C.P., 49 de ani).

Pentru această repondentă, ca şi pentru multe altele, şcoala nu era un loc de întâlnire al profesorilor şi al părinţilor în vederea discutării detaliate a educaţiei copiilor. În interviuri, mamele au vorbit rareori despre implicarea în activitățile școlare. Deși mergeau la ședințele cu părinții sau la alte evenimente școlare, ele comunicau rareori cu administrația școlară, cu excepția situației în care apăreau probleme disciplinare: „Mă duc la ședințele cu părinții și, când sunt probleme pe care fetele nu le pot rezolva la școală, mă duc și întreb, să clarific situația, să rezolv niște minciuni și [unele] zvonuri“ (M.G., 41 de ani).

Odată ce copiii încep școala, mamele îi încredințează instituției de învățământ în timpul zilei, urmând să-și exercite din nou autoritatea parentală când se întorc seara acasă. Mamele se bazează pe profesori (1) să îi învețe noțiuni specifice și generale; (2) să îi ajute să dobândească o serie de abilități; (3) să îi disciplineze. Repondentele noastre au fost critice cu privire la performanța profesorilor de după 1989 în privința acestor aspecte: „Democrația nu a fost promovată și înțeleasă de cei care trebuiau să facă asta în școli, de la cel mai tânăr, la cel mai în vârstă. Democrația a fost prost înțeleasă aici, fiecare a interpretat-o cum a vrut. În comunism existau disciplină și respect... Acum nu mai există respect“ (M.T., 56 de ani). În acest răspuns, ca și în altele, mamele s-au plâns că educația morală și educația civică, menite să asocieze libertățile și responsabilitățile, lipsesc din curriculumul școlar. Multe dintre repondente au fost de părere că elevii trebuie să învețe să îi respecte pe adulți, instituțiile, valorile și normele sociale stabilite și că, după 1989, școlile nu au mai oferit acest tip de educație.

Un număr mic de repondente ne-au vorbit despre instituțiile religioase ca despre un spațiu unde se formează valorile copiilor. Chiar și acele femei care s-au autoidentificat drept credincioase și care au mers la biserică regulat în perioada comunistă sau ulterior, au menționat totuși rareori importanța bisericii:

> R: Respect tradițiile religioase pentru că așa am fost crescută și îmi place.
> Î: Cine v-a învățat?
> R: Părinții mei... Erau... de fapt, mama era foarte credincioasă și așa ne-a învățat și pe noi să fim. (S.M., 65 de ani)

> Copilul trebuie dus la biserică de când e mic... L-am dus pe Alex la biserică de când era mic, și asta este bine, pentru că acum are 16 ani și nu trebuie să-i spun eu și să trag de el: „Astăzi este duminică, pregătește-te de biserică". Așa că asta este bine – credința este un lucru bun; îi este de folos. (M.P., 41 de ani)

În ansamblu, repondentele au identificat-o pe mamă drept persoana care a susținut practicarea religiei, a păstrat tradițiile, a impus mersul la biserică și a accentuat legătura dintre credința religioasă, moravurile societății și standardele etice care definesc un comportament decent. Valorile pe care le-au promovat includeau respectul pentru ceilalți, frica de Dumnezeu, bunătatea și capacitatea de a interacționa nonviolent în societate. Acestea au fost și valorile pe care repondentele noastre le-au identificat drept dezirabile cu referire la liderii politici. Capitolul despre politică discută acest paralelism și relația lui cu normele de gen.

*

Femeile joacă un rol fundamental în creionarea valorilor copiilor și în modelarea rolurilor de gen. În copilărie, mamele și bunicile constituie prezența cea mai pregnantă. Ele modelează comportamentele și normele – atât pozitive, cât și negative. Femeile pe care le-am intervievat par să prețuiască în mod deosebit autoritatea și abordările care evită conflictul. Mai mult, atitudinea femeilor mai tinere față de rolurile de gen pare să fie determinată în mare parte de acceptarea sau de respingerea comportamentelor mamelor și bunicilor lor.

Femeile sunt principalele păstrătoare ale credinței religioase și ale tradițiilor, care au jucat un rol activ în implementarea rolurilor de gen tradiționale și a valorilor morale. Acasă, bunicile și mamele tind să reprezinte atât autoritatea religioasă, cât și pe cea morală. Luând în considerație faptul că România a trecut printr-o lungă perioadă de secularizare forțată, continuitatea credinței religioase și a valorilor ei este remarcabilă.

Interviurile noastre ne-au reamintit influența uriașă a regimului comunist asupra capacității femeilor de a-și administra propriul timp, ca și asupra capacității de a lua decizii privitoare la căsătorie și maternitate. Modul în care repondentele au înțeles și reacționat la aceste constrângeri este esențial pentru autoidentificarea lor ca cetățene și pentru relația lor cu statul. Reacția lor ne-a amintit, de asemenea, de granița flexibilă care separă sfera publică de cea privată.

4
Munca și satisfacția personală

În 1930, 52% dintre femeile din România erau considerate active din punct de vedere economic și reprezentau 43% din populația angajată în muncă (Gusti 1938).[1] În 2013, 56% dintre femeile din România munceau, procent ce reprezenta tot 43% din populația angajată în muncă. Deși aceste statistici sugerează stabilitate, ele nu implică în esență o continuitate, ci mai degrabă radicale schimbări legale, politice și sociale (Bucur 2017).

În 1930, mai mult de 80% din populație (femeile într-o măsură mai mare) locuia la țară, în timp ce în prezent doar 46% dintre locuitori trăiesc în mediul rural. În 1930, majoritatea femeilor lucrau în agricultură: ele reprezentau 51% din populația activă din acest sector, deci mai mult de jumătate din populația activă de la sat (Gusti 1938). În total, 87% dintre femeile active din punct de vedere economic lucrau în agricultură. Mai mult, femeilor li se refuza practicarea anumitor profesii. În prezent, femeile lucrează în toate sectoarele econo-

1. În Europa de Vest și Statele Unite femeile reprezentau un procent mai mic din totalul forței de muncă, până la începutul celui de-al Doilea Război Mondial. Războiul a produs schimbări majore în sistemul economic și demografic, determinându-le pe femei să meargă la serviciu (Kessler-Harris 2003).

mice. Totuși, în ciuda legilor stricte împotriva discriminării, femeile din România, la fel ca cele din Europa, încă câștigă mai puțin decât bărbații pentru același tip de muncă efectuată (Institutul European pentru Egalitatea de Șanse între Femei și Bărbați 2015). Cu un nivel de 9%, diferența de plată din România este cu mult sub media din UE (16,4%). Totuși, alte forme de inegalitate economică persistă, precum reducerea salariilor și pensiile mai mici (Comisia Europeană 2015).

Acest capitol se concentrează asupra modului în care munca a conturat identitatea interlocutoarelor noastre și examinează modul în care înțeleg ele relațiile dintre schimbările politice și structurale pre- și postcomuniste și puterea lor economică. Pentru a evidenția aspectele legate de gen ale acestor elemente, le-am pus următoarele întrebări: Când ați început să lucrați? Cum v-ați ales profesia? Credeți că există servicii pe care numai femeile sau numai bărbații le pot face? Ce fel de relații aveți cu colegii de serviciu? Ce dificultăți ați întâmpinat (sau nu) în dezvoltarea profesională? Dacă nu ați avea nevoie de bani pentru trai, ați mai lucra? Reușitele sau nemulțumirile femeilor la locul de muncă au avut un impact semnificativ asupra opiniilor lor privitoare la politică și cetățenie din punct de vedere al normelor de gen. Acestea le-au afectat în special opiniile privitoare la politicile de creare a locurilor de muncă, la discriminarea de la locul de muncă și la corupția în administrația centrală și locală. Vom continua să abordăm legăturile dintre politică și cetățenie în partea finală a studiului nostru.

Munca – activitatea de bază

Intervievatele noastre din zona Hunedoarei consideră că trebuie să aibă o ocupație în afara casei. Ele sunt de părere că cei din jur le împărtășesc opinia. Aproape nici una dintre repondente nu a putut să-și imagineze viața fără profesie.

Când le-am întrebat: „Ați înceta să lucrați dacă ați fi financiar independentă?“, aproape toate interlocutoarele noastre, indiferent de vârstă și educație, ne-au răspuns clar: „Nu!“ Mai mult, unele dintre ele au fost chiar uimite: „Nu înțeleg întrebarea. Bineînțeles că aș lucra; femeile au lucrat dintotdeauna“.

Când le-am cerut să ne explice de ce contează atât de mult munca pentru ele, repondentele noastre au afirmat:

> R: Nu aș putea să stau acasă, de exemplu... Pentru că o femeie trebuie să fie un exemplu oriunde ar lucra, să fie corectă, să își împărtășească experiența cu ceilalți.
> Î: Ce am avea de câștigat dacă am oferi un astfel de model la locul de muncă?
> R: Satisfacție personală. Când pun capul pe pernă noaptea, mă gândesc: Am făcut ceva greșit [azi]? Am dat cuiva un sfat bun [azi]? (D.L., de 63 ani)

> Când mergi la servici[u] este altfel; ai cu cine să vorbești [și] poți să îți faci relații. Când ești acasă, faci numai muncă de rutină... pierzi capacitatea să vorbești cu alții; nu mai poți să judeci corect. Mai întâi, [o femeie trebuie] să plece de acasă, să schimbe mediul; nu ar trebui să stea în același mediu, care te prostește încet, dar sigur. Uitându-mă în urmă, prietenele mele care au devenit bogate și și-au părăsit slujbele au ajuns să fie foarte nemulțumite. (L.M., 50 de ani)

Repondente din toate generațiile și ariile socio-economice au remarcat faptul că munca are mai mult decât o funcție economică; le ajută să fie persoane complete. Munca salariată le-a permis femeilor să descopere comunități noi, să-și dezvolte talentele și abilitățile, să își satisfacă curiozitatea și să aducă mici schimbări societății, în ansamblul său. Pentru repondentele noastre, statul acasă înseamnă limitare și plafonare. În același timp, nici una dintre aceste femei aflate în câmpul muncii, în majoritate mame, nu a considerat că munca le diminuează capacitatea de a fi buni părinți. Unele dintre ele chiar și-au comparat experiențele cu cele ale mamelor lor, care nu au lucrat pentru obținerea unui salariu (erau casnice). Au observat că mamele lor s-au plafonat și au rămas dependente de soți (M.S., 48 de ani).

Serviciul și dubla zi de muncă: o moștenire comunistă

Relația dintre ziua dublă de lucru și identitățile femeilor ca cetățene este complexă. În perioada comunistă, conducerea politică considera contribuțiile sociale și economice ale femeilor ca pe un dat și a subevaluat la nivel structural atât serviciile lor, cât și munca de îngrijire pe care acestea o prestau. În 1966, Consiliul Național al Femeilor a ridicat problema greutăților întâmpinate de femeile care își făceau datoria de cetățene, fapt care includea obligația de a fi eficiente ca salariate, dar și ca mame. Acest grup și-a exprimat îngrijorarea cu privire la politicile pronataliste ale regimului. Conducerea de partid a ignorat obiecțiile lor și a continuat nestânjenită programul împotriva avortului (Popa 2016). Deși formal erau egale cu bărbații, femeile au continuat să câștige mai puțin decât ei și aveau mai puține oportunități de a practica profesii bine plătite, dominate de bărbați, sau de a avansa în carieră (Pasti, 2003, Jinga 2015). Dat fiind că trăiau într-un stat care a legiferat acest comportament duplicitar, părerile pe care și le-au format femeile ilustrează resemnarea în fața dublei zi de lucru: „Cred că o femeie poate lucra 20 de ore din 24... Nu cred că un bărbat își poate asuma aceleași responsabilități“ (D.L., 55 de ani).

Regimul a creat noi oportunități de muncă și programe de sprijin pentru femei, incluzând concediul de maternitate plătit. De asemenea, a oferit gratuit acces la grădinițele pentru copii, plasate în cartiere sau pe lângă fabrici, precum și la o serie de produse și servicii care au ușurat munca în gospodărie – spre exemplu, mașinile de spălat sau serviciile curățătoriilor chimice, la prețuri rezonabile (Massino 2007; Smith 2014). Deși repondentele noastre au recunoscut că aceste bunuri și servicii au fost disponibile, nu le-au asociat regimului comunist. Au considerat că facilitățile respective, care le ușurau dubla zi de muncă, au fost obținute pe merit. Nu le vedeau ca pe niște beneficii speciale, cum de altfel nici nu erau.

În pofida acestui progres, Codul muncii din 1972 (Capitolul 1, art. 14) a introdus noi forme de inegalitate de gen între bărbați și femei, în calitate de salariați: „Femeii i se asigură largi posibilități de afirmare în condiții de *deplină egalitate socială cu bărbatul* [subl. n.], beneficiind, la muncă egală cu acesta, de o retribuție egală, de măsuri speciale de ocrotire. Femeii îi este garantat dreptul de a ocupa orice funcție sau loc de muncă, în raport cu pregătirea sa, pentru a-și aduce contribuția la dezvoltarea producției materiale și a creației spirituale, *asigurându-i-se totodată condițiile necesare pentru creșterea și educarea copiilor* [subl. n.]“ (Marea Adunare Națională 1972).[1] Așadar, deși regimul pretindea că acționează în concordanță cu principiile egalității de gen, Codul muncii le încredința femeilor responsabilitatea exclusivă pentru creșterea și educația copiilor. Această lege trebuie înțeleasă în contextul politicilor pronataliste adoptate după 1966. Statul dorea ca femeile să nască și să crească mai mulți copii și se folosea de aceste măsuri pentru a-și atinge scopul. Astfel, statul reimpunea rolurile de gen tradiționale, în loc să avanseze noțiunile marxiste despre egalitate

1. Un argument similar privitor la politicile de gen a fost promovat de regimul comunist din Germania de Est la începutul anilor 1970 (Ferree 1993).

(Engels 1902).[1] Legea surprinde paradoxul „emancipării" femeilor în timpul comunismului, deoarece Codul muncii le forța să accepte paternalismul exercitat de stat pentru a beneficia de drepturi egale la locul de muncă. Deși unele femei au încercat probabil să folosească legea în avantajul lor în privința noilor oportunități de angajare, prevederile respective i-au eliberat formal pe bărbați de responsabilitățile gospodărești.[2]

Așa cum o serie dintre intervievatele noastre ne-au reamintit, faptul că femeile au avut slujbe mai prost plătite sau și-au luat concedii prelungite pentru a se îngriji de copii a avut consecințe pe termen lung. De exemplu, femeile au avansat profesional mai greu și au avut pensii mai mici decât bărbații. Așadar, cerințele vieții petrecute acasă, făcând muncă neplătită, au avut drept rezultat direct o putere economică scăzută, atât pe perioada serviciului, cât și după

1. Nici o lege anterioară nu a atribuit responsabilități părintești exclusiv femeilor. Nici un studiu nu a evidențiat faptul drept un rezultat explicit al politicii regimului comunist. Deși, în mod tradițional, femeile se îngrijeau de copiii mici și până la instaurarea regimului comunist, autoritatea parentală și responsabilitatea legală pentru minori cădeau în sarcina taților. De exemplu, numai bărbații puteau fi numiți custozi legali ai copiilor (Bucur 2017; Rădulescu *et al.* 1962). În cele din urmă, legea le-a recunoscut și femeilor drepturi părintești, dar numai dacă erau independente economic, o raritate înainte de 1932 (Alecsandru [1865] 2011). Eugenia a fost singura ideologie precomunistă care a accentuat rolul matern al femeilor (Bucur 1995). Deși programele eugenice au avut (programatic) în vedere sănătatea și bunăstarea socială (cu importante implicații etno-rasiale), acestea nu au încercat să modifice drepturile cetățenești și pe cele de proprietate ale mamelor.

2. Jill Massino (2007) a analizat campaniile publice menite să îi încurajeze pe bărbați să ajute la treburile gospodărești. Totuși, aceste campanii, promovate doar în revistele pentru femei, au fost lipsite de ecou și eficiență. Le-au lăsat pe femei să inițieze singure schimbări acasă și nu au oferit imbolduri care să îi determine pe bărbați să își modifice comportamentul pasiv în gospodărie.

pensionare. Deși intervievatele noastre erau conștiente de situație și prin urmare nemulțumite de starea de fapt, rareori au înțeles în mod explicit problema ca pe o formă de inegalitate de gen instituționalizată de regimul comunist.

Puținele noastre intervievate care nu aveau copii s-au ocupat în general de îngrijirea, fără plată, a rudelor mai în vârstă sau a altor membri ai familiei. În consecință, și ele s-au confruntat cu dubla zi de muncă. În cazuri rare, soții le-au oferit sprijin semnificativ la treburile gospodăriei. Totuși, aproape toate repondentele au discutat pe larg despre presiunea resimțită în urma muncii la serviciu și acasă, fapt remarcat în general de cercetătorii care au considerat dubla zi de muncă o condiție specifică traiului femeilor în secolul XX (Ghodsee 2004; Einhorn 1993; Elliott și Moskoff 1983; Păunescu 2012).

> Mă întorceam de la servici[u], și, vă zic din nou, încă mă mai minunez cum de eram în stare să fac toate treburile astea în jurul casei. Veneam de la servici[u], pregăteam masa de seară, sau o pregăteam dinainte să plec la serviciu, ca să fie gata când mă întorceam. Treburile casei constau din gătit, spălat, curățenie; făceam toate astea și niciodată nu terminam. (D.D., 84 de ani)

> După serviciu trebuia să fac toată treaba în casă... Apoi au venit copiii. Trebuia să îi duc la grădiniță, să-i iau de la grădiniță, să mă duc la serviciu, să vin înapoi. Multe s-au schimbat. Trebuia să lucrez fără întrerupere; nu puteai să zici: „Am acum puțin timp liber să citesc". Mai aveam timp liber pe la 10-11 noaptea sau la miezul nopții, când terminam treaba în casă; de-abia atunci puteam să citesc o carte sau să fac altceva. (D.L., 63 de ani)

În general, repondentele ne-au spus că membrele mai în vârstă ale familiei (mame, soacre sau bunici) au fost singurul lor sprijin. Aceste povestiri au evidențiat feminizarea responsabilităților părintești, a muncii în gospodărie și la câmp – de obicei pe mici loturi de pământ, pe care oamenii le-au păstrat în perioada comunistă. Fiecare generație transmitea aceste norme generației următoare, încă de la o vârstă fragedă:

> Fata mea m-a ajutat la curățenie, la alte treburi gospodărești și la gătit... Soțul meu gătește când are chef, dar nu prea are chef în general. (A., 42 de ani)

> Mama m-a ajutat un timp, după ce l-am născut pe fiul meu; a luat-o pe fiica mea și a ținut-o câteva zile, dar după aceea am fost singură. (D.L., 63 de ani)

Au făcut femeile suficient pentru a chestiona sau a schimba normele de gen legate de casă și de îngrijirea celor apropiați? Unele dintre intervievatele noastre au caracterizat participarea bărbaților la treburile casei drept o implicare nedorită, iar una dintre ele a menționat cum a transmis acest mod de gândire copiilor ei (E.M., 64 de ani). Altele, în lipsa ajutorului din partea soțului, s-au simțit nevoite să accepte această situație. Pe scurt, persistența dublei zile de lucru la femei nu se naște din lipsa conștientizării sau din lipsa aspirației pentru roluri domestice echitabile. Femeile au trebuit să se confrunte mai degrabă cu un set puternic de norme culturale care le-au multiplicat și impus rolurile pe care le aveau de îndeplinit (Elliott și Moskoff 1983). Mai mult, statul comunist a instituționalizat aceste norme prin legislație.

Pe măsură ce discutau despre viața cotidiană, repondentele noastre au susținut că femeile tindeau să aibă mult mai puțin timp liber decât bărbații. Un studiu recent a confirmat această opinie. Acesta evidențiază că, în 2015, femeile petreceau în medie 26 ore pe săptămână muncind fără plată în casă, în timp ce bărbații petreceau numai 9 ore (Comisia Europeană 2017). Cu alte cuvinte, bărbații au săptămânal cu 17 ore mai mult timp liber sau mai mult de 2 ore pe zi. Rezultă astfel că femeile au mai puţin timp să se pregătească pentru a putea promova în meserie şi mai puţin timp să îşi cultive interesele personale sau civice ori să dezvolte legături cu unele comunităţi, dincolo de spaţiul restrâns de la serviciu.

În acelaşi timp, discuţia interlocutoarelor noastre cu privire la abilităţile lor, scopurile profesionale sau preferinţele personale a evidenţiat faptul că dubla zi de muncă le-a făcut mai flexibile, mai eficiente şi mai reflexive. De asemenea, le-a învăţat să se ocupe de mai multe proiecte în acelaşi timp. Totuşi, pentru că nu aveau deloc timp liber, problemele zilnice stringente le-au împiedicat să urmeze unele scopuri profesionale pe termen lung. Multe dintre intervievate, indiferent de nivelul de educaţie şi de profesie, au considerat că sunt prinse între ciocan şi nicovală:

> Î: Sunteţi mulţumită de locul de muncă?
> R: Da. Am avut nişte ocazii să fiu promovată, dar le-am refuzat din cauza responsabilităţilor familiale, am avut grijă de bunica mea şi apoi de mama mea... Am refuzat acele oferte şi am rămas aici, unde mi-am îndeplinit obligaţiile de administrator şi judecător. (D.L., 55 de ani)[1]

Femeile din România au făcut faţă schimbărilor şi dificultăţilor secolului XX rezolvând probleme, aplanând conflicte acasă sau la serviciu, în mod constant, şi administrându-şi timpul cu iscusinţă, profitând de fiecare moment liber. Astfel au reuşit femeile să aibă succes în domenii ce nu le erau accesibile odinioară. Cu toate acestea, angajatorii, soţii şi politicienii continuă să le subevalueze realizările şi să ignore dubla zi de lucru.

1. D.L. (55 de ani) avea multe cărţi de referinţă privitoare la principalele teorii politice feministe în bibliotecă. Acest fapt explică parţial feminismul ei politic explicit.

Alegerea profesiei: muncă și vocație

Eliminarea limitărilor de gen din timpul regimului comunist, din aproape toate domeniile, incluzând armata și poliția, a constituit o importantă schimbare de sistem. Până în 1945, majoritatea organizațiilor profesionale, precum baroul, aveau restricții de gen foarte clare, ce nu le permiteau femeilor să treacă examenul de atestare profesională. Deși femeile se puteau specializa în universități sau în alte instituții de învățământ și puteau chiar să îi întreacă pe colegii lor bărbați, practicile sexiste le împiedicau să avanseze pe plan profesional (Văcărescu 2014).

În timpul regimului comunist, orizonturile femeilor s-au schimbat în mod radical, odată cu percepția asupra propriilor valori și competențe. Au ajuns să fie apreciate pentru dezvoltarea lor profesională și s-au prețuit ele însele datorită alegerilor făcute. Puține dintre interlocutoare le-au mulțumit părinților sau profesorilor pentru că le-au îndrumat spre cariera potrivită. În schimb, s-au concentrat asupra modului în care experiențele profesionale le-au conturat identitățile ca femei și cetățene. Răspunsurile lor indică faptul că opiniile femeilor privitoare la rolurile publice de gen s-au schimbat în mod radical în cursul secolului XX.

Prima generație de repondente, cea care a crescut în general în zonele rurale, adesea în condiții grele, a avut un orizont profesional extrem de limitat. În 1945, mai puțin de 20% din numărul total al femeilor lucra într-un domeniu plătit, altul decât agricultura, iar procentul era și mai mic pentru profesiile care presupuneau pregătire de specialitate. Pentru aceste femei, oportunitățile educaționale și profesionale la care au avut acces după anii 1940 și 1950 au reprezentat o ruptură totală față de trecut, lăsând în spate o viață de muncă în agricultură pentru a deveni, spre exemplu, profesoare sau radioloage:

> Mi-am ales locul de muncă pentru că... mi-a plăcut foarte mult să ajut. Dar cum m-am hotărât? Când eram mică, [dar] și în adolescență, am vrut să devin judecătoare sau profesoară de geografie sau istorie. Dar ideea e că, tot când eram mică, visam să mă fac călugăriță... Mi-am zis că, dacă eram băiat, puteam să merg la seminarul teologic și să mă fac preot. Și, după toate acestea, am ajuns să lucrez în domeniul sănătății publice. Și totul s-a întâmplat din cauza unui film american. Era despre luptele dintre americani și japonezi și acolo am văzut cum arătau un spital și o secție de radiologie. Așa că am hotărât să mă duc să fac școală pentru asta. (D.D., 84 de ani)

Deși a crescut într-o vreme când femeile nu puteau deveni judecătoare sau preoți, această repondentă și-a imaginat o carieră care nu semăna deloc cu situația mamei sau a bunicii ei. Deși nu și-a împlinit niciodată visele din copilărie, ea își privește profesia ca pe o vocație și ne-a precizat că ar face același lucru dacă ar putea să o ia de la început. A vorbit despre alegerile ei profesionale cu mândrie și satisfacție, ca despre elemente definitorii pentru ea ca persoană.

Femeile din generația de tranziție ne-au vorbit în termeni și mai îndrăzneți despre aspirațiile lor profesionale și despre carierele pe care le-au construit. Deși aceste femei s-au ghidat câteodată după visele din copilărie, alegerile lor s-au legat mai degrabă de noua economie, deschisă femeilor, drept care erau acceptate în toate domeniile:

> Inițial am vrut să mă fac profesoară de engleză. Îmi plăceau limbile străine și deja începusem să studiez engleza... Eram hotărâtă să fac asta, până când o prietenă de-a mea m-a dus la biroul tatălui ei, adică la spital. Era șef de secție și avea un birou impunător... omul însuși, în halat... și ca persoană... m-a impresionat foarte mult. În plus, mai văzusem niște filme... Așa că am virat spre

> medicină, deși nu știam prea multe despre asta și nici nu aveam pe cineva în familie în profesia asta... După trei ani ca medic internist, puteai să rămâi acolo ca medic de familie... Dar, când am terminat, s-a dat un examen de specializare, așa că am ales-o pe cea mai bună, pneumologia... Așa mi-am ales specializarea. (M.F., 55 de ani)

Așadar, această repondentă și-a ales cariera după ce a fost expusă unui nou mediu. Lipsa unor restricții clare privitoare la alegerile profesionale ale femeilor a contribuit la decizia ei. Retrospectiv, ea a văzut această alegere drept una norocoasă, care i-a conturat viața și i-a adus provocări, dar și oportunități, de care s-a bucurat nespus.

Obstacole structurale împotriva egalității economice de gen

Șansele la educație s-au înmulțit odată cu dezvoltarea și diversificarea economiei românești. Pe măsură ce populația urbană din județul Hunedoara a crescut de la aproximativ 50.000 în 1948 la peste 350.000 de locuitori în 1970, numărul de locuri de muncă din toate industriile și din zona de servicii a crescut exponențial. Totuși, în același timp, atingerea obiectivelor profesionale a devenit tot mai dificilă. M.F., repondenta citată mai sus, a evidențiat o serie de considerente de care femeile trebuiau să țină seama când își alegeau profesia, în anii 1970.

În primul rând, admiterea la facultate a devenit mai competitivă. Pe măsură ce tot mai mulți oameni aveau diplome de liceu, numărul candidaților la admitere în universități a crescut. Mai mult, o nouă clasă de secretari de partid, indivizi care aparțineau primei generații care avansase la conducerea PCR, își foloseau cunoștințele și legăturile pentru a se asigura că fiii și fiicele lor sunt admiși în universități. Câteva dintre repondente ne-au povestit cât de nemulțumite au fost când au picat la facultate după primul examen și uneori chiar și după al doilea. Au atribuit nereușita faptului că nu aveau relații (C.P., 48 de ani). În plus, pentru că mult mai mulți bărbați decât femei au devenit membri de partid și ocupau funcții de conducere în PCR, unele femei puteau să își aranjeze admiterea la facultate prin tații sau soții lor.

O altă problemă pe care au ridicat-o repondentele se referă la modul în care se făceau repartițiile guvernamentale la locul de muncă, după absolvirea facultății. Accesul femeilor la educație a creat mai multe oportunități de muncă remunerată. Totuși, comisiile controlate de PCR repartizau posturile existente absolvenților de facultate. Adeseori, îi repartizau pe bărbați și pe femei în funcție de rolurile tradiționale de gen: bărbații primeau posturi care să le permită să aducă salariul de bază în casă și să avanseze în funcții, în timp ce femeile primeau posturi cu program mai flexibil, mai modest plătite, care le permiteau să își îndeplinească obligațiile de mame și de soții. Aceste practici contraziceau în mod evident egalitatea de gen garantată de Codul muncii.

Mai mult, în ciuda criteriilor standard de distribuție, natura discriminatorie, în funcție de gen, a acestor repartizări însemna că femeile aveau mai puține posibilități de progres financiar. Organizarea acestor comisii (de exemplu, o comisie alcătuită preponderent din membri bărbați opta pentru un coleg de sex masculin mai degrabă decât pentru o colegă femeie), precum și abilitatea familiei de a-i influența/corupe pe membrii comisiei influențau deciziile respective. Și în acest caz, anumite păreri despre ce era „potrivit“ să facă un tânăr bărbat sau o femeie dictau alegerile familiilor atunci când se implicau în aceste practici de corupție, foarte răspândite. O repondentă ne-a oferit un exemplu grăitor despre aspectele de gen implicate în distribuirea locurilor de muncă:

> Am terminat electronica industrială. Pe vremea aceea se făceau repartiții... [La liceu] am fost în a doua promoție de electronică din Deva... Și când am primit repartizarea la „Victoria“, în Călan, mi s-a spus că acolo nu primesc femei, pentru că numărul bărbaților este mult mai mic decât ar trebui să fie și că numărul lor [al femeilor] este prea mare pentru o fabrică de industrie grea. (M.S., 48 de ani)

În mod clar, angajatorii aveau abordări normative în privința raportului de gen pentru anumite posturi („Numărul bărbaților este mult mai mic decât *ar trebui* să fie“). Discriminări asemănătoare, în funcție de gen, îi ghidau uneori și pe părinți. Aceeași repondentă a menționat și alți factori, precum relațiile familiei cu unii membri din comisia de repartizare și preferințele exprimate de părinți cu privire la serviciul copiilor. În această situație, părinții repondentei au refuzat să o lase să meargă la școală prea departe de casa lor, iar mai târziu au făcut presiuni asupra ei ca să accepte o slujbă în apropiere. Repondenta și-a explicat reacția lor ca pe o consecință a faptului că nu credeau că s-ar fi descurcat singură la fel de bine ca un bărbat și a faptului că trebuia să aibă grijă de ei la bătrânețe. În consecință, era nevoie de un serviciu apropiat de casă.

Indiferent de strategiile și motivațiile comisiilor de selecție profesională, femeilor le-a fost mult mai greu să aibă acces la prima opțiune. În plus, în mod tradițional, salariații rămâneau, de regulă, în același serviciu de-a lungul întregii cariere. Toate acestea, adăugate inegalităților de gen inerente în repartizarea posturilor, ridică semne de întrebare atât în privința adevăratei puteri pe care o aveau femeile, cât și în privința mult slăvitei egalități de gen din timpul regimului comunist.

Unele dintre repondente ne-au vorbit direct despre inegalitățile de gen de la locul de muncă. Ele au menționat că promovarea și politicile compensatorii se făceau urmărindu-se două niveluri de salarii:

> Din start, bărbații nu le prețuiesc pe femeile din acest domeniu [al sportului profesionist] și, chiar dacă ești deja în acel mediu, nu poți avansa. Șefii... cum te aleg? Poate că ești mai bună, ai relații, îi spionezi pe alții... Ai impresia că te place, nu ca să te ia de amantă, ci profesional. De multe ori am avut impresia că, dacă voiam să rezolv o problemă, trebuia să fiu de zece ori mai bună decât un bărbat. Nu mă duc să beau cu ei, nu mă culc cu șeful meu, deci cum pot să-mi rezolv problemele? Pentru că asemenea treburi [legate] de avansarea profesională se rezolvă de obicei la astfel de chermeze. (L.M., 49 de ani)

> Noi, femeile, am avut mereu salarii mai mici decât bărbații; ei [administrația] spuneau că noi nu muncim la fel de mult ca ei și că este ghinionul nostru că suntem femei... Nu este nici o egalitate și nu a fost nici înainte [de 1989] și nu este nici acum între femei și bărbați. Tot timpul se face o diferență dacă ești femeie. Nu contează că sunt femeie, dacă am aceeași specializare și capacitatea să lucrez cât tine [ca bărbat] sau chiar mai mult decât tine; lasă-mă să mă dezvolt profesional. (D.L., 63 de ani)

Unele dintre repondente ne-au vorbit despre faptul că au acceptat realitatea inegalității de gen. Altele ne-au spus că au încercat să combată acest tip de obstacole și să rezolve inechitățile economice sau personale.

Una dintre intervievate a crescut într-un sat mic. Familia a trimis-o în orașul Hunedoara, la școală, în anii 1940. După ce a absolvit o școală pedagogică, i-a fost repartizat un post într-un sat îndepărtat. Această experiență i-a adus o lecție grea, tânăra învățătoare fiind forțată să locuiască fără sprijinul familiei, într-un mediu neprietenos. Nu avea apă curentă și nu exista electricitate; drumurile nu erau pavate și nu exista transport în comun:

> Am lucrat în două sate, în fiecare pentru un an, în județul Hunedoara, și apoi într-un sat lângă [orașul] Hunedoara, unde am lucrat timp de șapte ani; de fapt, acolo am ajutat la construirea școlii. Am luat parte la tot: [la] colectivizare, am ajutat la educația oamenilor... [le-am vorbit] despre cooperativele agricole de producție (CAP-uri). Vara lucram pe combină [la câmp] și făceam muncă culturală voluntară cu tinerii... La școală am lucrat câțiva ani singură; trebuia să rezolv totul singură, de la director la administrator – totul, în afară de femeie de serviciu. (E.B., 77 de ani)

Condițiile de muncă foarte grele nu i-au permis acestei învățătoare să aibă grijă de copilul ei nou-născut, în special pentru că nu se putea baza pe ajutorul soțului ei, care avea adeseori izbucniri violente. Și-a trimis fata să locuiască cu mama ei, în satul natal. Își vizita copilul numai când avea timp liber și mijloace de transport. Ca multe dintre mamele muncitoare cu copii mici, ea s-a bazat în creșterea copilului pe rudele de sex feminin (mama și bunica), nu pe stat.

După ce a făcut dovada calităților ei manageriale în soluționarea problemelor, repondenta noastră a găsit în cele din urmă un post de învățătoare în orașul Hunedoara. A lucrat acolo până la pensionare. O altă intervievată ne-a spus o poveste asemănătoare despre naveta pe care a făcut-o între Hunedoara și un sat din apropiere, ani de zile, înainte să se transfere la o școală din oraș (E.O., 64 de ani). Aceste femei nu au fost animate de scopuri explicit feministe, precum puterea financiară, atunci când și-au schimbat slujbele, chiar dacă alegerile lor le-au condus la o autonomie personală și financiară crescută. Aceste experiențe le-au făcut pe femei să îşi piardă încrederea în stat, care le discrimina şi nu oferea servicii adecvate mamelor active profesional, deşi pretindea că îndeplineşte această cerinţă.

Profesiile femeilor

Le-am întrebat pe toate participantele noastre despre normele de gen în raport cu anumite categorii de profesii. Deoarece o membră a grupului nostru de cercetare lucrează pe tema normelor de gen în cadrul forţelor de securitate (Cristina Rădoi), am pus întrebări specifice despre armată şi poliţie. Femeile au putut să se înscrie în armată în aceleaşi condiţii cu bărbaţii de-abia în 2007. Deşi pe hârtie atât armata, cât şi poliţia acceptau din ce în ce mai multe femei, în aceste profesii nu se înlăturase complet segregaţia pe bază de gen în 2009. Am sperat să folosim întrebările privitoare la aceste domenii pentru conturarea unui studiu de caz sau ca pe o posibilitate de a sonda atitudinile repondentelor: aprobă afirmaţia potrivit căreia anumite profesii sunt în mod „natural" dedicate bărbaţilor?

Deşi unele dintre repondente nu au fost de acord ca femeile să ia parte la confruntări armate, au considerat, indiferent de vârstă, că prezenţa femeilor în cadrul forţelor de apărare a ţării este un lucru pozitiv:

> Î: Ce părere aveţi despre femeile din armată sau poliţie?
> R: Foarte bună, pentru că mulţi ani acestea erau zone în care femeile nu aveau acces şi e o meserie grea, dar totuşi femeile sunt capabile să o facă. Femeile probabil dau dovadă de mai multă înţelegere, sunt mai organizate, mai insistente, mai încăpăţânate să obţină ce vor. (A., 42 de ani)

> Î: Credeţi că anumite profesii sunt mai potrivite pentru femei?

R: Nu, nu cred. Femeile sunt capabile să facă aceleași meserii ca și bărbații.
Î: Ce credeți despre femeile din poliție sau armată?
R: E OK. Sunt femei care au primit o educație foarte bună și locul lor este acolo. Nu vorbesc numai despre forță fizică, ci [și] despre inteligență. Și despre ceea ce știu, ceea ce pot realiza cu abilitățile și inteligența lor, așa că de ce nu? (M.M., 35 de ani)

Aceste repondente au fost de părere că discriminarea de gen este greșită și au lăudat decizia femeilor de a îmbrățișa aceste profesii. Au respins preconcepțiile despre forța fizică sau rezistență ca simple pretexte pentru a le exclude pe femei. În plus, ele au observat că anumite trăsături preponderent feminine, precum abilitățile de organizare, empatia și tenacitatea sunt folositoare pentru o carieră în poliție sau în armată. Nici una dintre repondente nu a identificat eroismul sau curajul drept trăsătură „masculină", care le lipsește femeilor. Atitudinea lor este de-a dreptul remarcabilă, deoarece mass-media și armata folosesc în continuare un limbaj exclusiv masculin atunci când se referă la aceste profesii.[1]

În schimb, unele repondente cred că bărbații sunt mai puțin capabili să ducă la bun sfârșit servicii îndeplinite tradițional de femei. „Guvernantă... Nu știu exact, dar sunt locuri de muncă care nu ar fi pe placul bărbaților. Unele dintre ele presupun atenție la detalii și răbdare. Educator la grădiniță, de exemplu, mi se pare ceva foarte nepotrivit pentru un bărbat" (A., 42 de ani). Aceste intervievate au evidențiat caracteristici care credeau că le lipsesc bărbaților –

1. Atât mass-media, cât și armata fac referire la gradele militare exclusiv la genul masculin, de la soldat la general, chiar și atunci când este menționată o femeie („O femeie militar în Irak și Afganistan", *Unica*, 30 noiembrie 2009, https://www.unica.ro/femeie-militar-irak-afganistan-1994).

răbdarea, empatia și atenția la detalii. În ansamblu, repondentele noastre au fost de părere că toate profesiile puteau prezenta atât dificultăți, cât și aduce satisfacții, atât bărbaților, cât și femeilor.

Deși orizonturile femeilor s-au extins din punct de vedere al aspirațiilor profesionale, ca și cele ale fiicelor lor, o carieră plătită care are la bază îngrijirea/creșterea și educarea celorlalți este încă foarte atrăgătoare pentru femei și le oferă satisfacții. Vasta bibliografie privitoare la unele seturi de abilități bazate pe gen evidențiază faptul că modelele din copilărie și educația conturează direcția în viață și scopurile profesionale (Chodorow 1999; Gilligan 1993; Jeffee și Hyde 2000). După cum am arătat în capitolul despre copii, femeile sunt principalele îngrijitoare și educatoare în familie.

Femeile și-au transferat abilitățile de îngrijitoare în abilități profesionale specifice. Pentru multe dintre repondente, acest fapt s-a tradus în grija pentru oameni și mediul de lucru și în dorința de a transforma locul de muncă într-o comunitate:

> R: În prezent, președinta Federației [de Tenis] este o femeie și are mare respect pentru femei.
> Î: Simțiți că s-a schimbat ceva de când este ea în funcție?
> R: Da, s-au schimbat foarte multe.
> Î: În ce fel?
> R: Este o relație mai prietenoasă între cluburi și Federație. Dacă suni, răspunde cineva,vorbesc cu tine; cu alte cuvinte, ele [cluburile] plătesc [ca] să existe, dar [înainte] se purtau de parcă ele ne țineau pe noi. (L.M., 49 de ani)

Pentru alte femei, grija a însemnat asumarea rolului de lider, conducându-i în mod subtil pe alții, impunând autoritate și disciplină: „Mi-a plăcut să ajut... Am vrut să fiu un exemplu bun. Pentru mine munca era, ca să zic așa, litera legii. Nu mi-a plăcut să ignor regulile locului, am încercat să le insuflu și colegelor mele același spirit. Ca să își facă treaba cum ar trebui“ (D.D., 84 de ani).

Femeile au subsumat o multitudine de abilități transferabile, sub umbrela îngrijirii și a grijii, incluzând capacități considerate utile în profesii foarte variate, de la medicină la armată. Aceste abilități, cred ele, le lipsesc cu desăvârșire politicienilor bărbați. Totuși, abilitățile respective nu le-au adus creșteri de salarii sau promovări proporționale cu eforturile și realizările lor, un aspect important al dezechilibrului de gen din societatea românească.

Pensionarele: sărăcie și bătrânețe

Multe femei din România consideră pensionarea drept o perioadă de stres, nu de odihnă. Pensionarele se îngrijesc de copii gratis și le ajută pe femeile angajate activ în muncă la alte treburi în gospodărie. Intervievatele de toate vârstele ne-au vorbit despre așteptările lor sociale; se pare că ele aprobă acest tip de muncă neplătită. Alte repondente s-au referit la aspecte legate de unele probleme sociale și de sănătate, specifice vârstei senectuții. În particular, ele au observat că, după ce au părăsit locul de muncă, rețeaua lor socială s-a restrâns, iar abilitățile și mintea lor nu au mai fost solicitate:

> Î: Cum v-ați simțit după pensionare?
> R: A fost stresant... când mergi la serviciu e diferit; ai cu cine să stai de vorbă. (D.L., 63 de ani)

Pentru alte pensionare a însemnat o scădere drastică a puterii financiare. Consecințele pensionării în România diferă în mod semnificativ pentru femei și pentru bărbați. În toată perioada comunistă și chiar și azi, când vârsta de pensionare poate să fie egală, femeile se pensionează, în medie, cu cinci ani mai devreme decât bărbații.[1] Dacă părăsesc serviciul când sunt încă în vârful potențialului lor de câștig, acest fapt se reflectă într-o pensie micșorată. Totuși, în acești cinci ani, pensionarele le ajută pe femeile mai tinere (de obicei, pe fiicele sau nurorile lor) cu creșterea copiilor și se implică în alte forme de muncă neplătită în gospodărie, acoperind la nivelul nevoilor societății un gol pentru care conducerea politică nu a găsit soluții. Acesta constituie un punct sensibil pentru repondentele noastre, așa cum vom arăta în capitolul următor.

Prin urmare, din cauză că femeile sunt mai longevive decât bărbații, ele trăiesc din pensie și din economii un timp mai îndelungat, fapt ce prezintă un risc crescut de a se confrunta cu sărăcia, o situație care accentuează dependența lor economică de alte persoane. E.B. (77 de ani), fostă învățătoare, ar fi putut să ceară pensia de văduvă când soțul său, fost ofițer, a murit. La început a refuzat, dar, după ce a trăit cinci ani chinuindu-se, doar din pensia ei, a făcut o cerere. A primit o sumă aproape dublă, ca pensie de urmaș după soțul ei, colonel în armată, față de pensia pe care o primea după cei aproape 40 de ani lucrați în învățământ. Era supărată și întristată: „Dar am muncit 38 de ani; nu am stat acasă. Am și eu drepturi după atâția ani".

Ultimele statistici ale guvernării din România evidențiază faptul că, în medie, la fiecare categorie de venit, femeile primesc pensii mai mici decât bărbații. Pentru persoanele aflate sub limita sărăciei, cele mai numeroase, există o diferență de 15 procente (Ministerul Muncii 2013). În ciuda acestui fapt, unele femei care trăiesc în sărăcie continuă să își sprijine copiii din veniturile lor mici.

1. Conform noii Legi privind sistemul unitar de pensii, intrată în vigoare la 9 iulie 2019, vârsta standard de pensionare este de 65 de ani pentru bărbați și 63 de ani pentru femei.

Mai mult, din cauza modului în care a funcționat agricultura colectivizată în timpul comunismului, unele femei care au muncit o viață întreagă primesc doar pensia minimă.[1] O repondentă ne-a explicat că, nereușind să îndeplinească cota familiei (cotă care viza patru adulți angajați în muncă), nu s-a calificat pentru pensie:

> R: Am muncit numai la țară, pe câmp, la vie, am săpat porumb, ce era nevoie.
> Î: Aveți o pensie?
> R: Nu, pentru că nu mi-am făcut cota, [ca] să am o pensie. Și după aceea ne-am mutat la Hunedoara...
> Î: Ce erau aceste cote?
> R: Era o cotă de porumb, o cotă la vie... [de] unul singur nu puteai să le faci – îți cereau să faci mai mult decât puteai. Și, după aceea, ne-am mutat la Hunedoara; bineînțeles că nu am putut să adun toate punctele sau ce era nevoie ca să primesc pensie.
> Î: V-ați fi căutat serviciu dacă aveați ocazia?
> R: Bineînțeles – acum aveam și eu o pensie. (A.G., 74 de ani)

Sărăcia printre femeile în vârstă este o criză nerecunoscută și nerezolvată până acum pe calea politicilor sociale. Parlamentul nu a abordat această problemă prin noi măsuri legislative. Un raport recent explică legătura dintre discriminarea economică și sărăcia femeilor după pensionare, dar nu oferă nici un proiect cu soluții viabile pentru România.[2]

Femeile recunosc criza existentă și au improvizat mijloace ca să îi facă față, lucrând pe piața neagră sau renunțând la

1. În 2016, ele primeau 350 RON sau $ 95 pe lună.
2. „Raport“, accesat la 6 mai 2018, http://www.europarl.europa.eu/sides/getDoc.do?pubRef=-//EP//TEXT+REPORT+A8-2016-0153+0+DOC+XML+V0//RO.

propriile lor pensii pentru a cere pensia de „urmaș", după pierderea partenerului. Totuși, fără ajutorul familiei, aceste femei nu s-ar descurca sau s-ar descurca doar în condiții de precaritate majoră.

*

Rata actuală a implicării active a femeilor în economie este de 56%. Femeile reprezintă același procent din populația activă aflată în câmpul muncii ca în 1930. Statisticile nu sunt încurajatoare. Totuși, după cum am arătat anterior în acest capitol, în spatele cifrelor se ascund povești mai nuanțate. Schimbări discrete sau mai bruște au influențat viețile femeilor și relația lor cu munca plătită. Dacă odinioară munceau cu precădere în mediul rural, acum lucrează în special în mediul urban, într-o multitudine de domenii – puțin sub 30% dintre femei lucrau în agricultură în 2013, puțin peste 20% lucrau în industrie, iar 50% lucrau în domeniul serviciilor. Trecerea de la munca în agricultură la prestarea de servicii reprezintă o schimbare bine-venită a condițiilor de muncă, a beneficiilor obținute și a stilului de viață. Mai mult, în anii 1990, când industriile care îi privilegiau pe bărbați erau în cădere liberă, în orașe precum Hunedoara femeile își țineau gospodăria lucrând în mai multe locuri, aveau grijă de soții lor deprimați și își îngrijeau și copiii (M. Miroiu 2004c).[1]

În ciuda decalajului salarial în funcție de gen, femeile au folosit munca plătită pentru a-și dezvolta abilități, rețele și resurse pentru ele și pentru familiile lor. Extinderea beneficiilor sociale din timpul comunismului, precum concediul de maternitate, serviciile de îngrijire a copiilor – gratuite

1. Rata șomajului din județul Hunedoara a scăzut semnificativ. În 2013 era de 5,8% pentru femei și 6,1% pentru bărbați (Institutul Național de Statistică 2013). Actualmente (în 2019) există un deficit de forță de muncă.

sau la prețuri rezonabile – și pensiile, le-a permis femeilor să urmeze țeluri profesionale ambițioase pe termen lung. Cea mai importantă moștenire a comunismului – care a influențat valorile etice ale repondentelor noastre cu privire la politică – este bazată pe experiența realizării personale și a puterii pe care le-a oferit-o munca plătită. Ele consideră că orice venit salarial, la fel ca orice funcție, trebuie să reflecte contribuția pe care o aduc oamenii prin munca lor. Aceeași relație dintre contribuții și beneficii (merite și funcții) se reflectă și în opiniile femeilor despre ce ar trebui să fie practicile cu adevărat democratice.

În prezent, cea mai neplăcută moștenire a trecutului rămâne dubla zi de lucru, care nu s-a schimbat. Femeile au încă mult prea puțin timp liber pentru a urmări obiective pe termen lung în carieră, odată ce au născut copii. Lipsa sprijinului public pentru creșterea copiilor la prețuri convenabile, după 1989, a complicat această problemă; femeilor le-ar fi aproape imposibil să avanseze profesional fără sacrificii personale sau ajutor semnificativ din partea mamelor, bunicilor sau altor membre ale familiei.

5
Comunitățile: dincolo de familie, dincoace de stat

Acest capitol este dedicat relațiilor femeilor cu vecinii, prietenii, congregațiile, comunitățile parohiale și alte asociații nonpolitice. Am încercat să înțelegem modul în care cele 101 repondente își definesc relațiile în comunitățile în care preocupările personale și cele publice se împletesc, în afara instituțiilor statului sau a familiei. În aceste spații, sfera personală își pierde caracterul privat, devenind în mod explicit publică, dar mediul respectiv este personalizat, fiindcă participarea în aceste grupuri este voluntară. Din perspectivă comunitariană, familia și comunitățile mici, formale sau informale, le permit indivizilor să socializeze și le oferă o infrastructură morală care contureează modul în care ei înțeleg binele comun (Etzioni 1995).[1] Pe scurt, aceste comunități joacă un rol-cheie în formarea autopercepției de cetățean/ă.

În capitolul de față ne-am concentrat asupra următoarelor întrebări: Cum inițiază și mențin femeile relațiile cu vecinii? Cum își fac și își păstrează prietenii? Cât de active sunt în parohia lor? În ce asociații de voluntari sau alte

1. Discuția noastră nu include instituțiile de învățământ, deoarece majoritatea școlilor generale și a liceelor sunt de stat (pentru aceste niveluri nu existau școli private în Hunedoara).

asociații sunt membre și cât de implicate sunt? Care este implicarea lor în asociațiile civice?

Cercetarea cantitativă la scară națională *Gen: Interese politice și inserție europeană*, coordonată de Mihaela Miroiu, ne-a oferit contextul discuției. Când au fost întrebați: „Cine vă reprezintă cel mai bine interesele?“, repondenții la acest chestionar național au răspuns, în ordine descrescătoare: eu, rudele mele, nimeni. Conform sondajului, administrația națională, autoritățile locale, parlamentul, sindicatele au avut o reprezentare scăzută. Asociațiile de voluntari apar foarte rar printre răspunsuri (CNCSIS 2006–2008, 58). Aceasta se explică parțial prin faptul că sunt puține organizații de acțiune civică, în special ONG-uri, în orașele mici și mijlocii. O absență notabilă o reprezintă organizațiile care promovează dreptatea socială și implicit, drepturile femeilor, pe cele ale minorităților rasiale, etnice și sexuale. În România, asemenea asociații există numai în orașele mari (Grünberg 2008; M. Miroiu 2015b; Vlad 2015).

Intervievatele noastre au plasat în genere responsabilitatea asigurării dreptății sociale în seama instituțiilor politice și au preferat să se implice, prin diverse activități și acte de caritate, în comunitățile informale. În plus, repondentele, chiar dispunând de resurse financiare foarte limitate, tind să se considere binefăcătoare, și nu beneficiare. Deși majoritatea intervievatelor noastre erau în mod clar conștiente de nedreptățile sociale existente, erau de părere că obligațiile lor civice de bază sunt susținerea ajutorului reciproc, implicarea în problemele de mediu și acțiunile caritabile. Cu alte cuvinte, se gândeau ce puteau rezolva practic, dar prea puțin la felul în care puteau participa strategic la corectarea nedreptăților.

Vecini și prieteni: spațiile comune și proprietatea personală

O scurtă istorie a locuințelor din regiunea Hunedoarei ne va ajuta să înțelegem opiniile repondentelor privitoare la vecinii lor și la lipsa de încredere față de oamenii din afara cercului familial. Politica de industrializare practicată de regimul comunist în primele două decenii de la preluarea puterii a condus la urbanizarea regiunii. În anii 1950–1960, oamenii locuiau în case sau apartamente aglomerate. Câteva familii (de obicei două, deși câteodată și un întreg etaj de locatari) foloseau în comun un mic spațiu de gătit și o baie/un lavoar (Mărginean 2015). Sheila Fitzpatrick (2000) a descris impactul pe care l-au avut condițiile de trai similare în Uniunea Sovietică. Socializarea forțată și lipsa intimității însemna că nimic nu era personalizat și nici privat. Respectarea intimității comunității, dar și a celei individuale era în descreștere, în timp ce sabotajul domestic, furtul, bârfa, cearta, agresiunea fizică și chiar delațiunile la Securitate crescuseră exponențial.

În anii 1970, regimul comunist a rezolvat criza locuințelor prin construirea unor cartiere întregi de complexuri cu apartamente standard. Aproape fiecare familie avea un apartament mic cu facilități de bază pentru îndeplinirea treburilor din gospodărie. După ce au fost siliți să folosească spațiul în comun, oamenii s-au izolat bucuroși în apartamentele lor. Femeile au continuat să colaboreze informal, în special în perioada lipsei alimentelor (1979–1989) (Massino 2009; Neculau 2004). Totuși, lumea din afara apartamentului, de pe holul blocului până în grădină, de la locul de joacă până în stradă, a devenit mai degrabă un spațiu al nimănui.[1]

1. Din motive economice și ideologice, statul comunist a încurajat traiul în apartamente de bloc și i-a descurajat constant pe oameni să-și construiască locuințe private, în care trăia câte o singură familie (Mărginean 2015).

Ceea ce în mod oficial aparținea tuturor a devenit responsabilitatea nimănui.

Statul avea în proprietate aproape toate blocurile. De-abia în anii 1980, când regimul și-a diminuat restricțiile și indivizii au căpătat acest drept și au avut o putere de cumpărare mai mare, proprietatea privată asupra locuinței a devenit o opțiune realistă. Participarea femeilor la munca salariată și accesul lor la credite acordate de stat au jucat un rol important în obținerea unor noi achiziții în familie. Proprietarii de apartamente au format asociații care ar fi trebuit să se îngrijească de spațiile comune. Totuși, aceste asociații nu urmăreau să faciliteze folosirea în comun a spațiului, ci mai degrabă să protejeze interesele rezidenților ca proprietari individuali. Drept rezultat, relațiile dintre vecini erau foarte delicate. Mai mult, când, la sfârșitul anilor 1980, statul întrerupea curentul electric și folosirea apei calde de la două până la patru ore pe zi, preocupările sanitare, estetice și ecologice legate de spațiile comune au dispărut cu desăvârșire. Asociațiile de proprietari au început să se preocupe de aceste aspecte numai după căderea comunismului (Stănculescu și Berevoescu 2004). Locuitorii satului Sîncrai urmau să fie transferați la blocuri, lângă Hunedoara, sau cel puțin așa li s-a spus sătenilor. Din acest motiv, lumea nu s-a mai ocupat de repararea caselor, a gardurilor și a drumurilor (M.M., 55 de ani).

O a doua familie: femeile în vârstă

Dintre repondentele noastre, majoritatea femeilor din generațiile tranziției și democrației aveau relații superficiale cu vecinii lor. În schimb, femeile generației comunismului au construit o comunitate împreună cu vecinii lor, în special cu cei de vârste apropiate.

Femeile din generația comunismului au trăit în aceleași locuințe zeci de ani. Au îmbătrânit împreună, în apartamentele lor învecinate, și multe sunt acum văduve. Ele au dezvoltat relații apropiate și uneori au colaborat pentru a-și păstra locuințele. Printre repondente a existat și un focus-grup alcătuit din opt femei în vârstă din Hunedoara. Cu o singură excepție, aceste femei erau pensionare. Cu excepția a două dintre ele, celelalte erau văduve. Copiii lor locuiau în general departe. Poate din cauza situației în care se aflau, femeile din grupul nostru nu au manifestat aceeași indiferență față de relațiile nonfamiliale pe care am observat-o la femeile mai tinere. Pentru aceste intervievate, vecinii înlocuiau familia: „Dumnezeu mi-a dat în ultimii ani zece vecini. Mi-a dat o a doua familie" (E.B., 77 de ani). Celelalte au fost de acord: „Da, ei sunt de fapt familia noastră de fiecare zi". Când vecinii au devenit o familie, blocurile și grădinile din jur s-au transformat cu adevărat în spații comune.

Deși se referă la un alt context cultural, rezultatele cercetărilor privitoare la comunități, întreprinse de către Elinor Ostrom și alți autori, ne oferă date foarte asemănătoare cu cele obținute de noi cu privire la atitudinea femeilor pe care le-am intervievat: când oamenii comunică direct unii cu alții, ei au tendința de a coopera (Axelrod 1981; Hardin 1968; Ostrom 1990, 1998). Angajamentele de reciprocitate au întărit relațiile dintre femeile generației comunismului; colaborarea le-a creat sentimentul apartenenței la comunitate. În acest caz, comunitatea este legată de locul de reședință (A. Miroiu și Golopența 2015).

A.A. (71 de ani), pensionară, dar încă activă, a menționat că are sentimentul responsabilității față de vecini:

> Nu îi înțeleg pe pensionarii care nu ies din casă să smulgă buruienile sau să facă altceva, pentru că, dacă eu fac ceva, altul face ceva, e mai bine pentru noi toți. Faci ce știi și

> ce te țin puterile; nu te pune nimeni să faci ce nu știi. Sapi puțin, cureți pământul... Vezi o floare uscată? Tai-o și arunc-o la gunoi! Este gunoi pe gard? Ia-l și aruncă-l! Nu e destulă inițiativă. Oamenii nu se implică; asta e. Nu pot să stau fără să fac nimic, zicând că sunt pensionară și că nu mă pot deranja. Și ce dacă ești pensionar? Faci ce poți!

Această atitudine voluntar-implicată caracterizează mica lor comunitate. Ele refuză să se limiteze și să se plângă de problemele existente. În schimb, acționează și îi încurajează și pe alții să le urmeze exemplul: „Scările de bloc și fațadele alea erau așa de urâte! Mi se părea că am pământ în ochi când mă uitam la ele. Așa că mi-am zis: «Hai măcar să-l aranjăm pe al nostru». Dar domnul B. a zis: «Hai să mergem la Consiliul Local să cerem bani de renovare». Ehe! I-am zis: «Până când ne dau ăia un răspuns, o să crească buruieni pe blocul nostru!» (E.B., 77 de ani). Domnul B., singurul bărbat implicat activ în treburile comunitare ale acestor femei, și-a exprimat autoritatea în felul lui. M.M. (55 de ani) și-a amintit că odată a cumpărat o pereche de foarfece speciale și a început să aranjeze gardul viu din jurul blocului: „Domnul B. m-a văzut de la geam. A venit și mi-a luat foarfecele din mâini, spunându-mi: «Asta nu e treabă de femeie!» Cred că a luat-o ca pe un afront personal împotriva bărbăției lui".

În general, bărbații conduc comitetele de bloc. Totuși, la fel ca în exemplul de mai sus, femeile își asumă adesea roluri informale de conducătoare. Organizează și de asemenea îndeplinesc munca de întreținere de care au toți nevoie:

> Î: Ați spus că președintele Comitetului de locatari era un bărbat. S-a implicat în renovarea clădirii?
> R: Deloc. Doar stă și bate din gură. Toată organizarea a căzut pe umerii lui G., ea este inima și sufletul proiectului, ea ne organizează, caută firme de renovări, strânge

> fonduri, caută soluții, îi supraveghează pe muncitori. O mai batem noi la cap, dar o urmăm, unul după altul. Și uite așa am reușit să renovăm prima clădire din împrejurimi. (E.O., 64 de ani)

Odată ce au terminat reparațiile clădirii, exemplul lor i-a inspirat și pe alții, iar vecinii din blocurile din preajmă au început să se organizeze. Femeile au văzut acest fapt ca pe o realizare colectivă:

> Când a venit primăvara, au venit jurnaliști de la ziarul local. Tocmai plantaserăm niște trandafiri și ne-am împodobit și pervazurile ferestrelor cu vase cu mușcate. Au filmat blocul și împrejurimile. Și, după aceea, ziariștii m-au sunat și m-au întrebat cum am făcut, ce am făcut și eu le-am zis ce a făcut fiecare dintre noi. Și ne-au zis: „Știți că sunteți unici în oraș, pentru că nu este nicăieri așa de frumos, cu clădirea renovată și flori la aproape toate ferestrele". După o lună ne-au sunat de la Primărie și ne-au dat o diplomă și un premiu în bani, pe care l-am folosit să cumpărăm bulbi și semințe de flori. (E.B., 77 de ani)

Unele dintre membrele cele mai active ale acestui grup aveau relații colegiale strânse, încă din tinerețe. Asemenea altor locuitori din prima generație mutată la oraș, ele trăiau departe de familie și au trebuit să-și construiască rețele de sprijin printre cei de aceeași vârstă și printre colegi. E.B. (77 ani), învățătoare, și-a amintit de colegele care i-au devenit prietene. Și-a amintit cum se ajutau unele pe altele în vremuri grele:

> Eram toți săraci, nu aveam mult, dar la fiecare două-trei săptămâni dădeam o petrecere unde ascultam muzică, ascultam discuri, cum era pe vremurile alea. Fiecare

> aducea ce avea pe acasă, sandviciuri, o prăjitură... ceva, chifteluțe... Colegele se ajutau unele pe altele... Dacă o colegă a avut un eveniment, o întâlnire sau trebuia să meargă la o nuntă și ne-a zis: „Nu am pantofi. Nu am rochie“, și noi toate am zis: „Vino la mine. Am eu ceva“. Ne îmbrăcam una pe alta. Era înțelegere.

Armonia la care se referă E.B. și alte participante pomenite mai sus are legătură cu marea penurie și omogenitate ce caracteriza viața cotidiană a generației comunismului. Acest aspect a fost important și în exprimarea părerilor privitoare la politica din timpul comunismului, un subiect pe care îl vom aborda în capitolul următor.

Încredere scăzută: generațiile mai tinere

În schimb, generațiile mai tinere sunt mult mai puțin legate de vecini. Deși poartă conversații politicoase cu ei, nu participă în mod activ la treburile comunității, plătindu-și doar factura la întreținere:

> Î: Cum vă înțelegeți cu vecinii? Apelați la ei când aveți nevoie de ajutor?
> R: În majoritatea timpului suntem la servici[u]. Rareori mergem la ei sau vin ei la noi. Nu prea ne implicăm în problemele legate de bloc, nici măcar când ne cheamă administratorul. Cine are timp curăță grădina primăvara și toamna și se îngrijește de spațiile blocului. Preferăm să contribuim cu bani. (E.M., 55 de ani)

M.V. (57 de ani) își salută vecinii, dar relațiile cu ei se termină aici: „Nu avem timp. Fiecare se duce la familia lui și avem lucruri importante de făcut“. Când au nevoie de ajutor, generațiile mai tinere preferă să ceară ajutorul părinților sau al copiilor adulți (C.B., 50 de ani).

Ruth Lister (2003), în continuarea lui Carole Pateman (1989), descrie „izolarea în spirală a femeilor" în viața de familie. Într-un mediu perceput drept ostil, femeile tind să transforme căminul în principalul centru al vieții lor, chiar dacă au slujbe plătite, în afara casei. Urmarea unei cariere nu avea înțelesul de astăzi pentru femeile care au trăit în comunism. Deși munca plătită devenise o obligație legală, căminul a început să fie văzut ca un loc în care se exercita mai puțin control din exterior, un loc unde femeile doreau să-și păstreze o mai mare autonomie, ridicând ziduri de neîncredere față de cei din afară. Într-o asemenea situație, sentimentul de izolare era exacerbat de absența unei comunități intermediare între comunitatea profesională și familie (Neaga 2013). Acesta se manifestă adesea ca lipsă semnificativă de încredere în oamenii din afara cercului restrâns, alcătuit în special din membrii familiei, sau față de instituții (Nicolae 2010). Neîncrederea în semenii din afara familiei a condus la un nivel scăzut al participării în asociațiile de voluntari, mai ales în ONG-uri.

Repondentele și-au justificat lipsa de încredere astfel: „Am avut experiențe neplăcute cu unii [dintre vecini], la care nu mă așteptam. Nu toți erau cinstiți. Unii țineau minte că i-ai ajutat, alții nu. Am văzut ce au pățit și alții. Erau prieteni, se vizitau; apoi s-au certat din nu știu ce motiv și a început bârfa" (D.S., 40 de ani). Alte repondente s-au referit la o anumită reținere în a se apropia de oameni: „Mi-e rușine să mă rog de alții. Așa că nu cer. Încerc să găsesc ajutor, dar poate nu ai prieteni, poate te simți prea singur [ca să încerci] să-ți faci prieteni" (R.T., 42 de ani). Totuși, unele dintre intervievate au menționat o reținere de a iniția relații cu vecinii, dar au menționat în schimb disponibilitatea de a oferi ajutor dacă li se cerea: „Dacă mă roagă și pot să îi ajut, îi ajut; dacă eu am avut nevoie, m-au ajutat cu lucruri mici, mi-au cărat mici obiecte de mobilă și altele. Dar nu ne facem vizite, nu îmi împart viața cu ei" (M.F., 55 de ani). În aceste condiții, femeile refuză să ceară ajutorul vecinilor, până și în cazuri de violență domestică (Fundația pentru o Societate Deschisă 2000). Generația democrației are o atitudine similară față de vecini, bazându-se aproape exclusiv pe familie pentru sprijin, inclusiv pentru ajutor cu creșterea copiilor. Preferă intimitatea și, în consecință, relațiile rezervate cu vecinii.

Competiția profesională și prietenia: femeile tranziției

În focus-grupul alcătuit din femei dedicate carierei din generația tranziției, participantele au observat că, în special după 1989, dinamica de la locul de muncă a slăbit relațiile de colegialitate. Intervievatele noastre au atribuit acest proces dezvoltării pieței libere, luptei pentru bani sau supraviețuirii într-un sistem capitalist competitiv:

> Î: Ați spus că prieteniile erau mai rezistente în comunism. Ce credeți că s-a schimbat?
> R: Eram egali [înainte] și încă nu apăruse invidia asta dusă la extrem. (O.D., 55 de ani)

Multe altele ne-au dat răspunsuri similare. L.L.G. (40 de ani) a remarcat că în timpul comunismului majoritatea oamenilor lucrau în același loc de-a lungul întregii lor cariere, nu puteau călători, iar programele TV la care aveau acces erau puține și neinteresante. În consecință, oamenii își petreceau timpul liber în compania prietenilor: aveau timpul, motivația și dispoziția de a construi astfel de relații. De asemenea, B.F. (38 de ani) a observat că într-o societate relativ omogenă din punct de vedere al statutului şi al venitului, oamenii aveau mai multă consideraţie pentru ceilalţi şi trişau mai puţin. O altă participantă a menţionat că banii şi structurarea noilor clase i-au slăbit prieteniile; a fost de părere că succesul pe piaţa liberă i-a schimbat pe unii oameni (C.P., 48 de ani).

Colegialitatea şi prietenia sunt importante pentru repondentele dedicate carierei din generaţia tranziţiei. Vecinii sunt mai puţin importanţi pentru ele decât au fost pentru femeile din generaţia mamelor lor. Mai mult, ele au trebuit să înveţe să distingă între prietenia adevărată şi încrederea limitată, contractuală, cu cei care le deveniseră competitori pe plan profesional.

Femeile din mediul rural: o comunitate în scădere

Când a început colectivizarea, la sfârşitul anilor 1940, forţa de muncă a migrat din gospodării în spaţiile controlate de stat. În căutarea unui loc de muncă, bărbaţii şi femeile au migrat la cocseria din Călan şi spre alte fabrici, precum şi spre industria de servicii din alte oraşe, conducând astfel la scăderea populaţiei din satul Sîncrai. Forţa de muncă a CAP-ului local era aşadar alcătuită în special din femei mature şi vârstnice. În ultimii ani, populaţia a îmbătrânit, fiind alcătuită cu precădere din femei, multe dintre ele văduve. Magazinul sătesc, care includea şi birtul local, frecventat în special de bărbaţi, era în mod tradiţional locul principal în care se ţineau întâlnirile publice. Femeile se întâlneau în propriile gospodării sau la biserică.

Mai mult, la şcoală exista şi un cămin cultural. Construit în anii 1920, căminul găzduia o varietate de activităţi culturale şi întâlniri ale comunităţii. La aceste evenimente au început să participe din ce în ce mai puțini oameni pe măsură ce migrația a crescut, la sfârșitul anilor 1950 și 1960. Prin anii 1980, activitățile Căminului Cultural încetaseră aproape cu totul. Totuși, repondentele noastre mai în vârstă aveau amintiri plăcute legate de acest loc și de activitățile la care au luat parte acolo, înainte și în timpul perioadei comuniste. Au observat că învățătorii care locuiau în sat erau liderii comunității: „Învățătorii ne-au mobilizat pe toți. Părinții văruiau pereții, toți știau ce au de făcut; după ce terminau de văruit, spălau ferestrele... Școala, grădina și Căminul Cultural erau îngrijite" (V.S., 80 de ani).

Înainte de 1989 (dar mai ales până în 1980), tinerii se implicau în activitățile Căminului Cultural, organizau întâlniri, petreceri cu muzică și dans, se proiectau filme. Aceste evenimente atrăgeau oameni din comunele apropiate, în special când se organiza sărbătoarea anuală: Nedeia de Rusalii. Pentru un timp, după 1989, când fabricile s-au închis și oamenii s-au întors în sat, locuitorii au sperat să vadă o revigorare a acestei instituții, dar renașterea dorită nu s-a petrecut.

Biserica Ortodoxă: privilegiul religios și slăbirea comunităților religioase

Slaba corelație dintre credințele religioase și activismul civic din România trebuie plasată într-un context specific. Înainte de 1948, majoritatea oamenilor din Hunedoara țineau de Biserica Ortodoxă. În ariile urbane asupra cărora ne-am concentrat exista și un număr semnificativ de greco-catolici, dar erau mai puțini catolici și minorități protestante (baptiști, adventiști de Ziua a Șaptea sau penticostali). În Sîncrai, marea majoritate a oamenilor țineau de Biserica Ortodoxă, și câțiva erau activi în Oastea Domnului, o mișcare evanghelică ortodoxă care a început în anii 1920. În sat locuiau şi câţiva greco-catolici, în general persoane care s-au căsătorit cu locuitori din Sîncrai, majoritatea convertiţi la ortodoxie, dat fiind că alte servicii religioase nu erau disponibile în sat, iar credinţa lor fusese scoasă în afara legii în 1948. Femeile făceau parte din comunitatea credincioşilor, dar nu au avut niciodată roluri de conducere în administraţia parohiei.[1]

După 1945, PCR s-a folosit de Securitate pentru a controla instituţiile religioase din mediul urban şi rural şi a descurajat formarea de comunităţi parohiale bine închegate. În mod tradiţional, Biserica Ortodoxă se bucura de o relaţie specială cu statul: „simfonia bizantină". Statul şi Biserica acţionau sprijinindu-se reciproc, iar în probleme cruciale se exprimau unitar. Indiferent de natura regimului, Biserica îl recunoştea şi se ruga pentru conducerea statului (Leuştean 2009). PCR-ul a tolerat câteva culte, incluzând credinţa ortodoxă, catolică, luterană, unitariană, iudaică şi baptistă. Printre acestea, ortodoxia avea un statut privilegiat. După ce a stabilit un acord „simfonic" şi cu statul comunist, capii Bisericii Ortodoxe au sprijinit guvernul în acţiunea de interzicere a Bisericii Greco-Catolice, în 1948 (Ardelean 2011; Bănică 2007). Biserica Ortodoxă a profitat de acest fapt, preluând proprietăţile Bisericii Greco-Catolice între anii 1948 şi 1989 şi asimilându-i pe mulţi dintre practicanţi.[2] În plus, serviciile din cadrul Securităţii i-au recrutat ca informatori pe unii preoţi ortodocşi (dar nu numai pe ei) şi s-au folosit de spovedanie pentru a aduna informaţii (Stan şi Turcescu 2007). Din aceste motive, încrederea în cler a scăzut ulterior foarte mult.

1. Nu am găsit nici o dovadă a prezenţei femeilor în roluri de conducere. Totuşi, au existat câţiva preoţi şi preotese care au avut, se pare, astfel de roluri informale în parohiile lor.

2. Statul a interzis şi alte culte cu un număr mai mic de credincioşi, inclusiv Martorii lui Iehova.

În timp ce la nivel național Biserica Ortodoxă avea totuși o poziție privilegiată, în Hunedoara creșterea masivă a populației urbane a ridicat anumite probleme. Pe măsură ce mase mari de oameni migrau la oraș, numărul locuințelor devenea insuficient. Planurile de dezvoltare urbană prevedeau noi spații culturale și de recreere, precum cămine culturale, biblioteci, parcuri, stadioane și terenuri de sport, dar nu și locuri noi de rugăciune (Mărginean 2015). Așadar, populația în creștere din Hunedoara, în special cea ortodoxă, avea puține lăcașuri de cult.[1] Mulți oameni cu funcții de conducere nu puteau să se cunune sau să își boteze copiii în văzul tuturor – la biserică. Practicarea acestor ritualuri în secret, la locuința părinților mirilor sau a nașilor, era destul de frecventă. Repondentele orășence din generația comunismului și a tranziției nu au avut acces la o comunitate parohială mai restrânsă decât după 1990, când s-au construit câteva biserici, inclusiv Catedrala Eroilor.

Repondentele noastre ne-au mărturisit că mergeau destul de rar la biserică în perioada comunistă. Era riscant din punct de vedere profesional și politic. Factorii structurali menționați mai sus explică parțial acest fapt, ca și interdicția explicită referitoare la participarea membrilor de partid la slujbe religioase.[2] Totuși, intervievatele noastre ne-au mărturisit că în timpul perioadei comuniste au continuat să meargă la biserică mai des decât tații sau soții lor. Mergeau în special de sărbători și pentru evenimente speciale, precum botezurile: „Am sărbătorit împreună toate evenimentele

1. Între anii 1945 și 1989 s-a construit o singură biserică în Hunedoara, în zona Buituri.

2. Se presupune că membrii de partid erau atei. Totuși, mulți s-au prefăcut a fi atei (Preda 2009). Mai mult, deși generațiile comunismului și tranziției au fost supuse politicilor de secularizare forțată, aceste eforturi nu au dat roade. După căderea comunismului o proporție semnificativă a populației s-a întors spre Biserică.

majore ale vieții noastre: nașterile, nunțile copiilor, botezurile; am făcut totul împreună și ne-am ajutat una pe alta la aceste evenimente, la botezuri, la nunți“ (E.B., 77 de ani). Totuși, în aceste cazuri, prezența la biserică ținea mai mult de obligațiile sociale și de legăturile de rudenie și de prietenie decât de o comunitate de enoriași sau de participanți la fapte creștine.

Implicarea Bisericii Ortodoxe în acte caritabile a fost destul de redusă de-a lungul istoriei. Dezvoltarea Oastei Domnului în anii 1920 a fost un răspuns direct la lipsa unei implicări sociale și instituționale explicit formulate. Unele dintre repondentele noastre, în special cele din generațiile tranziției și democrației, au identificat acest fapt drept unul dintre punctele slabe ale Bisericii:

> Î: Biserica dumneavoastră organizează acțiuni pentru cei aflați în nevoie, pentru săraci?
> R: Nu, nu chiar. Puțin, de fapt foarte puțin. Suntem ortodocși și primim puțin de la biserică. Preotul ne organizează câteodată să ne ajutăm unii pe alții. (C.N., 40 de ani)

> Î: Ce rol credeți că a avut și ar trebui să aibă Biserica într-o comunitate?
> R: Biserica are un rol important. Are și va continua să aibă. Problemele sociale au fost neglijate, cel puțin de Biserica Ortodoxă. De obicei, celelalte biserici s-au implicat foarte mult în viața comunității. Dar sunt și unii preoți ortodocși care au început să creeze programe sociale. Din câte știu, în jurul Bucureștiului activitățile sociale sunt din ce în ce mai răspândite – au construit cămine de bătrâni, capele în spitale, oferă îngrijire pastorală pentru bolnavi. Nu se întâmplă prea multe în zona noastră. Cred că este foarte important, este una dintre calitățile unui bun creștin să îi ajute pe ceilalți și cred că este prima

> instituție care ar trebui să fie un model pentru activitățile sociale de ajutor umanitar. (D.L., 55 de ani)

Pentru aceste femei de la oraș, faptul că au cunoscut și alte credințe și tradiții, în special după 1989, le-a schimbat așteptările în privința Bisericii, considerând că această instituție trebuie să se implice în probleme precum combaterea sărăciei și îngrijirea bătrânilor. Au început să vadă lipsa de inițiativă socială a Bisericii Ortodoxe ca pe o problemă.

Repondentele din mediul rural care s-au identificat ca ortodoxe au avut o poziție relativ diferită. Pentru ele, chiar și în timpul perioadei comuniste, Biserica era accesibilă. Alături de școală, era principalul centru al reuniunilor informale. Toți membrii parohiei se cunoșteau între ei și mulți aveau relații strânse. Totuși, intervievatele noastre au mărturisit că și la sat Biserica arăta un interes scăzut pentru nevoile comunității:

> Î: Vă ajută autoritățile locale?
> R: Primăria ne-a dat foarte mulți bani pentru biserică, foarte mulți! (T.B., 58 de ani)
> R: Dar și noi am dat! Pentru covoare persane, perdele, scaune noi. (V.S., 80 de ani)
> Î: Mi-ați spus că unele dintre dumneavoastră sunteți în Consiliul parohial. Ce faceți mai exact?
> R: Ne ocupăm cu curățenia. (O.C., 48 de ani)
> R: Am cumpărat iconițe și cărți de rugăciune din Ucraina și am început să le vindem. Am cumpărat și un aspirator pentru biserică. Nu avem unul acasă, dar biserica are. Am cumpărat haine noi pentru preot și un dulăpior în care să le păstreze și am cumpărat obiecte pentru altar. (T.B., 58 de ani)
> Î: Dar Consiliul parohiei și preotul se ocupă de enoriași? Vă spune preotul cine are nevoie de ajutor și cum poate fi ajutat?

R: În satul nostru preotul se ocupă numai de biserică, mai puțin de credincioși, pentru că nu se cade... să ajuți pe cineva, așa, personal... deși au fost situații când ar fi fost mai bine dacă ajutam pe cineva. Dar nu am avut curajul; nu am putut să ne apropiem suficient. Doamne ferește să îi jignim personal sau [pe cei din] familia lor! De când a venit democrația asta, este un fel de mândrie. Toată lumea se ascunde în sine și în sânul familiei; oamenii nu mai sunt cum erau odată. (G.B., 78 de ani)

Cu alte cuvinte, preotul și Consiliul parohial se ocupau mai degrabă de nevoile materiale ale bisericii decât de nevoile imediate ale credincioșilor. Preotul insistă rar asupra ideii că iubirea creștină se manifestă prin fapte bune și că se manifestă personalizat, începând cu oamenii din sat. În timp ce unele dintre repondentele noastre din mediul rural erau mulțumite de această realitate, altele s-au îndreptat pentru ajutor spre Oastea Domnului.

Greco-catolici, Oastea Domnului și protestanți: persecuție și ajutor comunitar

În special repondentele din generațiile comunismului și tranziției, cele care aparțineau cultelor religioase pe care regimul le-a persecutat, ne-au vorbit pe larg despre impactul acestei stări de fapt asupra vieții lor. Pentru unele dintre ele oprimarea religioasă a condus la ostracizare socială și a generat o profundă neîncredere în multe forme de colaborare dintre instituțiile statului și cele religioase (e vorba, cu precădere, de relația statului cu Biserica Ortodoxă):

Tatăl meu era preot greco-catolic, și comuniștii ne-au distrus. Mama era învățătoare. A rămas cu trei copii: doi băieți și cu mine. A fost dată afară din învățământ, iar tata a făcut șase ani de pușcărie, pentru că nu voia să renunțe la religia lui. Asta a fost în '48, când au venit comuniștii, și sub Stalin au distrus tot ce ținea de cultură și religie... Ne-am mai revenit cumva, dar nu în totalitate. Pe mine m-au dat afară din școală un timp, pe fratele meu nu îl lăsau să meargă la școală. Uite așa ne-au distrus familia. Și nu numai pe a noastră, [ci și] multe altele. După ce am terminat liceul, am luat examenul de intrare la Farmacie în Cluj, dar, pentru că nu aveam dosarul bun, au scris în dreptul numelui meu „admis fără loc". (A.T., 71 de ani)

Deși regimul comunist garanta un loc de muncă pentru fiecare adult, a început prin a-i discrimina pe cei care erau „dușmani de clasă", cei ale căror familii sau ale căror comportamente erau considerate „burgheze" sau reacționare. Până în 1964, când regimul i-a eliberat pe deținuții politici, mulți oameni au evitat relațiile cu „dușmanii de clasă", făcându-i să se simtă și mai ostracizați.

Membrii Oastei Domnului din Sîncrai și din satele din jur, dar în special predicatorii locali[1] au fost persecutați la începutul perioadei comuniste. Mulți au fost închiși, după cum ne-au spus în interviurile lor T.B. (58 de ani), V.S. (80 de ani) și G.B. (82 de ani). După desființarea formală, grupul, alcătuit în special din femei, s-a întâlnit pe ascuns în casele acestora. Soțiile predicatorilor închiși nu aveau nici un venit pentru întreținerea lor și a copiilor. Grupul religios constituit informal le-a sărit în ajutor (E.B., 77 de ani; M.M., 55 de ani).

În timpul discuției noastre cu reprezentantele Oastei Domnului, le-am întrebat dacă relațiile dintre practicante

1. Deși practic făcea parte din Biserica Ortodoxă, Oastea Domnului avea o rețea locală de predicatori. Unii erau chiar preoți; în Sîncrai predicatorul nu era preot. (M.M., 55 de ani).

se deosebeau de cele existente între credincioşii creştin-ortodocşi care nu aparţineau Oastei Domnului. Participantele la focus-grupul nostru ne-au confirmat acest fapt. Ele ne-au spus că se tratau frăţeşte (îşi spuneau „frate“ şi „soră“), iar membrele grupării se ajutau între ele ca şi cum ar fi făcut parte din aceeaşi familie. Îşi impuneau un comportament mai cumpătat, regulă valabilă şi pentru bărbaţi. Nu beau alcool, nu spuneau vorbe urâte, nu înjurau. Când o membră era bolnavă sau şomeră, celelalte îi ofereau bunuri şi bani; se sprijineau una pe alta în perioadele de doliu şi îi ajutau pe bătrâni şi pe infirmi: „Le ducem apă, le tăiem lemne pentru foc, le facem curat, ca între fraţi sau chiar mai mult, pentru că familia mea nu mi-a făcut atâta bine cât mi-a făcut Oastea [Domnului]“ (T.B., 58 de ani). Eforturile acestor femei au susţinut comunitatea, cu ajutor redus din partea preoţilor.

Deşi nu au fost interzişi formal, baptiştii şi adventiştii de Ziua a Şaptea au fost şi ei persecutaţi în comunism: „Noi, ca neoprotestanţi, am fost complet marginalizaţi... Acum mulţi ani, nu am putut să mă înscriu la Facultatea de Litere să studiez limbile şi istoria pentru că am scris «baptistă» în dreptul religiei. Oh, ce păcat... nici nu m-au lăsat să mă înscriu la examen. Voiam să predau română. Bine, n-am putut să mă înscriu acolo, aşa că m-am înscris la Medicină, unde nu cereau dosar.[1] Dacă mai trăia Ceauşescu, ne spăla creierele complet şi ajungeam să mâncăm toţi dintr-o strachină, cum plănuia el să facă“ (A., 41 de ani). Deşi a urmat o facul-

1. Aşa cum am menţionat anterior, deşi majoritatea profesiilor erau deschise tuturor, anumite restricţii continuau să se aplice atât femeilor, cât şi bărbaţilor. În domeniul ştiinţelor umaniste şi în special în domeniul ştiinţelor sociale, comisiile de admitere selectau candidaţii pe baza originii sociale. Nu aceleaşi criterii se aplicau în domeniul ştiinţelor naturii sau în disciplinele mai tehnice (fără implicaţii ideologice), precum ingineria şi medicina.

tate importantă și avea o carieră de succes, experiența respectivă a deziluzionat-o. Pentru ea, politicile regimului însemnau umilire și sărăcie.

La fel ca în cazul altor culte persecutate, și baptiștii au dezvoltat comunități de sprijin mai restrânse, dar active: „Eu sunt creștină baptistă și familia mea la fel. Ne ajutăm unii pe alții. Cel puțin o dată pe lună, în prima duminică, facem o colectă voluntară, care este apoi împărțită membrilor celor mai săraci ai Bisericii noastre. La fiecare sărbătoare – Paște, Crăciun, Ziua Recoltei – strângem bani. Noi credem că bucuria sărbătorii vine numai dacă dăruim. Toată lumea dă bani sau alimente și le distribuim săracilor. Știm ce familii sunt mai sărace sau care au lipsuri; avem o listă cu ei. Când faci ceva pentru alții, asta îți dă o mare mulțumire" (L.J., 38 de ani). Aceste forme de a oferi ajutor s-au dezvoltat în perioada comunistă. Baptiștii continuă să le practice și în prezent.

După ce au trecut din nou în legalitate, după 1989, pe scena religioasă au revenit și alte culte, spre exemplu cel greco-catolic. A.T. (61 de ani), greco-catolică, ne-a vorbit despre Centrul „Mariana", care cuprinde un azil de bătrâni și oferă programe culturale și de consiliere psihologică. Membrele Centrului fac călătorii împreună, au un grup de lectură, citesc, discută despre articolele din presă și își oferă reciproc consiliere. M.V. (55 de ani), membră a unei biserici luterane care a dezvoltat legături cu o altă biserică luterană din Olanda, ne-a vorbit despre activitățile acestei instituții. Sub supravegherea bisericii, oamenii lucrează într-un comitet al tineretului, care are o arie largă de activități: „Tinerii trebuie învățați să fie corecți, cinstiți și muncitori, să își iubească familia, să fie oameni pe care te poți baza". Spre deosebire de repondentele noastre ortodoxe, intervievatele de alte confesiuni au asociat frecvent credința lor religioasă cu valorile morale și sociale, și nu cu ritualurile.

Diferenţele religioase şi relaţiile interconfesionale

Repondentele noastre nu au arătat nici un fel de superioritate sau indiferenţă faţă de membrii altor confesiuni. În *Gen şi cetăţenie în România*, o lucrare bazată pe acelaşi set de interviuri ca studiul de faţă, Diana Neaga scrie astfel: „În ciuda opiniei lui Dennis Deletant că s-a creat un sentiment de respingere între majoritatea şi minoritatea religioasă datorită invidiei[1] şi în ciuda conştientizării faptului că ortodoxia are o poziţie privilegiată, din interviuri (ca şi din observaţiile efectuate în timpul cercetării pe teren) se poate trage concluzia că această constrângere exterioară a dus la o coeziune interconfesională ridicată printre grupurile de prieteni" (2013, 253). Nici noi nu am observat tensiuni între diferitele confesiuni religioase. În focus-grupuri şi atunci când repondentele ne-au recomandat alte potenţiale intervievate, ele nu au făcut nici un fel de diferenţe bazate pe religie între prietenele, colegele sau vecinele lor.

Unele dintre repondente chiar frecventează alte biserici, în special în timpul sărbătorilor importante ortodoxe, grecocatolice sau catolice. Se simt norocoase că pot sărbători zile precum Paştele de două ori – o dată potrivit cultului lor, şi încă o dată potrivit religiei soţului sau a prietenilor lor. Căsătoriile religioase mixte[2] sunt obişnuite printre intervievatele noastre şi în general în regiune. Câteva dintre repondente s-au convertit, dar au făcut-o din cauza dezamăgirilor faţă de cultul din care făceau parte, şi nu din cauza unor obligaţii doctrinare:

1. Deletant 2006, 195.

2. Un partener neortodox nu era obligat să se convertească la ortodoxie prin căsătorie. În cazurile prezentate mai sus, persoanele s-au convertit din cauza persecuţiei politice sau fiindcă le-a fost mai uşor astfel.

> Ce pot să vă spun? Eu și cu soțul meu am trecut la catolicism când ne-am căsătorit. Am făcut asta înainte de căsătorie, pentru că nu îmi plăcea ritul ortodox, nu-mi place ipocrizia – să predici un lucru și să faci altul. Îmi plac lucrurile simple în viață și în tot ce fac... De obicei nu mint, nu-mi bat joc de oameni; le spun oamenilor în față, fără să îi jignesc. Îmi place să merg la un preot în care să am suficientă încredere să îi spun exact ce simt și el să-mi spună dacă am făcut bine, dacă am făcut rău, să mă îndrume cum să trăiesc printre oameni. (M.S., 40 de ani)

Această repondentă, născută la granița dintre generația tranziției și generația democrației, nu își bazează identitatea religioasă pe așteptările familiale sau pe cele sociale. În context, problemele morale ale Bisericii Ortodoxe, care, după cum a sugerat femeia, se datorau activităților unor preoți informatori ai Securității, au condus la convertirea ei. A descris religia catolică ca fiind mai potrivită propriului cod moral, bazat pe cinste, și a simțit că îi oferă o îndrumare mai limpede despre cum „să trăiască printre oameni“ și să fie o membră activă a comunității.

Voluntariatul și ONG-urile

Concluziile la care a ajuns Valeriu Antonovici (2015) în volumul *Munca patriotică: Radiografia unui ideal falsificat* sunt asemănătoare celor la care am ajuns și noi. În ciuda faptului că regimul folosea termenul *voluntar*[1], indivizii

1. Termenii *muncă voluntară* și *muncă patriotică* erau folosiți alternativ în documentele oficiale și în presă, punând laolaltă munca pentru binele comun și naționalismul. În schimb, în discursul generalizat și polarizat, neparticiparea la munca în folosul comunității era considerată nepatriotică sau chiar o formă de trădare.

erau de fapt forțați să muncească pentru binele comun. Oamenii au ajuns să asocieze termenul *voluntar* cu participarea forțată la muncă în vederea unor realizări comune, precum colectarea deșeurilor sau campania agricolă de recoltare. Mai mult, în comunism nu existau ONG-uri, în înțelesul de asociații constituite liber și necontrolate politic. Acești doi factori sunt în mare măsură responsabili pentru a explica refuzul, în special printre repondentele noastre din generațiile comunismului și tranziției, de a se înscrie în astfel de asociații sau de a face activități de voluntariat.[1] Generațiile mai tinere, care nu au fost incluse în eșantioanele noastre, resping într-o măsură mai mică aceste activități, înțeleg sensul corect al termenului și practică voluntariatul (Molocea 2015; Vlad 2015).

Puține dintre intervievatele noastre erau înscrise în ONG-uri. Nici una nu făcea parte dintr-o organizație care militează pentru drepturile omului, ale minorităților sau ale femeilor. Acest fapt nu înseamnă că repondentele noastre nu se organizează neoficial în diferite scopuri. Totuși, atunci când o fac, țelul lor este rareori contestarea unor politici naționale sau locale, propunerea unei alternative sau lobby-ul. Cele mai active dintre repondentele noastre erau divorțate sau mame văduve, femei necăsătorite sau femei măritate cu copii mari. Cu alte cuvinte, femei care aveau mai mult timp liber. În interviuri și în focus-grupuri au menționat trei mari arii de interes: cultura, activitățile caritabile și natura.

Activitățile culturale

În timpul perioadei comuniste, Combinatul Siderurgic a finanțat un club cultural în Hunedoara, care se numea chiar

1. Deși erau permise legal, ONG-urile, incluzând cluburile sportive sau cele de pescuit, erau controlate îndeaproape de regim.

Siderurgistul.[1] Acesta continua să funcționeze la momentul cercetării noastre sub forma unui cerc literar restrâns. Singura dintre intervievate care participă la cerc este A.S. (71 de ani), o pensionară pe care celelalte au identificat-o drept cea mai activă din grupul de repondente mai în vârstă:

> Ne întâlnim la clubul literar; suntem în jur de 14 oameni. Mai aducem oameni noi din când în când. Clubul poartă numele lui Victor Isac.[2] [...] Ne întâlnim săptămânal, miercurea, și pregătim poezii, fiecare dintre noi... Sunt foarte bune, să știți! Facem asta ca un hobby; nu facem o carieră din asta. Continuăm să facem ce au făcut alții înaintea noastră, care, din păcate, au fost recunoscuți numai postum, dacă îmi aduc bine aminte.

Tipul de organizație și de comunitate descrisă mai sus este atrăgătoare în special pentru femeile care trăiesc la oraș. Spre deosebire de munca voluntară din perioada comunistă, cercul literar informal implică obligații minime și relativ puțin timp. Întâlnirile au loc regulat, dar nu există presiunea prezenței obligatorii. În plus, atmosfera necompetițională influențează performanța participantelor în mod pozitiv, fără stresul pe care îl implică vorbitul în public. Dacă economia de piață de după 1989 a creat competiție și tensiuni între

1. Clubul deținea o clădire mare care includea o sală de cinema, săli de dans și încăperi pentru întâlniri artistice sau științifice. Combinatul Siderurgic finanța așezământul, plătea instructorii și alte categorii de personal. Când Combinatul s-a închis, activitățile au încetat. La ultima noastră vizită comună, în iulie 2016, Combinatul nu mai era nici măcar în ruine (așa cum îl văzusem la debutul cercetării).

2. Victor Isac (1917–2003) a fost un important scriitor din Hunedoara. A fost deținut politic în primii ani ai comunismului. El a predat compoziția literară la club. După căderea comunismului a jucat un rol decisiv în reactivarea ramurii locale a Partidului Național Țărănesc (PNȚ). („Prison Experiences in Communist Romania", accesat la 6 mai 2018 https://www.pametnaroda.cz/en/isac-victor-1917-1830).

prieteni, acest tip de organizaţie a oferit un substitut plin de înţelegere pentru aceste relaţii deteriorate.

Castelul Huniazilor, construit în secolul al XV-lea, oferă, de asemenea, activităţi culturale pentru localnici şi turişti.[1] În timpul perioadei comuniste, Castelul şi-a menţinut statutul de muzeu. Totuşi, statul a neglijat renovarea lui şi nu a organizat activităţi specifice. Acest fapt nu înseamnă însă că muzeul de atunci nu atrăgea elevi pasionaţi de istorie. După 2001 a început renovarea Castelului. De-a lungul timpului, a devenit un centru de activităţi culturale. De exemplu, din 2011, în luna iulie, ONG-ul local DevArt organizează la Castel festivalul Opera Nights. Printre spectatori, cu precădere de vârstă medie, se numărau şi multe intervievate din generaţia tranziţiei. Se organizează şi alte activităţi la castel, de obicei în anii electorali, care atrag îndeosebi grupuri de bărbaţi tineri. Aceste evenimente includ scene de lupte medievale în curtea Castelului şi parade medievale.

Una dintre intervievatele noastre, O.D. (55 de ani) este foarte implicată în activităţile culturale din Hunedoara. Organizează lansări de carte şi evenimente muzicale şi le încurajează pe prietenele şi colegele ei să meargă la teatru şi la expoziţii de artă.[2] Găzduieşte artişti în Hunedoara şi conduce grupuri care se ocupă cu turismul cultural. De la lansarea festivalului Opera Nights s-a ocupat de publicitate şi de sponsorizări. Dar O.D. face toate acestea independent de orice asociaţie culturală: „O. este o deschizătoare de drumuri, iar noi o urmăm pentru că ne face plăcere; ne scoate din rutina noastră, ne face viaţa mai plăcută şi mai

1. Primul document de atestare a Castelului Huniazilor a fost scris în 1443 („Menţiuni documentare“, accesat la 6 mai 2018, http://www.castelulcorvinilor.ro/mentiuni-documentare/).

2. Oraşul Hunedoara are o galerie publică de artă, o casă de cultură şi o bibliotecă municipală.

interesantă" (C.P., 48 de ani). Plăcerea pe care aceste repondente o asociază cu activitatea de voluntariat arată limpede că au depășit noțiunea de activism văzută ca muncă „patriotică" forțată.

Acțiunile de caritate

Deși multe dintre intervievatele noastre au sprijinit activitățile culturale întreprinse de O.D., altele au ajutat-o pe D.L. (55 de ani), judecătoare ieșită la pensie, în activitățile ei caritabile:

> Imediat după ce m-am pensionat, m-am implicat în proiecte comunitare, la două ONG-uri. Unul este Liga Pensionarilor, care aduce laolaltă multe femei care vor să facă ceva pentru comunitate, pentru că Hunedoara este un oraș cu mulți pensionari! În prezent sunt 230 de membri. Sper ca în final să avem cel puțin 500-600 de pensionari, în special femei, care să se implice în activitățile comunității. Mai avem o asociație româno-olandeză – se numește „Adriaan van Berg", care asigură îngrijiri la domiciliu pentru oamenii în vârstă cu probleme de sănătate. Acum mai pregătim o propunere pentru un alt proiect, ca să putem oferi asistență medicală pacienților cu cancer în fază terminală care au nevoie de asistență specială. Sperăm ca proiectul să se aprobe și să înceapă în următorii doi ani. (D.L., 55 ani)

Voluntarele care participă în aceste organizații sunt de obicei în vârstă și trăiesc în relativă sărăcie. Totuși, îi ajută pe alții care sunt și mai săraci sau sunt imobilizați, pentru că ele se consideră capabile și într-o poziție mai bună decât beneficiarii ajutorului, cărora le lipsește asistența de stat sau ajutorul familial.[1] Organizațiile descrise de D.L. oferă o rețea de asistență directă care, în opinia repondentelor noastre, reprezintă munca de caritate. Repondentele mai erau înscrise doar într-o singură altă organizație de sănătate – Crucea Roșie.

În interviuri nu se menționează dacă ONG-urile din Hunedoara au organizat proteste sau alte manifestații publice.[2] Presa locală nu scrie despre aceste organizații și activități. Din acest motiv, ele rămân în mare parte invizibile, iar autoritățile locale continuă să ignore problemele abordate de acestea. Mai mult, municipalitatea, Biserica și ONG-urile locale ignoră unele probleme sociale grave:

> Nu avem o singură organizație de caritate care să îi ajute pe copiii ai căror părinți au plecat la muncă în străinătate sau pe cei care beau prea mult și au pierdut controlul. Nu ne pasă de populația rromă care locuiește în blocurile amărâte de lângă piață; practic locuiesc unii peste alții, fără [locuri de] muncă și fără resurse.[3] Nu sunt activități organizate care să îi ajute sistematic pe nevoiași. Există indiferență, ăsta este cuvântul pe care l-aș folosi, ca să ne învinuim și pe noi, și municipalitatea. Suntem indiferenți;

1. Singurul azil de bătrâni existent în perioada cercetării avea locuri puține. Lipsa cronică de fonduri a determinat instituția să depindă de donații particulare pentru a supraviețui („Centrul Social Multifuncțional pentru Persoane Vârstnice“, accesat la 6 mai 2018, https://www.primariahunedoara.ro/ro/pagina/centrul-social-multifunctional-pentru-persoane-varstnice).

2. În februarie 2017, Mihaela Miroiu a fost martoră la prima manifestație de protest împotriva corupției din Hunedoara. Ca și în alte orașe și localități din România, aceste proteste locale s-au declanșat ca reacție la o ordonanță ce urma să fie adoptată în vederea protejării politicienilor corupți aflați în funcții, încălcându-se astfel prevederile legale.

3. Acest comentariu se referă la ghetoul populației rrome menționat în introducere.

> încă nu ne-am educat pe noi înșine să ne pese.Trebuie să fim mai altruiști, și nu doar la scară mică, între prieteni. Când cineva are probleme, ne adunăm și încercăm să dăm o mână de ajutor, dar asocierea noastră nu are încă o formă; este o organizare ad-hoc. Ceea ce facem este la întâmplare și bazat pe propriile păreri. (C.P., 48 de ani)

Critica aspră adusă indiferenței oficialilor și a membrilor comunității este corelată cu poziția asemănătoare pe care repondentele noastre au avut-o față de conducerea politică, dar și față de nivelul culturii civice și al celei politice. Intervievatele noastre au exprimat păreri similare cu privire la politicile municipale și naționale specifice.

La fel ca majoritatea satelor din România, Sîncraiul nu are nici un ONG funcțional. Familia, vecinii și comunitățile religioase, precum Oastea Domnului, îi ajută pe sătenii care se confruntă cu diverse lipsuri. Nevoia de ajutor, mai ales în cazul celor bătrâni și bolnavi, depășește însă cu mult resursele disponibile.

Lupta pentru protecția mediului

Poluarea mediului ne afectează semnificativ viața. Deși regiunea Hunedoarei era bogată în vegetație înainte de 1945, în 1989 procesul de industrializare transformase zona într-una dintre ariile cele mai poluate din România. Consecințele au fost sumbre:

> Când eram copil și cât am fost tânără, cerul era mereu gri, galben sau roșu. Fumul și funinginea intrau în pereții clădirilor, în iarbă, peste tot, ca să nu mai zic de plămâni. Îmi aduc aminte că, odată, prin '82, cred, au venit niște ingineri din Germania să ne ofere pe gratis filtre contra

poluării, în schimbul deșeurilor. Care credeți că a fost răspunsul? Nu ne dăm deșeurile pe gratis! Așa că... mai bine le-am inhalat noi. (M.M., 55 de ani)

Colapsul industriei grele din zonă, după 1989, a avut efect pozitiv imediat – calitatea aerului s-a îmbunătățit semnificativ, iar vegetația a cotropit ruinele furnalelor-mamut.

Politicile de mediu ale regimului comunist erau centrate pe crearea de parcuri și pe conservarea pădurilor. După 1989, autoritățile locale au redus bugetul aferent acestor activități (resursele bănești scăzuseră dramatic odată cu falimentul Combinatului), privatizând terenuri acoperite de păduri și alte zone protejate înainte și introducând câteva sau chiar eliminând restricțiile impuse de normele de protejare a mediului. Cazul Roșia Montană evidențiază dezinteresul periculos al guvernului pentru problemele de mediu. Guvernul a acordat unei companii canadiene dreptul de a deschide o mină unde urma să înceapă exploatarea aurului pe bază de cianuri, ignorând aspecte precum poluarea apei sau alte probleme de mediu, precum despădurirea. Această companie urma să transforme arii largi de păduri virgine într-un crater uriaș și să otrăvească solul cu cianuri. Activiștii, în special oameni tineri din orașe mari, aflate la depărtare mult mai mare de Roșia Montană decât Hunedoara, au pus acest proiect pe prima pagină a agendei lor privitoare la protejarea mediului și l-au oprit (Branea 2015). Activismul ecologist nu s-a dezvoltat în Hunedoara, iar această lipsă a avut consecințe negative. Ne vom întoarce la acest subiect în ultimul capitol.

Totuși, vrem să evidențiem în cele ce urmează câteva dintre preocupările referitoare la mediu ale repondentelor noastre. Din comentariile lor rezultă că au perceput indiferența publică copleșitoare, în special printre pensionari și tineri, care a avut drept consecință lipsa oricăror activități de protejare a mediului. De exemplu, A.A. (71 de ani) s-a plâns că populația și autoritățile neglijează parcurile și locurile de joacă. A fost de părere că oamenii ar trebui să se înscrie în asociații și să facă voluntariat, deoarece municipalitatea nu părea dispusă să rezolve problemele de mediu:

> Sunt atât de mulți pensionari, în special bunici sau bătrâni, care stau toată ziua acasă; nu au unde să se ducă, un parc sau vreo grădină, deși e mult spațiu și multă verdeață. Nu pot să meargă în vreo stațiune din cauza situației financiare; pensiile sunt tare modeste. Nu avem nici suficiente locuri de joacă. Ar fi bine dacă municipalitatea sau Biserica s-ar implica mai mult să schimbe viețile celor care au nevoie sau a acelor oameni care au muncit o viață și sunt singuri. Dar nu se implică. Dacă ei nu fac nimic, măcar noi ar trebui să ne organizăm și să facem de bunăvoie ceea ce am făcut cu forța în comunism.

Repondenta noastră a făcut o referire ironică la munca voluntară din perioada comunistă. Totuși, în voce s-a simțit și puțină nostalgie. În esență, ea a admis faptul că regimul postcomunist nu a reușit să găsească soluții mai bune problemelor de mediu. Observațiile ei ne-au amintit de concluziile lui Antonovici (2015) privitoare la declinul acțiunilor de voluntariat, după 1989.

Comentariile intervievatelor noastre evidențiază modul în care aspectele de gen afectează funcționarea spațiilor publice ca locuri de întâlnire. Hunedoara este „un oraș în care pensionarele stau închise în casă, iar bărbații joacă cărți și șah în cluburi speciale“, ne-a spus E.O. (60 de ani). Pensionarele, multe dintre ele „cu normă întreagă“, adică fără obligații de familie, au puține locuri în care pot socializa, în spațiul public. Parcurile și locurile de joacă, unde odinioară prestau muncă voluntară, au ajuns în paragină: „Dacă nu e cineva care să-i împingă de la spate cu un bici pe locuitorii din orașul ăsta sau pe cei de la Primărie, lor nu le pasă“

(M.F., 55 de ani). E vorba de un reflex vechi: lumea ascultă numai de ordine venite de sus. Nemulţumirile pe care le resimt repondentele noastre din această cauză au generat atitudinea lor critică faţă de activitatea oficialilor municipali aleşi prin vot, aşa cum vom vedea în ultimul capitol.

*

Voluntariatul este esenţial într-o societate civilă care are drept scop binele cetăţenilor (Almond şi Verba 1989; Habermas 1989; Putnam, Leonardi şi Nanetti 1994). În perioada comunistă sensul voluntariatului a fost pervertit, iar astăzi oamenii încă refuză să se înscrie în asociaţii. În consecinţă, lipseşte adesea acţiunea colectivă. Comunităţile nonpolitice organizate pe bază de voluntariat sunt vitale pentru democraţie. Sunt centre în care se dezvoltă capitalul social, încrederea, în care se formează şi se dezvoltă valorile şi normele comune. Comunităţile bazate pe voluntariat cimentează legăturile sociale dincolo de prieteniile individuale şi de relaţiile de familie.

Femeile aparţinând generaţiei comunismului tind să fie mai active, în special în asociaţiile de proprietari, odată ce s-au pensionat şi/sau copiii au plecat de acasă. Şi-au asumat adesea roluri noi în comunitatea parohială sau în organizaţiile caritabile. Această situaţie se poate datora faptului că mamele cu copii mici tind să considere că interesele proprii se subordonează responsabilităţilor familiale: „Am grijă de familia şi [de] slujba mea. E mai mult decât suficient pentru mine“ (M.G., 32 de ani).

În schimb, comunităţile repondentelor din generaţia de tranziţie par să aibă o orientare mai specializată. Ele preferă asociaţiile profesionale şi culturale. Nici una dintre ele nu era înscrisă într-un ONG cu o agendă privitoare la dreptatea socială sau la drepturile femeilor. Unele se consideră totuşi feministe şi simpatizează cu munca organizaţiilor din marile orașe (de exemplu O.D., D.L., C.P.). În ansamblu, cu excepția grupurilor de caritate și de sprijin religios prezente în toate generațiile, repondentele noastre nu s-au implicat în forme semnificative de activism civic.

Lipsa angajamentului civic nu ar trebui văzută drept indiferență față de binele comun sau pentru spațiul civic în care trăiesc aceste femei. După cum am arătat în capitolul despre muncă, ele sunt mai interesate de munca plătită și de obținerea de rezultate în acest domeniu, decât de înscrierea ca voluntare în cadrul ONG-urilor. Având în vedere lipsa timpului, cu care se confruntă aceste femei care jonglează permanent între serviciu și responsabilitățile legate de creșterea copiilor și de îngrijirea casei, posibilitățile reale pe care le au de a se dedica altor activități sunt foarte reduse.

6
Comunismul: un patriarhat de stat

Una dintre criticile frecvente întâlnite în teoriile politice feministe deja „canonice“ privește distincția dintre public și privat, distincție care are drept consecință faptul că problemele considerate private sunt nepolitizate. Ca urmare a acestei nepolitizări, dreptatea de gen este dramatic obstrucționată (Elshtain 1981; Jaggar 1983; Pateman 1988; Okin 1998). Este oare aplicabilă sau relevantă această familie de teorii în cazul experienței comuniste? După părerea noastră, în țările foste comuniste distincția public–privat nu poate opera în același mod ca în țările cu tradiție democratică, din varii motive. Sfera publică a fost prin excelență confiscată de partidul-stat, care nu îngăduia libertatea de asociere, limita dramatic libertatea de exprimare și de mișcare, controla în întregime mass-media. A discuta despre cetățenie – la masculin sau la feminin – într-o asemenea societate este un non-sens dacă privim lucrurile din sistemul de referință al democrațiilor liberale, care se fundamentează pe individualismul etic și, respectiv, pe drepturile la libertate, proprietate, tratament egal în fața legii; în cazul SUA există și dreptul de a-ți căuta fericirea. Drepturile sistematic invocate ca fundamentale în comunism erau dreptul la viață[1], la muncă

1. Este un paradox, dat fiind că exista pedeapsa cu moartea.

și la pace. În democrațiile liberale oamenii erau „de capul lor"; autonomia personală era încurajată prin legi și o serie de politici. În comunism, oamenii depindeau de Partid și, la fel, acest fapt era încurajat prin legi și diverse politici (Verdery 1996; Tismăneanu 2003). În aceste condiții, nici viața privată nu era tocmai privată. Spre deosebire de patriarhatul liberal, criticat de teoreticienele occidentale, cel comunist se extindea la toți locuitorii, indiferent de gen. Așa cum vom vedea în cele ce urmează, era foarte greu de spus până unde se întindeau granițele amestecului partidului-stat în viața oamenilor (femei sau bărbați) sau dacă aceste granițe chiar existau[1] când era vorba de deciziile femeilor privind educația, munca, locuința, căsătoria, nașterea și creșterea copiilor sau consumul zilnic. Statul comunist paternalist avea grijă de cetățenii săi, deși într-un mod umilitor pentru ei. Parafrazându-l pe Feodor M. Dostoievski, regimurile de felul acesta „te eliberează de povara libertății", asigurându-ți în schimb câștigarea pâinii.[2]

Generația femeilor născute în anii '30–'40 este cea care a experimentat comunismul în ambele sale stadii: pe cel de factură sovietică (1948–1965), în calitate de adolescente și femei tinere, și pe cel naționalist (1966–1989), în calitate de femei mature. Eliberarea de comunism a venit târziu din punct de vedere profesional. Politic, relația lor cu „lumea nouă", postcomunistă, este complexă: ele sunt preponderent spectatoare din perspectiva transformărilor sociale, sunt beneficiare în ce privește libertatea de informare și exprimare, dar

1. Având în vedere rețeaua extinsă de control informativ asupra indivizilor prin intermediul poliției politice, chiar și relațiile cel mai puțin formale – dragostea, prietenia, camaraderia – erau supravegheate și adesea folosite ca instrumente de șantaj.

2. Formularea apare în capitolul „Marele Inchizitor", în romanul *Frații Karamazov*.

sunt și victime, dacă avem în vedere scăderea dramatică a cuantumului pensiilor.[1]

Cea de-a doua categorie a repondentelor noastre o reprezintă generația tranziției către capitalism și democrație: „femeile tranziției“. Femeile acestei generații, născute în anii '50–'60, erau suficient de tinere la sfârșitul epocii comuniste (aveau între 30 și 40 de ani) ca să vrea să se adapteze și să încerce să schimbe lumea sau măcar să își schimbe propria viață. În același timp, erau suficient de educate și de mature ca să aibă capacitatea să o facă.

Generația următoare, cea a „femeilor democrației“, include categoria de repondente tinere, născute în anii '70–'80, care erau fetițe sau cel mult adolescente în comunism. Amintirile lor directe sunt mai degrabă legate de frustrările legate de consum, iar cele indirecte sunt legate de idealizarea „locurilor de muncă sigure“ și a „locuințelor date de stat“. Am remarcat că aceste femei nu invocă problema lipsei libertății de exprimare, de informare, de mișcare; în general, nu invocă încălcarea drepturilor negative în comunism. Considerăm că acest fapt se datorează vârstei lor mici la sfârșitul perioadei comuniste și faptului că în școală acest tip de experiențe era mult mai puțin semnificativ.

> Î: Ce a însemnat comunismul pentru dumneavoastră?
> R: Comunismul a însemnat copilăria mea. Și copilăria mea a fost fericită, cu toate că în copilărie am fost în comunism... Nu neapărat pentru că era Ceaușescu. Presupun că toți copiii sunt fericiți sau cei mai mulți ar trebui să fie (M.S.M., 34 de ani).

1. O bună parte din banii destinați pensiilor și măsurilor de protecție socială au fost folosiți de statul postcomunist ca să plătească oamenii aflați în șomaj tehnic sau salariile compensatorii, în contextul prăbușirii industriilor (Pasti 2003).

Experiența lor de trai în democrație este cea mai vastă și mai concludentă. Acest gen de experiență pare la fel de firească precum faptul de a avea mâini și picioare. Cu cât repondentele sunt mai tinere, cu atât mai mult iau libertățile și drepturile ca pe un dat firesc, și nu ca pe o mare izbândă, pentru care merită să îți riști viața și libertatea.

Femeile din generația comunismului s-au născut într-o societate preponderent țărănească; făceau parte din prima generație alfabetizată în masă la nivel de școală primară (Murgescu 2010). În copilărie au avut acces inclusiv la gimnaziu, dar cu costuri materiale mari din partea părinților. Ele nu au fost contemporane cu democrația interbelică decât în copilărie și fac apel mai degrabă la amintirile părinților lor despre acea perioadă. Practic, din 1938 România a rămas vreme de 50 de ani sub regimuri dictatoriale: carlist și fascist (1938–1944) și apoi comunist (1948–1989). Generația mamelor lor a avut, începând cu 1929, drept de vot restrâns la alegerile locale, iar din 1938 drept de vot inclusiv la alegerile generale. Acest drept nu a fost însă exercitat la primul vot dat în condiții pluripartidiste (1946): alegerile au fost falsificate. Ulterior, România a avut un regim monopartit și nu a întrunit, până în 1990, caracteristica elementară a unui regim democratic: alegeri libere și competitive (Dahl 2000). Vreme de jumătate de secol, statul nu a fost prestator de servicii și administrator al bunurilor comune, aparținând tuturor cetățenilor; dimpotrivă, cetățenii erau supușii, de cele mai multe ori pasivi[1], ai statului. Orice idee de contract social între guvernanți și cetățeni părea cel puțin bizară, în aceste condiții.

Destinul femeilor din generația comunismului a fost cu atât mai comun cu cât alternativele privitoare la alegerea modului de viață au fost dramatic restrânse. Sub regimurile

1. În condiții de dictatură nesupunerea însemna persecuție (îndreptată inclusiv împotriva familiei), închisoare sau moarte.

autoritare, istoria vine asupra oamenilor ca o „fatalitate" și este adesea receptată ca atare, după cum afirmă și repondentele: „Ce să fi făcut? Am trăit cum au fost vremurile. Nu ne-a întrebat nimeni ce vrem".

Proiectul nostru a pornit de la premisa că cetățenia democratică are nevoie de feminism pentru a se dezvolta (Lister 2003; Nussbaum 2001; Phillips 1991, 1997, 1998).

Din constatările noastre, repondentele au învățat cum să devină „tovarășe de muncă și de viață" ale bărbaților, păstrând, volens nolens, rolurile tradiționale în familie, căci acestea nu au fost contestate public. Orice alt „-ism" în afară de comunism era interzis. Feminismul, considerat o deviație burgheză periculoasă[1], nu a avut cum să pătrundă din exterior, iar în interior orice „deviație" de la ideologia oficială – și de altfel unică – făcea obiectul unei aspre reprimări. Al doilea val de feminism, care a debutat în democrațiile occidentale în anii '60–'70 și care a făcut cu putință inclusiv chestionarea nedreptății în sfera privată, a început să se manifeste aici mult mai târziu, în condițiile democrației, la sfârșitul anilor '90, cu un decalaj istoric major față de Occident.

Comunismul a însemnat emanciparea femeilor prin muncă salariată sub direcția partidului-stat ca patriarh general al societății (Miroiu, 2004b, 2011). În consecință, ceea ce se observă clar la repondentele noastre din generația comunismului este o anume doză de resemnare, nu doar față de un regim politic care reprima orice fel de opoziție, ci și față de regimul de putere de gen a cărui contestare publică a fost complet izolată (Olteanu 2003).

O parte a cercetătoarelor feministe ale comunismului din Europa de Est consideră că achizițiile venite pe calea comunismului coincid cu agenda feministă: drepturi civile și politice egale cu bărbații, accesul la locuri de muncă, sprijinul statului în creșterea copiilor prin creșe și grădinițe publice,

1. Vezi acuzațiile împotriva Alexandrei Kollontai.

reprezentarea în diferite foruri de conducere locale și naționale (Daskalova *et al.* 2007). Nu le împărtășim această opinie din mai multe motive. Mai întâi, accesul la drepturi și autonomie personală era foarte restrâns.[1] Apoi, regimul comunist nu permitea asocierea liberă, inițiativa civică sau politică și exercita un control permanent asupra cetățenilor în viața lor de zi cu zi (Fitzpatrick 2000). Organizațiile de femei erau controlate politic și nu reprezentau interesele femeilor, ci directivele Partidului referitoare la femei (Olteanu, E.-S. Gheonea și V. Gheonea 2003).

În condițiile existenței partidului-stat, conducerea era centralizată, bazată pe o ierarhie strictă. Partidul Comunist, mai precis conducerea sa centrală, nu opera cu ideea că oamenii sunt actori raționali, ci se considera singurul „factor conștient“, cel care le cunoștea interesele mult mai bine decât le cunoșteau ei înșiși. Așa cum trupul trebuie să urmeze mintea, trupul-popor trebuia să urmeze mintea conducătorului/conducătorilor. Partidul Comunist era reprezentat nu numai în teritoriu, ci și în fiecare întreprindere și instituție în parte. Practic, era ubicuu. Orice fabrică, școală sau spital avea o organizație de bază a Partidului, cu rol decisiv în relație cu managementul administrativ. Din Birourile Organizațiilor de Bază ale PCR, la acest nivel, făceau parte persoane care lucrau în instituția/întreprinderea respectivă. Aceștia erau profesioniști și se distingeau de cei care se aflau în structurile centrale. Atât în teritoriu, cât și la centru conducerea era exercitată de „activiști de profesie“ (nomenclatura de partid). La nivel de instituție/întreprindere lipsa calității de membru a Partidului Comunist descalifica persoana respectivă în relație cu posturile de conducere, avansările, măririle de salariu, iar în cazul anumitor profesii aducea imposibilitatea practicării lor

1. O discuție foarte semnificativă pe această temă s-a purtat în *Aspasia* Forum, vol. I, 2007.

(magistrat, profesor de științe sociale, funcționar în administrație etc.).

Istoric, din Partidul Comunist nu au putut face parte, în perioada comunismului românesc de tip sovietic (1948–1965) cei care au aparținut categoriei „dușmanilor de clasă ai proletariatului“, mulți dintre ei devenind deținuți politici: membrii partidelor politice interbelice, burghezii, micii întreprinzători, intelectualii educați în societatea burgheză, preoții. Interdicția viza și rudele de gradul 1 și 2 ale acestora și a afectat generația comunismului în primele două decade (anii '50–'60). În perioada comunismului naționalist (1966–1989) această limitare se aplica celor cu rude sau relații în străinătate, care erau suspectați mereu ca potențiali „trădători de țară“. Interdicția a afectat din plin femeile aparținând generației de tranziție.

Ca să devină mai eficient în controlul pe care îl exercita asupra cetățenilor, PCR a înființat organizații prin care încerca să pregătească „omul nou comunist“ de la vârste foarte fragede. La 9 ani erai primit în Organizația de Pionieri, la 14 în Uniunea Tineretului Comunist (UTC), iar la majorat puteai deveni membru al PCR. În anii '80, acestui program de înrolare politică i s-a adăugat înscrierea copiilor de grădiniță și a celor din primele două clase de școală primară în organizația Șoimilor Patriei.

Din dorința de a organiza și controla activitățile de la locul de muncă al fiecărui angajat, de la membrii conducerii la femeia de serviciu, PCR a dispus crearea Organizației Democrației și Unității Socialiste (ODUS) în fiecare instituție. Aceste organizații păreau să fie grupuri de lucru ce funcționau paralel cu Partidul Comunist, deși erau complet subordonate acestuia prin mecanisme specifice de raportare. Unitățile locale raportau organizațiilor regionale controlate de PCR; la rândul lor, organizațiile regionale erau subordonate unei organizații naționale: Frontul Democrației și Unității Socialiste (FDUS), înființat în 1968.[1]

Viața oamenilor era atât de controlată și de dominată de factorul politic încât, așa cum reiese din interviuri, dorința multora dintre ei, și mai ales a femeilor de a scăpa de orice avea legătură cu politica de îndată ce era posibil este explicabilă. Dar explicabilul și utilul (promovarea propriilor interese), după cum vom vedea mai târziu, nu se suprapun în acest caz.

Femeile erau în minoritate printre membrii de partid, iar femeile care dețineau poziții de conducere în cadrul regimului erau și mai puține. În 1949, procentajul membrelor de partid era de numai 8%, după cum menționează un raport al Anei Pauker (Jinga 2015, 257). În 1965, când Nicolae Ceaușescu a venit la putere, procentul crescuse la 25%. În următorii 25 de ani, Ceaușescu a încercat să recruteze mai multe femei; totuși, în 1989 ele reprezentau numai 36% din numărul membrilor de partid (Jinga 2015, 259). Reprezentarea scăzută a femeilor în partid este un fenomen comun întregului Bloc Estic (Fidelis 2010).

În *Gen și reprezentare în România comunistă: 1944–1989*, Luciana Jinga (2015) a ajuns la concluzia că PCR asculta rareori de membrele de partid și nu permitea inițiative pornite de la pătura de jos cu privire la aspectele de gen, în special după ce Partidul a îndepărtat-o pe Ana Pauker, în 1952. Raluca Maria Popa (2016) a arătat că în Consiliul Național al Femeilor (CNF) – organizația oficială a femeilor – s-a încercat promovarea anumitor aspecte, în special accesul la mijloace contraceptive sigure și discutarea preocupărilor privitoare la dubla zi de lucru. Dovezile pe care Popa și Jinga le prezintă evidențiază incapacitatea conducerii CNF de a

1. Legea nr. 57 din 26 decembrie 1968 privind organizarea și funcționarea consiliilor populare, accesată la 16 mai 2018, http://www.cdep.ro/pls/legis/legis_pck.htp_act_text?idt=27845.

influența politicile în mod pozitiv. Pe scurt, cu excepția câtorva inițiative locale și modificări legislative minore, PCR și organizațiile de femei dictau politicile de gen, dar nu le implicau pe femei în calitate de cetățene active, cu interese specifice. Acest context instituțional a determinat felul în care au interacționat repondentele noastre cu autoritățile locale și naționale între 1945 și 1989.

Având în vedere acești parametri, le-am pus repondentelor următoarele întrebări: Cum și în ce măsură v-a afectat politica experiențele personale? Ce rol avea Partidul Comunist și cum vă afecta pe dumneavoastră rolul acestuia? V-ați înscris în PCR ? Cum v-a afectat acest fapt viața profesională și personală? Care sunt aspectele pro și contra specifice politicilor epocii comuniste în privința educației, a muncii, a locuinței, a consumului, și în special în privința normelor de gen? Cum v-au afectat politicile pronataliste de după 1966?

În capitolul de față examinăm în detaliu modul în care aceste femei au perceput regimul comunist și opiniile lor referitoare la felul în care regimul a conturat sfera publică și perspectiva lor despre cetățenie.

Dreptul la participare politică: „Partidul e-n toate“[1]

În timpul dictaturii proletariatului (1948–1965), „dușmanii de clasă“, incluzând în mare parte oameni care nu erau de etnie română, nu puteau deveni membri ai PCR. Mai mult, regimul a trimis la închisoare multe persoane care făcuseră parte din partidele politice ale perioadei interbelice, profe-

1. Titlul unei poezii faimoase în epocă, scrisă de George Lesnea, un poet care s-a adaptat vremurilor. Ironic, autorul considera că poezia respectivă reprezintă de fapt un imn religios, în care cuvântul „Dumnezeu“ fusese înlocuit cu „Partid“.

sioniști din clasa de mijloc, mici antreprenori, intelectuali și preoți. (Dobrincu, Tismăneanu și Vasile 2007). Repondentele din generația comunismului au menționat adeseori această situație: „Era inginer. Fusese și deținut politic. Când s-au întors comuniștii, era mic și... cu alți copii îi așteptau pe americanii care nu au sosit. Și mulți sperau la asta după ce veniseră rușii. După aceea, au format un grup de tineri și cineva i-a dat în vileag" (D.D., 84 de ani). Membrii minorităților religioase, precum greco-catolicii, au fost și ei arestați și contestați de Partid (A.T., 71 de ani). Mai târziu, în timpul perioadei naționalist-comuniste (1966–1989), persoanele care aveau rude sau prieteni în străinătate nu se puteau înscrie în Partid. Femeile din generația tranziției au fost cele mai afectate de aceste politici (Neculau 2004). Neapartenența la Partid le plasa într-o situație complicată și din punct de vedere profesional.

Reușita stabilizării regimurilor comuniste a depins de capacitatea lor de a-i atrage pe membrii activi ai societății, prin diferite condiționări cărora era greu să le reziști, mai ales în perioada comunismului naționalist. Unele dintre femei au fost fiice sau soții de deținuți politici și au învățat lecția fricii pentru o viață de om, căci le-a urmărit până la maturitate acuza colaborării cu dușmanul de clasă; au existat tot atâtea îngrădiri în obținerea slujbelor, a pozițiilor ierarhice și în acceptarea ca membru în Partidul Comunist, condiție *sine qua non* a accesului la educație și la avansare profesională. Una dintre suferințele invocate de repondente consta chiar în faptul de a fi silit să devii comunist, chiar dacă totul era formal.

Într-o asemenea situație s-a aflat D.D., 84 de ani, asistentă medicală, pensionară, mutată în anii '90 în Canada:

Î: Considerați că ați suferit de pe urma comunismului?
R: Da. Soțul meu a fost deținut politic. Frică am avut întotdeauna, am trăit numai cu frică. Și când veneam

> de la servici[u] mă uitam dacă e cineva în urma mea. Nici măcar în UTC nu m-au primit, că m-au văzut cu o cruciuliță la gât. Nici măcar în funcții sindicale nu m-au lăsat să avansez, nici să merg la școli de perfecționare. Colegii mei înscriși în Partid mai avansau, mai aveau creșteri de salariu; eu nu, am rămas la salariul minim. În anii '70[1] nu am mai putut sta încremenită în același loc, nu mai progresam deloc, așa că atunci m-am înscris în Partid, dar aia a fost așa, nu ca dorință.

Același gen de argument îl aduce și E.B., 77 de ani, pensionară, învățătoare: „Eu nu am putut să merg la gradul unu. Mi-am făcut dosarul de două ori și mi l-au respins că nu eram membră de partid și a trebuit să mă înscriu până la urmă".

Nici traiul în sat, fără aspirații de carieră, nu te scutea de necesitatea apartenenței la Partidul Comunist. G.M., 83 de ani, pensionară din Sîncrai, văduvă, povestește cum „ne băteau tot timpul la cap să ne înscriem în Partid". Ea era țărancă, lucra la CAP, nu avea cum avansa și nici cum câștiga mai mult, dar până la urmă a cedat: „Fata mea voia să dea admitere la facultate și trebuia ca măcar unul să fim membri de partid. Omu' meu era bolnav; dacă se înscria în Partid îl mai țineau ăia în plus în uzină la ședințe câte două ore pe zi și se prăpădea. Atunci ce să fi făcut? M-am înscris eu, ca să poată fata să dea la facultate".

V.S., 79 de ani, pensionară de la CAP, tot din Sîncrai, vecina ei, a scăpat mai ușor:

> R: Vecina o fost în Partid... Că atuncea dacă nu erai membră de partid nu lăsa copiii la școală... Dar la mine s-o făcut soțul și eu am scăpat.
> Î: Soțul s-a făcut că a fost obligat? Sau a vrut?

1. Anii '70 au însemnat trecerea la comunismul naționalist.

R: Da... cum să vrea? Păi n-o vrut, dar n-o avut ce să facă.
Î: Dar cei care erau membri o duceau mai bine?
R: Eeee, o duceau pe naiba! Lucrau, tot ca noi!

În anii '70, Partidul Comunist a depășit etapa dictaturii proletariatului; lichidase „clasele exploatatoare" și a acceptat, cel puțin în sfera profesională, o selecție bazată într-o anumită măsură pe merit:

Î: S-a schimbat ceva în cursul timpului, legat de intrările în Partid?
R: Nu mai primeau în Partid toți leneșii și toate nimicurile, le trebuiau oameni capabili. (E.B., 77 de ani)
R: Te verifica de la rădăcină, de unde te-ai născut, cine ești și ce rezultate în muncă ai, ce comportare ai, nu te punea la întâmplare pe funcție. (A.A., 71 de ani)

Aceste schimbări în procesul de recrutare au făcut să intre în Partid femei care s-au dovedit foarte întreprinzătoare și după căderea comunismului, cum este de exemplu A.Ș. (71 de ani): „Acolo [la PCR] am avut funcții, am fost aleasă în toate comitetele, comisiile, că eram foarte activă. După '89 am început cu alte activități, de-astea, capitaliste... Și acuma păstrez carnetul de partid, nu mi-e mie frică de chestia asta. Așa o fost regimu', așa o fost conjunctura. Ce să fi făcut?"

A.A., în vârstă de 71 de ani, a avut la rândul ei responsabilități în Partid, în paralel și dincolo de munca ei de contabilă. Ea surprinde sintetic felul în care în comunism nu se mai separa profesia de politică, viața publică de viața privată:

Mergeam la mai multe unități și asistam la ședințe. Cele mai multe erau pe linie de producție: să se muncească, să se construiască, să se facă, ce să se facă. Fiind șantier de construcție, la noi tot timpul era plan, tot timpul erau

> obiective. Se discută foarte mult de muncă, de conștiință, de pregătirea profesională la fiecare, de seriozitate, de modul de comportare între oameni, între salariați. Se discută și de familii: să nu își părăsească familia, adică să aibă fiecare conduită corespunzătoare, să nu se facă de râs în societate...

La întâlnirile Biroului Organizației de Bază (BOB) se discutau uneori și probleme maritale[1], pentru că partenerii, chiar dacă nu erau membri, puteau depune plângeri la locul de muncă al soțului/soției: „Am avut cazuri când soțiile membrilor noștri PCR au venit să se plângă de comportamentul abuziv al soților lor. Ca secretară de partid, conduceam investigația în aceste cazuri“ (M.M., 55 de ani).

În exemplele menționate de repondentele noastre, soțiile se plângeau că soții lor le bat sau cheltuiesc salariul în mod nechibzuit, sărăcindu-și familiile. Câteodată BOB lua măsuri pentru a rezolva aceste plângeri, după cum sugerează istorisirea de mai sus. Pedeapsa varia de la un avertisment scris la tăieri de salariu sau chiar la excluderea din PCR. În lipsa unor politici îndreptate împotriva violenței domestice, unele dintre aceste organizații le dădeau femeilor ocazia să-și exprime nemulțumirile. Când femei ca A.A. sau M.M. făceau parte din BOB, erau mai multe șanse ca acuzațiile să fie investigate și agresorii să fie pedepsiți.

Membrii de partid trebuiau să fie un exemplu pentru toți ceilalți. Răspunderile lor nu se opreau la ușa întreprinderii, a instituției sau în familie, ci se extindeau la munci obligatorii în favoarea comunității care s-au numit, pe rând, „muncă voluntară“ (perioada comunismului de tip sovietic) sau „muncă patriotică“ (perioada comunismului naționalist) (Antonovici

1. Formularea eufemistică a intervievatei, „să aibă fiecare conduită corespunzătoare “, poate avea în vedere normele sociale sau de gen pe care PCR le promova.

2013). A.A. (71 de ani) spunea că întregul personal care avea sarcini de răspundere pe linie de partid pleca și pe teren. „Ne scotea și pe noi din birouri și ne ducea să facem curățenie la furnal, să facem curățenie pe străzi, să arate orașul curat-bec; drumurile [să fie] marcate, vopsite, parcurile aranjate. Puteam să nu ieșim? Da' cine ne întreba?"

Nici „femeile tranziției" nu au scăpat de obligativitatea înrolării în Partidul Comunist. Ca să minimizeze riscurile profesionale, ele încercau și uneori reușeau să devină membre de partid. Studenții din generația lor intrau în Partid în ordinea mediilor (meritocratic), dacă nu aveau rude în străinătate – era etapa comunismului naționalist în România (Budeancă 2009; Jinga 2011).

> Î: Ce motive ați avut ca să intrați în Partid?
> R: Nu s-au dat ani la rând examenele de specializare medicală pentru că tovarășa[1] n-a acceptat să se dea. Ea dirija – nu-i nevoie de medici specialiști, să fie medicii legați de glie; nu puteai să te gândești că poți să lucrezi în altă parte. La un moment [dat], s-a auzit că numai membrii de partid vor avea dreptul să dea examen și am rugat-o și eu pe primărița din comună să mă primească în PCR. I-am spus: „Vreau și eu să intru în partidul ăsta că să pot să îmi dau examenul de specialitate", iar tipa a zis: „Îmi pare foarte rău, doamnă doctor, dar trebuie să primesc întâi doi țărani ca să pot să primesc și un intelectual, și pe ultimii doi i-am făcut membri de partid când l-am primit pe inginerul agronom. Nu mai am locuri anul ăsta. (L.G., 53 de ani)

1. Trimitere la Elena Ceaușescu, soția dictatorului, numărul doi în ierarhia politică a vremii, absolventă de școală primară, dar transformată în chimistă și academiciană, cunoscută pentru prigoana personală împotriva specialiștilor.

D.L. (55 de ani), deși a fost membră de partid, fiindcă altfel nu ar fi putut să lucreze ca juristă la o întreprindere de textile, nu a avut funcții de conducere și nu a reușit să lucreze în magistratură (ne mărturisește că asta a fost tristețea sa cea mare) în perioada comunistă, fiindcă tatăl ei era grec și acest fapt însemna că nu este „destul de romancă". Istoria se repetă identic și în cazul celorlalte participante la focus-grupul compus din femeile perioadei de tranziție care erau de etnie maghiară (O.D., 55 de ani, și L.L.G., 40 de ani).

Dacă înscrierea în Partid nu era consecința directă a nevoii de a avansa (cazul asistentelor medicale care nu voiau să devină asistente șefe, de exemplu), rațiunile de familie rămâneau la fel de presante. V.D. (48 de ani) s-a înscris în Partid în 1989: „Soțul meu urma să primească o funcție importantă de comandant militar în Orăștie și condiția era ca și eu să devin membră de partid".

Este semnificativ faptul că nici una dintre intervievatele noastre nu s-a înscris în Partid din convingere și de bunăvoie, ci a fost forțată de împrejurări. După cum declară ele însele, dacă erai membră a PCR nu conta, dar dacă nu erai conta, și faptul se repercuta asupra traiectoriei profesionale. Gândind în context, nici una dintre ele nu știa că va vedea sfârșitul epocii comuniste, așa că fiecare a încercat, pur și simplu, să își trăiască viața în propria istorie.

Un avantaj al comunismului: educația

Aproape toate repondentele noastre din generația comunismului proveneau din familii sărace din mediul rural. Această situație nu a fost schimbată de venirea comunismului, care a naționalizat proprietățile private, a anulat dreptul la proprietate individuală și le-a luat cetățenilor dreptul de a-și controla propriul venit. Multe dintre aceste femei erau primele din familiile lor care trăiau la oraș. Au admis că printre beneficiile pe care le-a adus comunismul se numără educația și îngrijirea medicală gratuită, siguranța locului de muncă și pensiile, ca și locuințele la prețuri rezonabile (Jinga 2015; Mărginean 2015).

După venirea la putere a comuniștilor, industria a crescut substanțial. Dezvoltarea ei se baza pe pregătirea oamenilor și migrarea lor din mediul rural, unde practicau economia de subzistență. La începutul perioadei comuniste, 60% din femeile din România erau analfabete (Jinga 2015, 14). Regimul garanta șapte ani (spre deosebire de patru ani, cum era anterior) de educație gratuită obligatorie. În anii 1980 această cerință a crescut la zece ani de școală obligatorie. În plus, părinții și copiii nu mai plăteau taxe pentru școala profesională, liceu, educația postliceală, studiile universitare. Până în anii 1960, regimul a eradicat analfabetismul.

În anii 1940 și 1950 copiii muncitorilor săraci și ai țăranilor beneficiau de un program educațional care le rezerva majoritatea locurilor din licee, școli profesionale sau facultăți (Jinga 2015). În schimb, copiii „dușmanilor de clasă" aveau un număr limitat de locuri – în situația în care li se permitea înscrierea. Aceste măsuri le-au permis repondentelor generației comunismului să plece de la țară și să obțină diplome de absolvente ale școlilor profesionale, ale liceelor sau chiar ale facultăților.

A.A., o contabilă pensionară în vârstă de 71 ani, ne-a descris o situație tipică, pe care ne-au prezentat-o, de altfel, multe dintre repondente:

> Eu am fost o fată de la țară: am fost șase copii, părinții au fost modești, toată viața lor au muncit și au grijit banul pe care îl făceu vânzând cereale și animale; au cumpărat pământ să ne dea la fiecare când ne căsătorim. Înainte de comunism nu aveau posibilitatea să ne dea

> la școală la oraș, că era cu plată. Odată cu venirea comunismului am putut să plec de acasă, să mă duc la o școală, să am bursă și să îmi fac o meserie de oraș, la fel ca alți frați ai mei. Atunci era tendința că toată lumea care are posibilitate și învață să se ducă la oraș și să facă ceva în funcție de ce-l ajută capul pe fiecare. După terminarea școlii am putut ca să obțin un servici[u] după care să-mi întrețin viața singură.

Desigur, Partidul Comunist nu avea o pușculiță generoasă din care să plătească bunurile publice pe care le oferea gratuit: școala și sănătatea. Trebuia să ia în posesie aproape tot ce aveau proprietarii individuali și să redistribuie întreaga avuție națională în funcție de propria voință. Banii necesari școlarizării, la fel ca și cei destinați industrializării au fost luați prin completa pauperizare a țăranilor, care au rămas aproape fără nimic (Klingman și Verdery 2011).

> Pământul a trecut tot la colectiv, la fel vitele, utilajele, tot ce exista în gospodărie. Părinții mei și ai celorlalți au rămas fără nimica. Aproape nici nu puteau să-și țină zece găini. Erau foarte necăjiți. Venea mama la mine, n-avea zece lei să-mi deie să cumpăr caiete; îmi dădea cinci, atâta avea, că le-a luat statul tot grâul. Le-a lăsat foarte puțin, aproape nu puteau să trăiască. Au muncit la colectiv; frații rămași, la fel, toți lucrau, dar câștigau foarte puțin. Pentru ei a fost tare rău. (A.A., 71 de ani)

Deși era mândră de educația și de realizările ei profesionale în calitate de contabilă, repondenta noastră era conștientă că succesul ei a depins de sacrificiile foarte mari ale familiei.

Școala este universal prețuită de către repondentele noastre. Uneori, această prețuire pentru școală în comunism capătă aspecte idealizante: toate erau mai bune și mai „adevărate“: profesorii, admiterile, elevii. B.F., 38 de ani, medic de familie, are nostalgia respectului față de omul cu studii superioare, inteligent și bine calificat, care, prin contrast, este dat la o parte după 1989, fiindcă are bun-simț, și atunci se simte strivit. B.F. ignoră însă perioada dictaturii proletariatului, prigoana împotriva intelectualilor, precum și faptul că, până la sfârșitul comunismului, cei din conducerea superioară a Partidului nu aveau astfel de studii. Există însă o anumită îndreptățire în ceea ce spune, dar această îndreptățire are de-a face mai degrabă cu școala ca oază de competiție și meritocrație. Acest gen de „oază" se reproducea prea puțin în alte domenii (Tismăneanu 2003).

Deși multe dintre repondente au admis că după 1989 accesul la educație a fost și mai ușor, în special cu privire la educația postliceală, au fost de părere că aceste programe ofereau o slabă pregătire pentru piața muncii. Acest lucru nu fusese valabil în perioada comunistă: „Acum e mult mai rău decât în vremea comunismului. Este mai rău pentru că tinerii nu au slujbe garantate, nu au locuință garantată, se duc la școală degeaba, primesc o educație de pomană, pentru că, chiar dacă sunt educați, nu au de lucru în țara lor, și dacă au [slujbele] acestea sunt prost plătite. Apoi o iau razna, își părăsesc părinții, pleacă de lângă cei dragi, din locurile natale, și se duc în străinătate [să trăiască printre străini] și muncesc pentru nimic" (M.B., 57 de ani). Comentariile ei evidențiază modul în care femeile din generația comunismului au internalizat abordarea educației de către stat. Regimul aloca locuri în școlile profesionale, licee și facultăți pentru a furniza economiei centralizate forță de muncă. După absolvire, conducerea PCR locală le distribuia absolvenților locuri de muncă. Așadar, deși educația era gratuită, Comitetul de Stat al Planificării dicta cine beneficia de ea. Sistemul nu era conceput să ofere putere femeilor (și nimănui altcuiva, de altfel), ci urmărea să direcționeze forța de muncă spre ariile pe care le considera importante.

Siguranța serviciului

Femeile au avut noi oportunități de angajare în timpul regimului comunist. Articolul 18 din Constituția din 1965 stipula: „În Republica Socialistă România, cetățenii au dreptul la muncă. Fiecărui cetățean i se asigură posibilitatea de a desfășura, potrivit pregătirii sale, o activitate în domeniul economic, administrativ, social sau cultural, remunerată după cantitatea și calitatea ei. La muncă egală retribuția este egală" (Constituția Republicii Socialiste România 1965). Codul muncii din Republica Socialistă România din 23 noiembrie 1972 prevedea, la cap. 1, art. 1, garantarea dreptului la muncă în concordanță cu pregătirea profesională și în funcție de nevoile întregii societăți. Cu alte cuvinte, planul centralizat de distribuire a locurilor de muncă avea prioritate.

Opțiunea de a nu munci nu exista. Prin lege, toți cei apți de muncă, neînscriși în sistemul de învățământ, trebuiau să lucreze, fiindcă nimeni nu avea voie să trăiască din munca altora.[1] Dacă nu munceai timp de 6 luni erai acuzat de parazitism și trimis la închisoare.

> Pe vremea lui Ceaușescu era necesar să te angajezi, că nu mai puteai da admitere anul următor la facultate dacă nu erai în producție și nu se tolera lipsa de muncă (îi ziceau parazitism), așa cum e acuma... deci nu exista noțiunea de șomaj. (C.P., 48 de ani)

Totuși, industriile din Hunedoara i-au privilegiat pe muncitorii bărbați, în special între 1948 și 1956. În 1956, 39% din populația activă a femeilor din județul Hunedoara avea locuri de muncă[2], dar până în 1966 procentul a scăzut la

1. Cu excepția femeilor care aveau copii mici și se declarau casnice.
2. În orașul Hunedoara era de numai 20%, în timp ce la nivel național media era de 44%.

24% (Mărginean 2015, 203). Aceste statistici indică faptul că regimul nu s-a ocupat în mod special să ofere locuri de muncă pentru femei. 65% din populația salariată a județului era angajată în doar două industrii, mineritul și industria oțelului, și angajații erau cu precădere bărbați. În consecință, femeile au fost nevoite să intre într-o competiție intensă, pentru un număr limitat de posturi, în afara acestor industrii. În ansamblu, având în vedere procentajul mai mare de femei angajate în forța activă de muncă din anii 1930, se poate afirma că regimul nu a prevăzut șanse economice egale indiferent de gen, deși pretindea că îndeplinește această cerință.

Așa cum putem observa[1], în afara accesului gratuit la educație la orice nivel, după comunism regretele multor oameni sunt centrate asupra faptului că nu se mai asigură locuri de muncă pentru toată lumea. Acest regret are rațiuni serioase, mai ales pentru muncitorii din industrie, care au fost grav afectați de procesul dezindustrializării, după 1990. În plus, statutul de clasă conducătoare al clasei muncitoare însemna multe avantaje salariale și sociale, toate pierdute prin dispariția comunismului.

Într-adevăr, tendința generală este de a aprecia existența locurilor de muncă sigure. Dar care era prețul acestei siguranțe în raport cu alte valori, precum libertatea, competiția sau meritocrația?

> Î: Ce era bine în comunism?
> R: Bine era ca aveai loc de muncă, dar în relația din interiorul serviciului unde erai trebuia să înghiți niște prostii din partea unora care habar nu aveau de nimic, nu erau pregătiți [referire la perioada comunismului sovietic – n.n.].

1. Faptul semnalat în continuare este evidențiat, de asemenea, în numeroase sondaje de opinie realizate la scară națională pe această temă.

> Nu aveai voie să contrazici, trebuia să-ţi vezi de treaba ta şi să nu ai personalitate. Nu trebuia să faci nişte afirmaţii care te puteau costa. (A.T., 65 de ani).
> R: Atunci aveam fiecare loc de muncă! Dar cum? Erau îngrădite orice libertăţi. Mai toate libertăţile. Eram liberi să începem şi să sfârşim cu tovarăşu' şi cu aplaudatul. (A., 39 de ani)

Cei care regretă însă siguranţa locurilor de muncă pentru absolvenţii de învăţământ superior ignoră de regulă preţul alocării locului de muncă de către stat.

Traseul presupus de locul de muncă sigur pentru femeile din generaţia de tranziţie este bine descris de A.A.C. (48 de ani). Pentru absolvenţii de studii superioare existau repartiţii guvernamentale: cu alte cuvinte, statul îl trimitea pe fiecare să lucreze într-un loc predeterminat. Ei erau ierarhizaţi în funcţie de medie, stare civilă şi domiciliu şi repartizaţi potrivit unei liste de locuri de muncă alcătuite deja de guvern, în virtutea planificării centralizate. Instituţiile şi uzinele îşi organizau rar propriile concursuri de ocupare a posturilor. Rolul prevalent era al statului, în calitate de furnizor unic al locurilor de muncă (Moise 2002). Acest fapt, în condiţiile inexistenţei economiei de piaţă, explică slaba experienţă a competiţiei economice în general şi a celei profesionale în particular, în contextul adaptării la capitalism.

A.A.C. este un caz relevant de femeie care ştie să separe clar, aşa cum spune chiar ea, între ceea ce „datorez comunismului" şi ceea ce „datorez eforturilor mele". După cum vom vedea ulterior, A.A.C. a ştiut să preţuiască darul libertăţii prin implicare politică directă în democratizarea societăţii. Această femeie este un prototip de femeie autonomă, dar şi de cetăţeană activă profesional şi politic, care în colectivism a internalizat individualismul etic, dar şi limbajul drepturilor în lumea posttotalitară.

Î : Ce credeți că datorați comunismului ?
R : Am mai auzit ideea [asta], că „Comuniștii te-au făcut doctoriță!“. Nu, nu m-au făcut comuniștii doctoriță. La facultate am intrat muncind foarte mult, după un examen de admitere epuizant, venind dintr-o familie care nu și-a permis să mă trimită la meditații. A trebuit să mă pregătesc singură. În facultate am văzut și ce înseamnă așa-zisul PCR, „pile-cunoștințe-relații“, în timp ce eu pentru fiecare examen am muncit; era copilul lui cutare, care nici nu se prezenta la examen și lua 10. Eu învățam de nu mai puteam și luam 9 sau 8.

Ca și colegii ei, A.A.C. a fost repartizată la terminarea facultății într-o mică localitate, minieră în cazul ei, de unde a trebuit să plece (fiindcă puternicii locali aveau și ei „pila“ lor), cu avizul autorităților, într-un sat de munte (aflat la 8 km distanță) fără dispensar funcțional și fără gară. La dispensar ajungea pe jos sau cu camioanele pentru mineri. Dar avea „siguranța locului de muncă“. După trei ani, eliberată de jugul stagiului obligatoriu, se mută la spitalul din oraș: „Venisem cu adeverință din partea Spitalului și din partea Primăriei, care solicitau ca să mi se introducă un telefon fix pentru ca să poată Spitalul lua legătura cu mine. Șeful Poștei mi-a spus că «Tovarășul Nicolae Ceaușescu v-a trimis să lucrați, nu să vă montați telefon»“.

Pentru mulți absolvenți ai acelor ani munca în oraș era aproape o ficțiune, iar dacă se încăpățânau să locuiască în „civilizație“ (a se citi în blocuri cu apă curentă, canalizare și încălzire) se supuneau unei navete pline de aventură:

Î: Cum v-ați descurcat cu mersul la serviciu în condițiile de atunci ?
R: Gândește-te că făceam naveta asta cu un tren personal în condiții grele. [...] Opt ore noaptea, înțelegi... Și acuma am imaginea aia cu mine, noaptea [...]. Da, cu muncitori,

cu... [...] mă gândesc cum am avut curajul ăsta, tu înțelegi? [...] Putea să mi se întâmple orice. [...] Făceam autostopul ca să ajung la trenul celălalt, cu care veneam acasă. Lucram, că aveam o tură, și plecam cu autostopul la gară. Și veneam cu cine mă lua“. (O.D., 55 de ani)

Întreaga generație de profesioniști din perioada 1974–1989 a fost afectată de deciziile aberante care nu le lăsau nici o posibilitate să se dezvolte: au fost închise posturile vacante din orașele mari, nu s-au făcut admiteri la programele de studii de doctorat, s-au blocat posturile în învățământul superior și în cercetare. Femeile din Hunedoara nu se plâng explicit de această ultimă decizie. Ea a afectat mai ales absolvenții performanți din orașele mari, care nu au mai putut ajunge să lucreze în învățământul superior și în cercetare decât după 1990, când pentru mulți absolvenți din perioada comunistă era mult prea târziu.

Și totuși, există și o opinie mai greu de contrazis, formulată elocvent de către A.A. (42 de ani), avocată. Ea consideră cu îndreptățire că „talpa țării“ reușea pe atunci să-și obțină dreptatea în justiție, dar mai ales la locul de muncă: „Azi nu mai ai cui să reclami, faci la petiții până nu mai poți și le faci degeaba“. Repondenta se referă prin excelență la costurile mari ale proceselor, la dreptul muncii și la drepturile sindicale. Odată cu procesul de privatizare, sindicatele au dispărut treptat și la ora actuală cei mai mulți salariați sunt de fapt ai nimănui.

Dreptul la locuință

Procesele masive de industrializare și urbanizare inițiate în anii 1950 au dislocat o mare parte a populației (Mărginean 2015). Statul a început să construiască blocuri de mari dimensiuni. Deși unii oameni locuiau în case ocupate de o singură familie în zonele rurale sau chiar în zonele urbane (multe au fost naționalizate până în 1948), majoritatea locuiau în apartamente mici, aproape identice, care erau în proprietatea statului. Statul avea o singură agenție imobiliară. Repondentele din generația comunismului și a tranziției au ajuns să considere că această formă de control social le oferea un fel de siguranță personală:

> Î: Cum v-ați descurcat cu locuința?
> R: După căsătorie statul te ajuta, într-adevăr. Fiecare depunea cerere la timpul când se nimerea și întreprinderea repartiza locuințe. Se îngrijea statul ca să ai servici[u], să ai locuință. Din punctul ăsta de vedere zic că era mai ușor, adică obțineai un serviciu mai ușor și era o stabilitate oarecum și cu banii. (A.A., 66 de ani)

La fel ca majoritatea repondentelor din aceste două generații, răspunsul ei a pus în evidență o părere necritică la adresa statului patriarhal, reflectând parțial îngrijorarea populației față de instabilitatea pieții locuințelor de după 1989. Statul „avea grijă de tine", ca un părinte de copilul lui. Totuși, ea nu a luat în considerație alte aspecte ale acestei relații de putere, ca de exemplu faptul că toate locuințele erau standardizate, că statul ignora preferințele sau nevoile individuale (în cazul celor cu mobilitate redusă, de pildă).

Totuși, alte intervievate au evidențiat caracterul opresiv al politicilor comuniste privitoare la locuințe.

Atmosfera se schimbă însă dramatic pentru generația tranziției, care și-a petrecut tinerețea și debutul vieții de familie în perioada de declin economic și social de la sfârșitul anilor '70 și în anii '80. La aceeași întrebare, răspunsurile încep să difere mult de cele tipice pentru femeile generației comunismului.

> Îmi amintesc că nu se putea lua o locuinţă în Hunedoara, pentru că nu aveam mutaţie. Noi stăteam la 6 km, unde e şi locul de acum şi eram consideraţi zonă rurală. Şi atunci, cu nişte sacrificii imense şi cu nişte şpăgi imense, mi-am luat o garsonieră total nefuncţională, într-un capăt de oraş, care îmi permitea mie să am mutaţie pe oraş [...]. Prin câte compromisuri sau prin ce filieră de escroci trebuie să treci ca să ajungi în posesia unui astfel de buletin! Aşa şi eu cu buletinul de Hunedoara... Multă ipocrizie! La toate nivelurile se instalase chestia asta de relaţii, de nepotisme, de tot ceea ce a încurajat regimul comunist şi tot ce a lăsat şi acum în urmă. Că nimic nu trece aşa, de pe o zi pe alta. [...] Comunismul spunea că suntem egali. Ce egali? Care egali, când alţii erau sătui, [aveau] de toate, [şi] tu vedeai cum îţi flutură pe sub nas toate mojiciile lor. Nici măcar nu te mai puteai lupta cu sistemul, care era de o corupţie şi de o nesimţire crasă! Deci comunismul mi-a adus mie ceva bun ? (C.P., 48 de ani)

Povestea lui C.P. ne oferă un exemplu foarte bun pentru modul în care regimul comunist a folosit accesul la locuinţe atât ca să limiteze preferinţele individuale, cât şi ca să îşi manifeste controlul asupra mobilităţii cetăţenilor. Regimul distribuia de obicei locuinţe cetăţenilor după ce le dădea locuri de muncă, ceea ce îi permitea controlarea mobilităţii. Pentru a obţine o mutaţie, o persoană avea nevoie de o aprobare de la autorităţile locale, care o acordau pe baza serviciului, în urma căsătoriei cu o persoană dintr-o zonă diferită sau în situaţii similare.

Femei precum C.P., care şi-au căutat de lucru în zonele urbane, şi-au negociat ţelurile altfel decât bărbaţii. În Hunedoara, situaţia a devenit foarte complexă în anii 1970. Atunci au apărut slujbe noi, precum munca în spitale, în industria de textile şi în contabilitate. Totuşi, după cum a precizat C.P., era o mare competiţie pentru aceste slujbe. S-a dezvoltat cultura mitei și a nepotismului. Majoritatea celor care administrau aceste locuri de muncă erau bărbații, și „petiționarele" puteau oferi variate feluri de mită – bani, bunuri greu de procurat, precum cafeaua sau parfumurile străine, și chiar sex.[1] Repondentele noastre nu ne-au dat nici un exemplu din viața lor personală din care să reiasă că ar fi oferit favoruri sexuale pentru a obține slujbe în orașe cu școli mai bune sau pentru a avea acces la alte servicii.[2] Totuși, femeile din România au fost nevoite să apeleze la asemenea practici.

Căsătoria era un alt mijloc care oferea mobilitate. Până de curând, în mod tradițional, soțiile își urmau soții, adesea migrând din ariile rurale în zonele urbane. Acest lucru se întâmpla cu precădere în locurile în care exista o piață a muncii limitată, ca în Hunedoara. Dacă femeile doreau să rămână în oraș, după ce terminau liceul, de exemplu, adeseori erau nevoite să se căsătorească. Aceste aranjamente au creat un decalaj de putere în căsătorie.[3] Pentru femeile care doreau să se mute la oraș, căsătoria era un mijloc mai sigur decât serviciul, în special când balanța de gen dintre femeile și bărbații cu vârste între 20 și 24 ani a trecut cu 20% în favoarea bărbaților, în anii 1950 (Mărginean 2015, 201). Legislația regimului comunist a creat condițiile economice care au condus la acest dezechilibru de gen, iar femeile au remarcat legătura dintre problemele cu care se confruntau și domeniul politic.

1. Termenul eufemistic care desemna serviciile sexuale impuse era „plata în natură".

2. Pentru exemple concrete, vezi M. Miroiu (2017).

3. Comedia din 1983 *Buletin de București* a evidențiat modul în care funcționau aceste căsătorii. Comedia a apărut într-un moment în care cenzura culturală atinsese cote înalte, indicând faptul că, pentru regim, filmul descria o realitate socială obișnuită. Când a fost lansat, filmul s-a bucurat de succes, ceea ce ne indică faptul că descria o situație familiară.

Femeile din generația tranziției, care au început să-și caute locuințe în anii 1980, ne-au oferit cele mai multe exemple anecdotice. În acel moment, politicile privitoare la locuințe se schimbaseră. Statul nu mai garanta nici măcar accesul la casele cu chirie. Oamenii primeau repartiția după ce absolveau liceul sau facultatea, dar trebuiau să-și găsească locuințe. Singura excepție o reprezentau „locuințele sociale".[1] O repondentă ne-a vorbit despre acest tip de locuință:

> La Târgu Jiu n-aveam nimic, era o sărăcie lucie. N-aveam unde locui, el, soțul, având o situație proastă... deci era exclus să stăm la familia lui. [...] Am venit ca medici stagiari. Înghesuiți, eu, cu burta la gură, m-am dus la primar. Și atâta m-am dus la omu' ăsta, până ăsta mi-a zis: „Doamnă... Tovarășă – că așa era atunci –, dacă mai veniți o dată și vă văd așa, zice, cred că nasc eu, deci vă implor să nu mai veniți. [...] N-am avut de ales, să știi. Puterea asta am avut-o de multe ori în viață. Și atunci, de mila mea, că ăsta-i cuvântul potrivit, ne-a dat o garsonieră". (O.D., 55 de ani)

Procedura urmată de regulă după repartițiile guvernamentale la locul de muncă semăna cu „legarea de glie" din feudalism: ți se făceau acte de identitate în localitatea în care aveai locul de muncă, iar astfel rămâneai practic prizonier în localitatea respectivă. Strategiile de schimbare erau foarte complicate, relevante pentru capacitatea oamenilor de a accepta, cu o doză de resemnare, imoralitatea și ilegalitatea practicilor în condițiile limitării resurselor.

În cazuri extreme ca acesta, unele femei s-au folosit cu succes de statutul lor de mame, apelând la sentimentele bărbaților, care erau factori de decizie. Aceste exemple accen-

1. Acestea erau apartamente mici, cu un confort minim, pentru cei care trăiau în mare sărăcie și nu primeau ajutor din partea familiei.

tuează dinamica unei puteri de gen lipsite de echitate, pe care regimul comunist a permis-o sau chiar a încurajat-o.

Majoritatea femeilor din generația tranziției, în special cele cu educație universitară, puteau doar să-și cumpere apartamente. Fiicele lor din generația democrației aveau așadar o imagine aparte despre locuințele epocii comuniste și ne-au vorbit cu nostalgie despre acea perioadă. Totuși, părerile lor se bazau pe informații nu foarte exacte. „Am o părere foarte bună despre perioada lu' Ceaușescu. A fost mult mai bine decât acuma. Îți dădeau un loc de muncă după ce terminai o facultate, când te căsătoreai aveai o casă, acuma nu mai ai nimica. Riști să faci o facultate și să ajungi la cioban și să locuiești la stână sau mai știu eu pe unde" (M.D., 24 de ani).

Perversiunea promisiunilor privitoare la obținerea de locuințe este evidențiată de detaliile pe care ni le-au împărtășit repondentele noastre; generația democrației nu cunoștea însă aceste detalii. Siguranța locului de muncă era un beneficiu care presupunea multe costuri ascunse, iar accesul la locuințe ascundea diferențe de putere bazate pe gen – în fapt, abuzuri.

Sabia lui Damocles: politica pronatalistă

Deși repondentele noastre și-au exprimat nostalgia față de unele binefaceri ale comunismului, ele au condamnat în mod clar alte aspecte. Câteodată au discutat aceste aspecte în funcție de gen, alteori le-au identificat drept probleme cu care s-au confruntat atât femeile, cât și bărbații. Criticile lor cele mai vehemente au vizat controlul politic, lipsa drepturilor individuale, lipsa alimentelor, lipsa accesului la contracepție sau la informații despre mijloacele contraceptive. Discutăm aceste probleme în ordinea impactului pe care l-au avut asupra identității femeilor, văzute ca subiecți de gen feminin care au trăit în statul comunist.

Politicile oficiale care au vizat în modul cel mai direct aspectele de gen au fost legate de controlul contracepției. Avortul a fost dezincriminat în 1957, când guvernul a vrut să mobilizeze femeile cu precădere în câmpul muncii. Atunci le-a dat instrumentele necesare controlării fertilității. În următorul deceniu, lipsite de ajutorul necesar pentru a face față dublei zi de lucru, femeile au ales să aibă mai puțini copii.

Accesul mai larg la educație le-a încurajat pe femei să amâne procrearea, în special pentru că nu aveau servicii convenabile de îngrijire a copiilor. Unele dintre femei nu aveau în apropierea casei sau a serviciului centre de îngrijire a copiilor, dar, pe de altă parte, lipsa condițiilor igienice le forța să-și retragă copiii de la creșe și grădinițe. Spre exemplu, ambele autoare au fost crescute de bunicile lor. Mama Mihaelei Miroiu nu avea acces la grădinițe, iar mama Mariei Bucur avea mereu probleme cu fiica, care se îmbolnăvea tot timpul când mergea la grădinița de stat (nu existau grădinițe private).

În 1966, regimul lui Ceaușescu a revenit la o viziune asupra capacităților reproductive ale femeilor pe care eugeniștii o promovaseră în perioada interbelică (Bucur 2002). Regimul a legiferat o politică pronatalistă draconică. Această politică a schimbat în mod esențial relația dintre stat și toate femeile fertile (Băban 1996; Olteanu, E.-S. Gheonea și V. Gheonea 2003; Doboș, Jinga și Soare 2010; Jinga și Soare 2011; Kligman 1998). Comitetul Politic Executiv al PCR, alcătuit în totalitate din bărbați, a ignorat criticile aduse la adresa legii de către CNF (Jinga și Soare 2011, 112–135; Popa 2016). Această politică dicta și restricționa sexualitatea femeilor, fiindcă legea prevedea pedeapsa cu închisoarea atât pentru femeile care făceau un avort ilegal, cât și pentru oricine le ajuta să îl înfăptuiască. Mijloacele contraceptive sigure erau din ce în ce mai greu de găsit. Singurul mijloc accesibil legal era prezervativul. Examenul ginecologic periodic pentru depistarea sarcinii devenise o obligație politică. Pe scurt, statul a ajuns cu exercitarea controlului asupra femeilor până la nivelul uterelor.

Deși implicațiile radicale de gen ale acestor legi sunt de necontestat, puțini cercetători au analizat refuzul femeilor de a se supune acestor politici ca pe o formă de rezistență politică. Totuși, un studiu din 2008 plasează acest act de nesupunere într-un context mai amplu, comparându-l cu gestul greco-catolicilor, care au continuat să-și practice religia chiar și după ce a fost scoasă în afara legii (Bucur 2008b). Apelând la forme ilegale de contracepție, în special la avort, femeile au refuzat să cedeze guvernului controlul asupra capacității lor reproductive. Timp de peste două decenii, milioane de femei aflate la vârsta reproducerii și-au pus viețile și libertatea în pericol, știind care sunt consecințele acestor fapte: probleme medicale și sexuale pe viață, umilirea publică, excluderea din PCR, pușcăria sau moartea.

Repondentele au vorbit despre aceste politici atroce și ne-au împărtășit opiniile lor cu privire la măsurile luate atunci:

> Î: Ce credeți că era rău pentru femei în comunism?
> R: Te obligau să faci 4-5 copii. Practic nu ai avut parte de tinerețe, așa, să trăiești cum trăiesc... [ca] soț și soție, pentru că totdeauna cu frică te culcai, pentru că rămâneai însărcinată. Câte femei nu au murit că și-au făcut singure întreruperi de sarcină! Veneau Securitatea, Poliția acolo, lângă tine, cât erai internată în spital, nu conta că mai aveai doi copii acasă, că te duceau la pușcărie că ai făcut avort. Eu nu plâng vremurile alea, nu. (D.V., 69 de ani)

> R: A fost groaznic. Era imposibil să ai o viaţă sexuală normală, de teamă să nu rămâi însărcinată. Şi, dacă rămâneai însărcinată, Doamne fereşte, ştiţi... ştiţi... de fapt nu ştiţi, pentru că sunteţi tânără... Nu puteai să faci avort, dacă ţi se întâmpla să rămâi însărcinată. Chiar şi eu, ca asistentă, nu puteam... şi ne interogau în amănunt despre ce am făcut şi aşa mai departe... Şi teama aia... Pastile contraceptive, dacă voiai să iei, trebuia să faci rost de ele pe piaţa neagră, la Timişoara.[1] Nu mi-au plăcut vremurile alea. Acelaşi lucru şi în pat: cu teamă, cu frică... În special spre final, ne era frică şi la serviciu, în cazul în care venea cineva... ne era teamă să nu fie vreun informator printre pacienţi, care să fie curios să afle ce vorbeam între noi la spital. (E.C., 53 de ani)

Ca să putem trata avortul în termeni morali, trebuie să prezumăm libertatea de alegere a femeilor în privinţa capacităţilor reproductive. În lipsa acestei libertăţi, odată interzis legal şi însoţit de un arsenal de urmăritori – Procuratura, Miliţia, Securitatea –, avortul intră pentru femei în sfera amoralităţii. Lipsei de libertate şi de speranţă i s-a adăugat, în anii '80, imposibilitatea materială de a creşte copii în condiţii decente. Lipsa bunurilor şi a serviciilor a devenit ubicuă. Totul era cartelat: alimentele, benzina, gazul, curentul electric.

Limbajul folosit de puţinele noastre repondente dispuse să vorbească despre subiect aruncă problema sarcinilor nedorite în zona pragmatismului pur: „problemă care trebuia rezolvată", „situaţie de care trebuie să scapi", chiar şi cu preţul vieţii, al mutilării sau al morţii, căci nu statul îşi asuma răspunderea maternităţii, ci doar femeia respectivă.

1. Fiindcă era aproape de graniţa cu Iugoslavia, unde pastilele contraceptive şi alte mijloace de contracepţie erau legale, în Timişoara s-a format o piaţă neagră pentru aceste produse.

Sexualitatea liberă însemna inevitabil sarcini nedorite, iar maternitatea multiplă însemna iresponsabilitate în privința șanselor de supraviețuire ale copiilor. Avortul risca să însemne închisoare, histerectomie, septicemie, moarte – oficial, în România au murit în urma întreruperilor ilegale de sarcină 10.000 de femei în perioada 1966–1989 (Kligman 1998).

A.C. (55 de ani) a trăit din plin, în calitate de medic ginecolog, cel mai mare coșmar al femeilor epocii comuniste, Decretul 770 din 1966, care interzicea folosirea contraceptivelor și permitea avortul doar în cazul în care viața femeii era pusă în pericol sau dacă femeia avea de crescut patru, iar mai târziu cinci copii. Decretul s-a aplicat într-o perioadă de gravă criză economică. În cele ce urmează, o vom cita extensiv, pentru că ceea ce povestește ea este foarte relevant pentru obișnuința femeilor mature și vârstnice de a trăi cu o permanentă frică de ceea ce în mod obișnuit înseamnă împlinire (maternitatea) și plăcere (sexualitatea).

> Viața femeilor pe care le tratam era cenușie, plină de lipsuri. Dacă erai mai sus pe o treaptă profesională, îți făceai fel de fel de obligații față de vânzătoare, pentru o bucățică de unt. Era umilitor. Au fost mămici care nu au putut să [le] ofere copiilor lor o portocală, iar imediat după Revoluție, când au văzut portocale, copiii le-au zis „mingiuci". Și nu numai că nu găseai portocale și banane și altele, dar nu găseai mere, cel mai banal fruct care crește în copacii autohtoni. Femeile trebuiau să găsească mereu soluții, să facă rost de hrană pentru copii lor, și-mi amintesc o remarcă a fiului meu. Am venit acasă și i-am spus foarte mândră: „Am făcut rost de o bucată de unt". Și fiul meu m-a întrebat: „Mami, dar noi nu mai știm să cumpărăm, de ce trebuie faci rost?" Cred că cu asta a spus totul, și [noi] eram totuși un medic și un inginer, cu un singur copil.

După cum au observat și alți cercetători, femeile au vorbit rareori despre politicile pronataliste în mod deschis. În consecință, subiectul a fost puțin studiat la începutul perioadei postcomuniste (Băban 1996). Cartea lui Gail Kligman *The Politics of Duplicity: Controlling Reproduction in Ceausescu's Romania* (1998)[1] a familiarizat publicul străin cu drama pe care au trăit-o femeile din România. La zece ani după publicarea ei, o nouă generație de cercetători din România a continuat explorarea subiectului (Doboș, Jinga și Soare 2010; Jinga și Soare 2011).

Cercetătorii nu sunt singurii care ezită să abordeze acest subiect. Numai patru dintre repondente ne-au vorbit despre traumele legate de reproducere. A.C. (55 de ani), ginecoloaga pe care am citat-o anterior, ne-a oferit descrierea cea mai detaliată privitoare la impactul politicilor pronataliste asupra vieții contemporanelor ei. Ne-a vorbit în special din perspectiva experienței sale profesionale:

> Nu știu ce a însemnat politica pronatalistă din povești. O știu din ceea ce am trăit, pentru că eram obligați, ca medici, să facem controalele ginecologice pentru depistarea sarcinii. Încărcau femeile de la țară după slujba de la biserică (fiindcă acolo prindeau mai multe odată) în mașini. Se numeau carlingi. Erau un fel de dube mari, cu bănci de lemn. Le-au adus la dispensar și le-am făcut consult ginecologic... la cam 60 de femei într-o zi. Venise și un ginecolog din Hunedoara. Trebuia să le cauți, să vezi dacă sunt sau nu gravide și să iei sarcina în evidență, cu sau fără voia femeilor, lucru care mie mi s-a părut foarte înjositor.
>
> Eu am căutat leziuni ale colului și alte chestii, uro-vaginite, deci boli, dar mi s-a părut înjositor să obligi femeia

1. Cartea a apărut ulterior și în limba română – *Politica duplicității: Controlul reproducerii în România lui Ceaușescu*, Humanitas, București, 2000.

să se supună acelui consult, ca o vită la tăiat. Dacă o femeie era gravidă și nu era luată în evidență în primele 3 luni, medicul avea de suferit că n-a luat-o în evidență. Și atuncea eu raportam una, două gravide, fiindcă știam că voi descoperi una prin luna a șasea, a șaptea, că n-a reușit să facă întrerupere de sarcină, și o treceam în scripte ca să n-am de suferit. Asta se întâmpla chiar și în spital. Era o femeie internată pentru amigdalită și era trimisă să fie văzută ginecologic, ca nu cumva să fie gravidă. Și tot așa, lucrând în ginecologie am văzut cum încercau femeile să scape de sarcină, poate că și asta a fost [o realitate] care m-a scârbit efectiv și care m-a făcut să urăsc cu totul comunismul. Femeile, dacă aveau patru copii, trebuiau să-l facă și pe-al cincilea, pentru că numai de la cinci copii puteai să faci avort... legal. Și foarte multe care aveau patru copii în jurul vârstei de 40 și de ani mai rămâneau gravide, că trebuiau să-l facă și pe-al cincilea. Căutau săracele tot felul de soluții. Am găsit introdus în uter un fus... erau niște plase cu mânere de metal, scoteau mânerele și le introduceau în uter, din dorința de a scăpa de sarcină. Am fost martora multor infecții [și a] multor decese, despre care nu se spune nimic. Multe femei au murit tinere, fiindcă au rămas gravide în diverse împrejurări imposibile. Nu exista nici un mijloc de protecție împotriva sarcinii. Nu existau anticoncepționale. Prezervative se găseau rar. Multe tinere erau atât de disperate... a fost o tânără pentru care am plâns efectiv, asta o țin minte și când mor. Avea 18 ani, rămăsese gravidă. Prietenul a părăsit-o și ea, în disperare, și-a introdus în uter sârmă, cu care a încercat să scape de sarcină, și și-a perforat uterul și a venit cu peritonită. Am participat efectiv la operație și am rămas așa, cu... cu imaginea întipărită pentru toată viața. Când i-am deschis burta eram împreună cu șeful de secție... era totul în puroi, a trebuit scos tot, uterul, anexe, deci femeia aia a rămas la 18 ani la menopauză, ca la 50 de ani. Și intestinele erau atacate. A trebuit făcută rezecție de intestine și, în momentul în care încercam să coasem țesuturile, se rupeau, se rupeau sub privirea noastră. Era totul un putregai. Am reușit să o salvăm, nu știu cum. Avea tuburi de dren și prin fiecare tub curgea puroi. După luni de suferință, am reușit să o salvăm. Ani la rând m-am gândit dacă nu era mai bine să moară atunci, pentru că a rămas o femeie nenorocită și fizic, și psihic, nu și-a revenit niciodată. Era la menopauză de la 18 ani, a suferit o operație grea, care... sigur, la multitudinea de puroi care a fost acolo, a dus la aderențe; a rămas cu o durere cronică de abdomen. Psihic era distrusă, pentru că era deja o femeie bătrână la o vârstă tânără, posibilitatea de a se căsători și de a mai avea copii a fost anulată prin operație, operație care i-a salvat viața. Eh, dacă acea fetiță avea posibilitatea atunci să facă un avort în condiții legale, în anul următor se putea căsători și putea să aibă copii.

A fost o perioadă groaznică. Femeile refuzau să aibă viață sexuală; de aici, certuri în familie și abandon, pentru că le era frică, le era frică de sarcină. Pentru femeie, orice contact sexual însemna doar panică și durere, nu plăcere. Era un stres continuu.[1]

Ca să poată controla oamenii, comunismul transforma orice persoană într-un vinovat. A fi femeie însemna sistematic un delict suplimentar dacă te opuneai, fie doar singular și tragic, politicii pronataliste. Eliberarea de comunism a însemnat pentru femeile din România și eliberarea de frica partidului-stat. E.C. (53 de ani), asistentă medicală, consideră că viața sexuală a fost o experiență cumplită, fiindcă

1. Florin Iepan a regizat un documentar pe această temă, *Născuți la comandă: Decrețeii*. A fost difuzat prima oară în 2005.

exista riscul de a ajunge „acolo“, unde „eram puricate, terorizate, chiar și la serviciu eram trase de limbă, inclusiv de către pacienți, ca să ne prindă și să ne închidă...“.

O parte substanțială a libertății, în viziunea lui A.C. (55 de ani), este legată de procreare. Pentru ea, colapsul totalitarismului și debutul democratizării a însemnat, așa cum ne-a spus, „o permanentă sărbătoare, oricât ar fi fost de grea tranziția“.

> Acuma există mijloace de contracepție, există informația. Orice tânăr – numai dacă nu vrea – nu este informat. Pentru studenți, pentru elevi, pentru femei cu o situație familială grea există anticoncepționale gratis. Se dau de către medicul de familie acolo unde medicul a făcut cursuri de planificare familială sau de către cabinetele de planning familial, care există peste tot. Chiar și numai din punctul ăsta de vedere este extraordinar ce s-a întâmplat după căderea comunismului.

A.A. (54 de ani) este revoltată că sunt încă tinere femei care vorbesc de bine despre comunism, „fără să aibă habar“. Politica pronatalistă impunea doar norme stricte, nefiind urmată de politici de sprijin pentru femei:

> Aceste femei din democrație, care se mai și plâng că au auzit ele că era mai bine în comunism, beneficiază de doi ani de concediu pentru creșterea copilului, pe când eu, când am avut[-o pe fetiță], pe acea vreme nu aveam decât 112 zile de îngrijire pentru copil. A fost foarte greu ca după două luni să lași un copil pe mâna străinilor ca să-l întrețină. Femeile de astăzi să pupe pământul [și] să mulțumească la Dumnezeu din cer, fiindcă au această posibilitate: să stea doi ani acasă și să îngrijească copilul. Plus de asta, noi aveam și câștig mic, că, dacă eram în concediu de maternitate, aveam 85% din salariu, pe când

acuma ajung la 4.000 sau chiar mai mult, fiindcă multe câștigă după salariu. În orice caz, e mult mai avantajos pentru ele.

Lipsurile și „drepturile"

La începutul perioadei comuniste o parte semnificativă a oamenilor a sărăcit, iar cei cu o situație modestă au avut dificultăți. Totuși, nici una dintre repondentele noastre nu a discutat despre acest fenomen, cu excepția colectivizării. În schimb, s-au axat asupra oportunităților economice de atunci, fără să facă legătura dintre acestea și politicile de expropriere ale regimului.

Au apărut unele diferențe între generații când repondentele au vorbit despre situația lor economică din timpul perioadei comuniste. Generația comunismului a făcut adeseori afirmații precum „toată lumea se descurca. Puteai să găsești [alimente], nu a murit nimeni de foame" (T., 57 de ani). Această femeie a crescut în sărăcie, și afirmația ei trebuie înțeleasă în contextul respectiv; nu înseamnă că ea susținea comunismul. În mod asemănător, multe femei din generația tranziției raportează perioada comunistă la alte experiențe, în special la perioada de după 1989:

> R: Deși salariile nu erau mari, cu zece lei puteai să cumperi mâncare de la piață timp de o săptămână. Carnea era trei lei kilul.
> Î: Care era situația în democrație?
> R: Ei... ți-au dat libertate și toată lumea poate să meargă unde vrea, cine are bani poate să meargă unde vrea, cine nu are bani nu poate să meargă nicăieri. Cine nu are bani se duce la furat, unii s-au îmbogățit și alții au sărăcit, așa s-a întâmplat foarte des în democrație. (D.L., 63 de ani)

Deși D.L. s-a plâns de scăderea puterii de cumpărare după 1989, ea nu a lăudat situația din timpul comunismului.

Multe dintre părerile ei, alături de ale altor femei din aceeași generație, sunt determinate de experiențele economice din anii 1980. Criza internațională a petrolului și încercările lui Ceaușescu de a-și păstra independența față de marile puteri (inclusiv față de Uniunea Sovietică) au amplificat greutățile cu care s-a confruntat România. Ceaușescu a investit masiv în întreprinderi industriale neviabile și a încercat să elimine datoria externă a României prin exportul bunurilor de consum. În consecință, în țară erau mari lipsuri de bunuri și servicii de bază, incluzând alimentele, furnizarea de electricitate și căldură, îmbrăcămintea. Așa cum își amintește o repondentă, „Să stai noaptea la cozi la lapte, să primești pâine și ulei pe cartelă, să iei după 6-7 ore de coadă niște pui vineți, mici ca porumbeii... degeaba aveai bani“ (G.A., 72 de ani).

Deși nu este explicit formulată, exista o diviziune de gen în modul în care oamenii și-au procurat bunurile de consum în comunism (Massino 2007). Bărbații se ocupau de obicei de problema iluminatului, de asigurarea gazului și a combustibilului (de la lemn la cărbuni), legal sau prin relații. Femeile se ocupau de asigurarea hranei. În consecință, răspunsurile intervievatelor noastre s-au concentrat cu precădere asupra lipsurilor alimentare. Femeile din generațiile comunismului și tranziției au avut experiențele cele mai bogate cu privire la aceste probleme. Și-au amintit că activitățile lor zilnice erau frustrante, umilitoare și traumatizante. L.M., o antrenoare de tenis de 49 ani, este una din cele două repondente care au călătorit în Vest înainte de 1989:

Î: Ce v-a impresionat în călătoriile în Vest?
R: Mergeam în străinătate și îmi aduceam săpunuri și ciocolăți, gume de mestecat și căcaturi din alea, că la

asta râvneam atunci. Bani aveam, că ne dădea diurnă Federația de Tenis, dar nu îi puteam păstra, că deținerea de valută era delict penal. Se uitau sportivii occidentali la noi, la echipamentele noastre sărăcăcioase (ei aveau câte 20 pe competiție, noi câte trei, pe care le spălam zilnic, cu mâna): „Uite, săracii!“ Am fost în Italia, la Milano, și la micul dejun era ciocolată caldă: „Bună ciocolata noastră, nu-i așa? Voi nu aveți în România.“ – „Ba da, avem și noi“. Ce să zic? Nu eram „singură“... Pe ăștia îmi era ciudă... Știi de ce îmi era ciudă? Fiindcă noi jucam tenis bine, mai bine ca ei, iar ei se uitau la noi cu milă...

Amintirile celor din generația democrației cu privire la lipsurile materiale se leagă mai mult de rolul lor de consumatori, și nu de cumpărători: „Părinții mei ne hrăneau numai din mâncarea de la rație, plătită din serviciile lor, fiindcă nu aveau nici o relație la magazine, și nu era suficient [ca] să acopere nevoia de calciu și [de] vitamine pe care o aveau corpurile noastre. Acest lucru se vede în bolile generației mele. Eu personal sufăr de anemie. După ce am născut, mi-am pierdut dinții, s-au măcinat“ (V.D., 38 de ani). Când a menționat eufemistic „relațiile la magazine“ ,V.D. a făcut legătura dintre amintirea sărăciei din familia ei și a efectului pe care lipsurile l-au avut asupra sănătății cu faptul că regimul declanșase o penurie evidentă. Alte repondente din această generație au făcut chiar și mai puține comentarii la adresa situației politice; și-au amintit doar de lipsuri și de eforturile familiei de a procura bunuri. În plus, V.D. a identificat sursa amintirilor mai puțin negative pe care le are generația ei despre perioada comunistă: „Eram mai optimiști pentru că eram copii“.

Există și o altă legătură importantă între consum și cetățenie. Produsele alimentare care puteau fi cumpărate numai pe cartelă se numeau „drepturi". Oamenii își cumpărau „dreptul" la pâine, ulei, zahăr, carne, ouă sau făină. Regimul pervertea însăși noțiunea de „drepturi", deosebind-o de conceptul drepturilor definite în Declarația universală a drepturilor omului a Organizației Națiunilor Unite, și anume ideea de libertate și proprietate sau căutarea fericirii (Gheo și Lungu 2008; M. Miroiu și Miclea 2005). Confruntată cu aceste drepturi abstracte, generația comunismului a reacționat adesea cu uimire: „Ăștia de acum ne dau vorbe goale. Nu ne dau nimic" (C.O., 54 de ani).

Lipsurile și solidaritatea

Regimurile autoritare cu politici de austeritate, precum cele ale PCR, reamintesc vechiul dicton *homo homini lupus*[1]. Alternativ, ele pot conduce la cimentarea unor asocieri informale și a altor forme de solidaritate. Câteva dintre repondentele noastre au recunoscut că s-au folosit de cunoștințe ca să obțină diverse avantaje: „Nu stăteam la coadă în timpul comunismului. Soțul meu lucra la un restaurant. Avea un camion și făcea drumuri la București. Ne aducea mâncare, ne aducea de toate... Nu mi-a lipsit nimic cât au fost mici cei trei copii ai mei. Nu au știut ce înseamnă să mănânci gheare de pui sau salam cu soia. Mie îmi este mai greu acum" (L.C., 63 de ani). De asemenea, S.B. (42 de ani) a lucrat ca bucătăreasă într-o cantină: „Munceam ca o sclavă pe plantație – dar țineam trei familii pe vremea aia – [ca] să fac rost de mâncare pentru alții și să îmi fac relații cu oameni importanți – toți aveau nevoie de mine. Acum sunt de toate, dar la ce folos dacă nu sunt suficienți bani?" Ambele femei au făcut deosebirea dintre situația economică sigură

1. Omul este lup față de om (lat.).

pe care le-o oferea statutul privilegiat de care se bucurau pe vremea comunismului și dificultățile care au urmat, după ce avantajele lor artificiale s-au evaporat.

În marile centre urbane, precum București și Timișoara, numărul mare al locuitorilor intensifica vizibilitatea sărăciei, căci puzderii de oameni stăteau la coadă ore în șir pentru bunurile de bază (Gheo și Lungu 2008; Neculau 2004). În orașele de dimensiuni medii, ca și la sate, rețelele informale (familia, prietenii și vecinii) suplimentau alimentele care se găseau pe căi oficiale. În orașele mici, sentimentul familiarității a mai atenuat lupta brutală de supraviețuire, fiindcă toți oamenii mergeau la aceleași magazine și în aceleași piețe mici, personalizând astfel experiența lipsurilor ca pe o frustrare care îi unea.

Repondentele noastre au pus în balanță și calitatea relațiilor dintre oameni, prețuite în perioadele de sărăcie, cu „egoismul și singurătatea din zilele noastre" (L.G., 53 de ani). Femeile din generația comunismului și în special a tranziției ne-au răspuns pe larg la întrebările privitoare la rezistența pasivă. Abordând dificultățile pe care le presupuneau procurarea hranei și asigurarea celorlalte nevoi zilnice, poveștile lor au evidențiat importanța prieteniei și a solidarității ca formă de rezistență într-o societate cenușie, închisă și depersonalizată. O.D. (55 de ani) ne-a furnizat următoarea descriere, în deplină rezonanță cu părerile celui de-al doilea focus-grup:

> Eu eram organizatoare și în comunism, sunt și în capitalism, și mergeam și-i spuneam: „Doina, noi nu avem cu ce, dar vrem să chefuim!" Și Doina îmi vindea pui pe ascuns și salamuri, și nescafé [grupul râde] și Pepsi. I-am rămas profund recunoscătoare toată viața, ne organiza... ne dădea sala, înțelegi, ne dădea un grătar cu cartofi prăjiți, invariabil, că altceva nu găseai la restaurant...

> Am dat pe un video prețul unei mașini. A fost un... un efort financiar fantastic. Ne adunam aicea, erau numa' două camere mici, mâncam, vă amintiți, pâine unsă cu untură și boia, pentru că ce era bun trebuia să rămână fiului meu... Și ne cumpăram bere (singura marcă existentă) cu 1 leu 50. Da, ne așezam pe jos, aicea, toți cu ochii pe televizorul alb-negru, dar vă dau cuvântul meu de onoare că am văzut în clandestinitate tot ce s-a numit filme de artă, toate filmele premiate la Cannes sau Oscarurile. Poate era și doza noastră de romantism dată de tinerețe, de vise, de idealuri și mai era un aspect: eram egali, măi oameni, și pe deasupra mai și citeam incomparabil mai mult.
> Librăresele erau cele mai curtate femei și voi, șefii de magazine alimentare și de restaurante. Nu apăruse invidia asta cumplită. Apoi ne-am însingurat, am devenit capitaliști, am devenit răi în fuga noastră după agoniseală.

Recunoscând că era dominată mereu de teamă și de insecuritate, la fel ca ceilalți, A.D. (54 de ani, profesoară) explică felul în care încerca să își depășească această stare fugind de lume între paginile cărților.

> Î: Ce credeți că a fost bun în comunism?
> R: Singurul lucru bun este că am citit foarte mult, lucru pe care nu îl mai fac de foarte mulți ani. Citesc mult, mult mai puțin. Ne-am creat o cultură umanistă solidă. Indiferent de nivel, cam toată lumea a citit, fiindcă nu a avut alternativă în afară de acel program de televizor. Nu, nu este o perioadă pe care să o regret. Nu am ce regreta. Nici măcar... nici măcar tinerețea.

Multe dintre repondente consideră că, după căderea comunismului, s-a pierdut ceva important: solidaritatea între oameni. Este drept însă că privesc lucid cauzele solidarității de atunci, chiar și dincolo de argumentul omogenității[1] sociale care ajuta la redistribuirea internă a resurselor sărace. De fapt, „era o solidaritate împotriva cuiva și împotriva tuturor opreliștilor" (D.L., 55 de ani).

Dar dincolo de acest fapt, susține D.F., mai exista o cauză importantă a agregării voluntare a oamenilor:

> Aveam doar un singur serviciu necompetitiv, de opt ore, granițele erau închise, tentațiile mici. Aveam două ore de televiziune propagandistică pe zi. Ce să faci? Te întâlneai cu prietenii. Nu ne trăgeam țepe unii la alții, că nu era concurență. Acum relațiile sunt mult mai pragmatice și mai interesate. (V.D., 48 de ani)

„Unde nu-i libertate, nu-i nici creativitate"

În principiu, femeile vârstnice și mature au fost implicate în Partidul Comunist cel puțin ca simple membre. Am fi înclinați să credem că vor fi găsit rezonabile multe dintre politicile comuniste sau că se simt cel puțin afine cu valorile stângii. Deși subscriu unanim la avantajele legate de școală, de accesul la sănătate, la locurile de muncă, la locuință, devin foarte critice atunci când este vorba să judece utilitatea unui regim de tip comunist. Dincolo de observațiile referitoare la politici punctuale, unele critici sunt radicale și neagă chiar substanța regimului comunist. La întrebarea: „La ce a fost bun comunismul?", E.B. (77 de ani) și A.Ș. (71 de ani) răspund tranșant:

1. Potrivit legislației, cel mai mare salariu (director de întreprindere) nu putea să fie decât de 5,5 ori mai mare față de cel mai mic salariu (de regulă al femeii de serviciu, nominalizată ca atare). Locuințele erau relativ uniforme, iar suprafața lor depindea oficial de numărul membrilor unei familii. Categorii privilegiate, nomenclatura comunistă și poliția politică nu se supuneau acelorași rigori legale.

> Nu a fost bun de nimica. A stricat totul, toată tradiția românească. Pe lângă [faptul] că a distrus economia, așa cum a fost ea, rurală, pe vremea aceea... dar mergea agricultura, acum e eminamente nimic și nu merge nimic. În primul rând, a stricat mințile oamenilor, fiindcă a promovat la conducerea instituțiilor statului foarte mulți oameni prăpădiți, leneși și fără școală, buni de gură și i-a eliminat de la conducere pe cei calificați și harnici. A stricat atât de rău mințile oamenilor, încât până și acum majoritatea așteaptă minunea, miracolul. Așteaptă să li se dea. Cine să îți dea? Nu îți dă nimeni nimic pe gratis dacă nu îți dai singur, nu muncești și nu pui osul să îți câștigi existența. Nici comunismul nu îți dădea pe gratis, că ai plătit casa aia pe care ți-o dat-o, pentru locul acela de muncă ai învățat și te-ai spetit, ca să nu mai spun că te aruncau la Atârnații din Deal, că erau repartiții obligatorii...
> Dacă țara noastră este aici astăzi se datorează în mare parte și acestei forme statale pe care am avut-o noi atâția ani, 45 de ani, e mult, sunt generații. (E.B., 77 de ani)

A.S. (71 de ani) aduce un adevărat omagiu libertății de informare, de afirmare, de creație, dar și ideii de competiție și discută în paralel două tipuri fundamentale de societăți: cea americană și cea sovietică.

> Eu nu[-i] înțeleg [pe] nostalgicii ăștia care plâng după comunism. În primul rând, băteam pasul pe loc. Toate țările se dezvoltau, noi rămâneam numai așa... Eram prea îngrădiți: cineva dictează, conduce și tu faci exact ce-ți spune. Aveam program la televizor de două ore, de trei ore, și ălea de propagandă, în străinătate n-ai voie să mergi. Nu dai libertate la om! Nu e creație... Poate mai trec 30, poate 50 de ani până să ajungem să fie o democrație adevărată. Aicea încă e haos. Dar și așa e bine: să lași

omul să fie liber. Atunci e creativ, atuncea descoperă și creează valori... America de ce s-o dezvoltat? Uite, rușii – să facem o comparație între ruși și americani. Păi rușii au mai mult teritoriu decât au americanii și ar fi putut să se dezvolte de nu știu câte ori, că și ei au resurse și naționalități conlocuitoare. Au câștigat al Doilea Război de le-o fost numa' bine, că or luat despăgubiri de război după toți. Dar americanii o dat voie la fiecare să facă ce vrea, ce-l taie capul, numai să respecte legile și să plătească la Fisc. Dacă plătești datoriile te lasă în pace. Am o prietenă acolo, care o spus: am deschis magazin, nu [sunt] atâtea birocrații. Ai plătit, ești corect, nu-ntreabă nimeni nimica, niciodată.

În afara propagandei oficiale, puțini români aveau cunoștințe nemijlocite despre Vest (Gheo și Lungu 2008; M. Miroiu și Miclea 2005).[1] Faptul că granițele erau închise făcea ca restul lumii să existe doar în imaginație: „Era rău, nu aveai nici o legătură cu nimeni. România nu avea legături cu lumea din exterior" (I.P., 42 de ani). Securitatea îi urmărea permanent pe vizitatorii străini și românii puteau intra în contact cu ei numai în anumite situații, atent monitorizate.

Trecerea dintre cele două lumi – un „cosmos" represiv și „un haos care nu se mai așază" – a fost foarte grea. Foarte puțini români au avut experiența Vestului, dincolo de ce știau din propaganda oficială – desigur negativă, dar greu credibilă – sau din cărți și filme, mult mai credibile (M. Miroiu și Miclea 2005).

Granițele închise făceau din „restul lumii" o proiecție mai degrabă imaginară. Cu puținii străini care veneau în țară nu se putea comunica sau, în orice caz, era nevoie de mare prudență, pentru a nu fi luat în vizorul Securității. Atunci

1. Cu precădere românii care ascultau Vocea Americii și Radio Europa Liberă (desigur, în clandestinitate).

când „restul lumii“ devenea o experiență trăită, această experiență sporea anxietatea. A.B. (51 de ani) este printre foarte puținele femei care relatează ce au simțit plecând în altă țară:

> Am comparat prima dată când am ieșit, în '87, în Israel... și, când m-am întors, mi-am pus prima oară problema că o să ieșim cumva din comunism. Dar cum? Ce o să ni se întâmple când o să ieșim? Diferențele erau așa de mari! Nu mă mir că suntem unde suntem acuma, pentru că știu din ce hău am pornit, și nici nu ne-a luat cineva cu binișorul de la început, ca pe alții.[1]

După ce au muncit timp de 35-40 de ani, femeile generației comunismului s-au pensionat la puțin timp după 1989. Regimul nu a asigurat niciodată egalitatea de gen – femeile câștigau mai puțin, se pensionau mai devreme și au primit pensii mai mici decât bărbații (Muravchik 2002; Pasti 2003; Pasti, M. Miroiu și Codiță 1997). În prezent, multe dintre aceste repondente se descurcă cu greu și nu se pot baza pe ajutorul copiilor, care întâmpină și ei greutăți financiare. Din cauza vârstei, femeile acestea nu au mai avut acces la oportunitățile deschise după 1989, iar partidele politice și asociațiile civice nu au reușit să le câștige sprijinul. Mai mult, după ce timp de decenii nu și-au putut exprima voința în afara cercurilor private (familie sau prieteni), ele nu sunt deprinse cu practicile activismului politic și civic local (Antonovici 2015). În consecință, femeile din generația comunismului simt că au fost forțate să facă diverse lucruri, toată

1. Este o aluzie la ajutorul acordat Cehoslovaciei, Poloniei și Ungariei (Grupul de la Visegrád) de țările Europei de Vest, la începutul anilor 1990. Statele care nu făceau parte din acest grup sau care aparținuseră sferei de influență a Uniunii Sovietice nu au primit investiții substanțiale din străinătate pentru o lungă perioadă de timp după 1989.

viața lor. În cel mai bun caz, ar putea să le sprijine pe femeile mai tinere să reconstruiască societatea de după 1989.

*

Dominanta relației femeilor cu comunismul a fost de natură adaptativ-critică. În general, ele nu au făcut parte direct din categoria celor care au avut de pierdut proprietăți, poziția socială sau profesională ori libertatea. Dimpotrivă, cel puțin pentru femeile generației comunismului, noul regim a însemnat acces la educație, calificare profesională și locuințe, fie și foarte modeste. Comparația cu alte țări era greu de făcut, dat fiind traiul în „lagărul socialist", accesul scăzut la informații veridice despre Occident, imposibilitatea generalizată a călătoriilor și a relațiilor cu occidentalii. Practic, ele trăiau într-o lume închisă, iar comparațiile vizează evoluția propriei lumi. După perioada „dictaturii proletariatului" (anii '50–'60), pe care o etichetează ca apăsătoare din cauza contraselecției profesionale și politice, și doar în puține cazuri din cauza închisorilor și a persecuțiilor, viața multora dintre ele a fost în general mulțumitoare, până la debutul politicii pronataliste și ulterior al crizei economice de după 1979. Femeile tranziției nu au aceeași percepție, fiindcă ele au văzut că educația era deja accesibilă aproape oricui, iar locurile de muncă oferite de stat presupuneau adesea condiții foarte precare; locuințele date de stat erau puține sau nu erau deloc. Cu alte cuvinte, aceasta este generația care nu crede deloc că datorează ceva comunismului. Având în vedere rețeaua atotcuprinzătoare a organizațiilor de partid din timpul regimului comunist, repondentele acestei generații au considerat că politica este, în general, ostilă și represivă. Experiențele avute le-au făcut să evite adeseori implicarea în politică, după 1989: „Trebuia să fiu nebună să mă mai înscriu în partid, după ce am scăpat de această obligație. Era numai pierdere de timp... în ultimul timp.

Întâlniri peste întâlniri. Numai discursuri lungi, idioate. Dați-mi un singur motiv rezonabil ca să fac asta odată ce sunt o persoană liberă“ (M.M., 55 de ani).

În ambele generații de femei implicarea politică este nedorită (o pierdere inutilă de vreme) și pur adaptativă: o condiție necesară accesului și avansării profesionale, și nimic mai mult. Repondentele nu chestionează regimul de putere de gen, nici în politica de stat, nici în sfera familiei. Problemele, greutățile și frustrările lor principale au alte cauze, cea dintâi fiind supraviețuirea în condiții precare. Aceste femei dependente economic în relație cu bărbații au găsit în familie și între prieteni un avanpost ce le permitea să facă față greutăților de fiecare zi, un loc al solidarității și al împlinirii personale într-o societate necompetitivă (în afara „competiției“ pentru bunuri elementare de consum) și nemeritocratică (altfel decât în școală) (Neculau 2004).

Amintirile femeilor democrației cu privire la comunism sunt vagi, adesea preluate de la părinți, sau nu există deloc. Din aceste considerente, ele se raportează la comunism foarte tranșant: fie ca la un regim complet condamnabil prin lipsa drepturilor negative, fie ca la o societate bună, care avea grijă de oameni (părere deloc împărtășită de generația mamelor lor), în contrast cu cea actuală, în care oamenii nu mai au siguranța locului de muncă, nu primesc locuințe, iar accesul lor la învățământ depinde de mai mulți factori.

Felul în care femeile au perceput comunismul și relația lor cu politica vor avea, așa cum vom vedea, un mare impact asupra participării lor civice și politice după căderea regimului. Se pare că experiența le-a învățat câteva lecții care au devenit obstacole în cetățenia activă: a) că politica se realizează de sus în jos, dinspre stat spre cetățeni, și că ele sunt prea departe și prea neimportante ca să o poată influența; b) că nu pățesc de fapt nimic dacă stau departe de politică; c) că zona lor are probleme economice prea mari ca să se implice civic dincolo de actele sau asociaţiile de caritate; d) că s-au săturat de munca „voluntară“, care a fost în realitate muncă forţată. Lecţia lipsă în contextul istoriei lor a fost cea a contractului social. Aceste femei (cu excepţia generaţiei democraţiei), la fel ca bărbaţii, de altfel, nu au avut experienţa alegerii directe şi transparente a planurilor lor de viaţă (serviciu, locuinţă), a discutării şi reprezentării opţiunilor lor politice, a asocierii formale libere pentru scopuri şi interese comune.

7
Față în față cu capitalismul și construcția democrației

În 20 mai 1990 femeile din România au participat pentru prima oară la alegeri naționale libere, într-un sistem pluripartidist. Aceasta a fost prima lor ocazie de a-și exercita drepturile politice ca cetățene depline, în democrație. Anul 1990 a marcat și reintroducerea instituțiilor economiei de piață și reintroducerea capitalismului în România.

În acest capitol, analiza se concentrează asupra răspunsurilor intervievatelor noastre la întrebările care au generat cele mai lungi și semnificative opinii privitoare la această perioadă. Am evaluat mai ales modul în care repondentele noastre au răspuns la următoarele întrebări: Ce părere au despre scurta perioadă de cetățenie democratică? Cum înțeleg relația dintre progresul spre o economie de piață într-un regim neoliberal și scăderea siguranței locurilor de muncă? Cum definesc ele „buna guvernare“ și care sunt prioritățile lor politice? Cum văd evoluția democrației din România și în ce fel se implică în politică? Ce părere au despre europenizare și globalizare și ce impact au acestea asupra lor?

Intervievatele au fost adeseori mult mai interesate să răspundă la aceste întrebări decât să ne vorbească despre viețile lor private în timpul regimului comunist. Era evident că problemele polisului și exercitarea cetățeniei democratice constituiau o parte importantă a vieţii lor. După cum se va vedea, preferinţa pentru o abordare etică a politicii a jucat câteodată un rol negativ (în sens de obstacol în participare), iar alteori un rol pozitiv. Pe de o parte, ele se consideră neadaptate politicii conflictuale a perioadei postcomuniste. Pe de altă parte, comentariile lor au evidenţiat rolul important pe care ar putea să îl joace în consolidarea practicilor democratice dacă ar reorganiza agenda politică şi s-ar centra cu adevărat asupra intereselor cetăţenilor.

Ieşirea din patriarhatul de stat

Există o diferenţă de natură între concepţia marxistă şi cea liberală despre rolul statului în viaţa cetăţenilor săi. Pentru marxism, în opoziţie cu liberalismul, statul trebuie să ia în calcul faptul că, înainte ca oamenii să îşi dorească să fie apăraţi şi educaţi pentru a fi liberi, asociativi şi autoafirmativi, ei trebuie să se hrănească, să aibă o locuinţă, să se îmbrace. Ca toate acestea să se întâmple, cetăţenii trebuie să muncească, iar statul este obligat să le asigure dreptul la muncă, hrană, locuinţă. Ce a însemnat şi la ce a condus acest tip de stat, construit mai degrabă în ţări sărace, precapitaliste, după model leninist, respectiv stalinist, care redistribuia „echitabil“ sărăcia, este deja un fapt cunoscut, iar colapsul acestui experiment a fost pe măsură (M. Miroiu 1997, 1999).

Nici bărbaţii, nici femeile nu au avut experienţa unui stat ce funcţiona ca prestator de servicii de guvernare, ci experienţa unui stat ce funcţiona ca furnizor de servicii de îngrijire în schimbul exercitării unui paternalism necondiţionat. Eliberarea de statul ubicuu este extrem de derutantă, pentru că, aşa cum am arătat, acest stat îl scapă pe om de „povara libertăţii“, ocupându-se de el ca de un minor aflat sub tutelă. Atât pentru femei, cât şi pentru bărbaţi statul era marele, omniprezentul și omnipotentul patriarh. Am putea înțelege situația oamenilor eliberați brusc din patriarhatul de stat prin asociere cu eliberarea bruscă a femeilor din regimul patriarhal al puterii de gen. Aservirea este frustrantă și strivitoare. Eliberarea este o imensă ușurare, dar reprezintă, în același timp, o experiență foarte derutantă.

> Puneți-vă în locul meu. Te duci la culcare într-o lume în care statul controlează ce faci și ce nu faci în casa ta, ce mănânci, dacă și unde te duci în vacanță, ce vezi la televizor, [o lume] în care ai voie să stai la restaurant numai până la ora zece seara. Și te trezești a doua zi într-o lume în care statului nu îi [mai] pasă ce faci. Bineînțeles, prima reacție a fost de bucurie. E normal. Dar ne-a și speriat. Ce ne-a speriat cel mai tare a fost [faptul] că statului îi păsa din ce în ce mai puțin dacă toată lumea avea o slujbă, și chiar și mai puțin dacă aveam din ce trăi. (M.M., 55 ani)

Experiența postcomunistă reprezintă o reînvățare radicală a modului de a exista într-o lume care funcționează după alte reguli, o lume pentru care trebuie să îți formezi cu totul alte reflexe. Trei dintre aceste probleme majore sunt foarte bine surprinse în discuțiile cu repondentele noastre: De ce statul nu mai asigură dreptul la muncă și cum putem îmblânzi capitalismul sălbatic? Totuși, la ce ne folosesc aleșii: politicienii, partidele, consiliile locale și parlamentul? Cine pune frâu libertății ca nepăsare, corupție și mizerie morală?

Când legiuitorii români au votat o nouă Constituție, după 1990, statul a renunțat la fundamentele marxist-leniniste care accentuaseră responsabilitățile cetățenilor și datoria statului de a asigura o bunăstare socială de bază. Au fost adoptate prevederi noi și s-au conturat drepturi individuale (Constituția României 1991; Constituția României 2003). În prezent, datoriile cetățenilor români includ respectul Constituției, al legilor și al drepturilor celorlalți, loialitate față de țară și o contribuție activă la impozite și taxe pentru bugetul public. Pe lângă responsabilități, drepturile cetățenilor sunt fundamentale pentru menținerea Constituției democratice. Nu există restricții formale de gen. În plus, o serie de instituții[1] veghează la aplicarea legilor antidiscriminare, care garantează femeilor dreptul de a se implica în viața politică.[2]

Față în față cu capitalismul neoliberal

Politicile economice din timpul comunismului s-au opus în mod explicit pieței libere.[3] Într-o economie controlată, logica producției nu este legată de nevoile consumatorului. De exemplu, o repondentă, D.L. (55 de ani), juristă la o fabrică de textile din zonă, ne-a povestit că a călătorit la București înainte de 1989 cu inspectorul comercial[4] al județului Hunedoara, la o expoziție de textile. La fiecare cinci ani, la această

1. Consiliul Național pentru Combaterea Discriminării (CNCD), Agenția Națională pentru Egalitatea de Șanse între Femei și Bărbați (ANES) și comisiile pentru egalitate de șanse de la nivelul Senatului și al Camerei Deputaților.

2. Ordonanța 137/2000 privind prevenirea și sancționarea tuturor formelor de discriminare, accesată la 1 mai 2018, http://www.muncii.ro/pub/imagemanager/images/file/Legislatie/ORDONANTE-DE-GUVERN/OG137-2000.pdf; Legea nr. 202/2002 privind egalitatea de șanse între femei și bărbați, accesată la 27 august 2017, http://www.dreptonline.ro/legislatie/legea_egalitatii_sanse_femei.php.

3. În socialismul de stat programele de bunăstare socială nu reprezentau un mod de a corecta duritatea sistemului capitalist. Așadar, se poate face o distincție importantă între regimurile socialiste de stat și politicile social-democrate din alte țări, care vizau inegalitățile salariale (Popescu 2006).

4. Aceasta era o funcție creată de regimul comunist pentru a coordona producția industrială și comercială. Persoana numită în această funcție făcea legătura cu autoritățile centrale.

expoziție erau prezentate produse noi. Acolo, inspectorul comercial, un bărbat, a ales fuste noi, bluze, paltoane, rochii și costume pentru producția și vânzarea locale: „Imaginați-vă un bărbat rotofei și chel, cu un geamantan vechi, care nu prea distingea culorile, cu obsesia că toate tovarășele din țară trebuie să se îmbrace sobru. La naiba cu sobrietatea, nu alegea haine sobre, ci mai degrabă sumbre". Inspectorul nici măcar nu s-a consultat cu colega lui ca să afle ce ar purta și ce le-ar plăcea femeilor profesioniste, ca ea. Pe scurt, cererea nu avea nici un rol în stabilirea producției.

După 1989, sistemul economiei planificate din România s-a năruit. Între 1989 și 1996 capitalismul s-a dezvoltat în special prin privatizarea întreprinderilor. Conducerea, formată de obicei din bărbați, a subevaluat foarte mult valoarea fabricilor (la care teoretic aveau acțiuni și angajații)[1] și le-au vândut unor firme-fantomă pe care le creaseră tot membrii ei și care erau în proprietatea lor. Pe hârtie, proprietarii particulari (acționarii) dețineau legal fabricile.[2] Totuși, valoarea acțiunilor angajaților a scăzut în mod artificial. În consecință, în primul deceniu postcomunist încrederea publicului în piața de acțiuni în formare a scăzut (Pasti 1995, 2006). Mulți oameni consideră că privatizarea, introducerea economiei libere, de piață, au reprezentat de fapt un proces de corupție generalizată și că au deservit interesele unui grup de oameni care aveau legături strânse atât în politică, cât și în afacerile începute atunci (Nicolae 2010).

În același perioadă au apărut și partidele politice. Mulți au vrut să reînvie partidele interbelice, precum Partidul Național Liberal (PNL) și Partidul Național Țărănesc (PNȚ).

1. Termenul pentru aceste acțiuni era cel de „părți sociale". Acestea erau plătite lunar de fiecare angajat și teoretic erau folosite pentru capitalizarea întreprinderii.

2. Sub forma unor cupoane de privatizare distribuite cetățenilor adulți.

Majoritatea partidelor aveau platforme naţionaliste solide. Unele au folosit retorica epocii comuniste, combinând agenda naţionalistă cu cea anticapitalistă. Frontul Salvării Naţionale (FSN), continuator al PCR, a dominat alegerile dintre 1990 şi 1996. Politicienii FSN au transmis populaţiei o stare de teamă faţă de investiţiile străine.

În 1996, după ce PNL şi PNŢCD, alături de Partidul Democrat (PD), au câştigat alegerile în cadrul Convenţiei Democrate (CD), a urmat un proces masiv de privatizare, care a continuat să îi avantajeze totuşi pe investitorii români, şi nu pe cei străini. Privatizarea a avut şi consecinţe nefaste: falimente masive, şomaj la cote foarte mari, precum şi sărăcirea în ansamblu a populaţiei – mai mult de 52% din populaţie trăia fie la limita sărăciei (22%), fie chiar sub această limită (31%), ca de altfel 8% dintre antreprenori (Dinculescu şi Chircă 1998, 17). Fiind zonă metalurgică şi minieră, judeţul Hunedoara a fost grav afectat.

În decembrie 1999, Uniunea Europeană a acceptat ca România să înceapă procesul de aderare. Situaţia politică şi economică a început să se îmbunătăţească. Schimbarea politicilor de investiţii, completată de încrederea că România va fi acceptată în rândul ţărilor occidentale au condus la investiţii străine crescute, în special după 2001. Piaţa liberă a început să devină o realitate. Totuşi, din cauza crizei economice globale care a început la sfârşitul deceniului, rezultatele nu au fost la fel de spectaculoase ca în ţările în care procesul începuse mai devreme, în special în cazul membrelor din Grupul de la Visegrád (Cehoslovacia, Polonia şi Ungaria).

Cercetarea noastră a avut loc între 2009 şi 2010, după ce România a trecut printr-o serie de alegeri democratice paşnice şi a devenit membră a UE. Majoritatea oamenilor au ajuns să accepte faptul că statul nu mai orchestra dezvoltarea economică sau crearea de locuri de muncă. Au început să-și înțeleagă rolul ca plătitori de taxe. Totuși, am identificat diferențe semnificative între modul în care cetățenele din mediul rural și urban s-au confruntat cu aceste realități și și-au înțeles raporturile cu politicul. Deși am observat diferențe între generații, nivelul de educație și localitatea de reședință au determinat în cea mai mare măsură atitudinile repondentelor noastre față de capitalism și politica pluripartidistă democratică.

Nașterea capitalismului

Așa cum reiese din cercetările anterioare, percepțiile cetățenilor asupra rolului statului nu reprezintă doar rutina gândirii comuniste, rodul gândirii unei populații lipsite de resurse pentru schimbări radicale. Ele au fost sistematic încurajate, mai ales în primul deceniu postcomunist, de dominația conservatorismului de stânga, reprezentat de Partidul Social Democrat, care a creat iluzia menținerii statului paternalist, a accentuat teama față de capitalul străin și de competiția internațională (M. Miroiu, 1999; Pasti, 2005). Întreaga zonă a Hunedoarei a fost grav afectată de dezindustrializare și de lipsa de alternative. În acest sens, prăbușirea Combinatului Siderurgic din Hunedoara și a cocseriei din Călan a reprezentat o catastrofă socială majoră. Primele semne evidente de acceptare a capitalismului ca alternativă au apărut după ce România a ieșit din zona gri și a început tratativele de aderare la Uniunea Europeană, dar mai ales după aderarea din 2007.

Am văzut în capitolul anterior cum s-au raportat femeile la munca salariată, dar și ce păreri au avut despre capacitatea statului de a le oferi slujbe. Repondentele din generația comunismului și a tranziției care proveneau din mediul rural au susținut într-o măsură mai mare intervenția statului în crearea de locuri de muncă şi în garantarea siguranţei locului de muncă.

> Î: Ce credeţi că trebuie să facă statul cu banii disponibili?
> R: Dacă aş avea eu banii statului, ştiţi ce aş face? I-aş da oamenilor săraci, fiindcă săracii nu au... şi aş crea locuri de muncă pentru toţi cei care pot munci. (E.B., 82 ani)
> R: Statul trebuie să îi ajute pe toţi oamenii şi să le dea locuri de muncă. (O.C., 54 ani)

De ce trebuie să-şi asume statul responsabilitatea creării locurilor de muncă? În opinia focus-grupului de la Sîncrai, fără programe de creştere a numărului de locuri de muncă, tinerii „ajung vagabonzi şi creează probleme" sau nu se căsătoresc (O.C., 54 ani); pleacă din ţară (T.B., 58 ani) sau depind de pensiile mici ale bunicilor lor (V.S., 80 ani). Pe scurt, repondentele sunt de părere că rezultatul neimplicării statului constă în schimbări sociale masive şi sărăcie. Erau perfect conştiente de discrepanţele dintre populaţia activă (4 milioane, redusă de la 8 milioane, în 1989) şi pensionari (6 milioane) şi principalele consecinţele ale acestui decalaj: „Cine ne plăteşte pensiile?" (M.G., 48 ani). Cu alte cuvinte, cum ar putea statul să completeze deficitul fondului de pensii?

Aşteptările acestor intervievate se bazau pe garanţiile oferite de un stat care nu mai există. Sistemul neoliberal actual a reconfigurat drastic sfera publică şi părea să ignore faptul că femeile ajunseseră să depindă de un stat paternalist, în special din cauza zilei duble de muncă pe care au trebuit să şi-o asume aproape toată viaţa. Pentru repondentele noastre democraţia însemna asumarea riscurilor şi transparenţă, iar ele apreciau ambele aspecte. Totuşi, dacă nevoile lor sociale de bază nu erau satisfăcute, atunci promisiunile noului regim, inclusiv respectarea legilor, însemnau prea puţin. Vorbind despre desfiinţarea CAP-urilor, repondentele noastre din mediul rural au criticat atât politica de dezindustrializare, cât și privatizarea agriculturii:

> Mi-aș dori să avanseze și agricultura puțin... Mulți bătrâni au rămas [la țară] și le este greu să muncească pământul. O mare parte rămâne necultivat. Așa că, dacă ar sprijini agricultura puțin, ar fi mai bine pentru toată țara... Era bine dacă era agricultură, [prin] CAP sau de alt fel; dacă era după mine, dădeam la toți... Să întrebi pe toată lumea care nu are un loc de muncă: „Cât poți să muncești?" – „Atâta [timp]". Să duci oamenii să muncească, fiindcă mulți sunt șomeri, îi plătești și le dai proprietarilor de pământ 20-30% și... să știți, lucrurile ar merge mai bine. (S.M., 60 de ani)

Această repondentă a descris de fapt o fermă de tip cooperatist, deși nu s-a folosit de acest termen. Era de părere că statul poate să contribuie la organizarea unor asociații de acest fel, ajutându-i atât pe bătrânii din zonele rurale, cât și pe tinerii șomeri. Deși nici una dintre intervievate nu a vorbit în termeni pozitivi despre colectivizarea din timpul comunismului, ele au găsit soluții similare cu programele și propunerile de dinainte de 1989, cu diferența că acestea ar fi trebuit create cu adevărat prin consimțământ liber.

Când au fost nevoite să ia în considerare scăderea resurselor statului, după 1989, repondentele noastre din mediul rural au accentuat rolul inițiativelor private, incluzând investițiile de capital străin:

> Î: Dacă statul nu are bani de investiții, cine poate să creeze locuri de muncă?
> R: Ei, lasă asta. Noi le creăm; dacă nu, îi lăsăm pe francezi și italieni să vină: au ei bani. (V.S., 80 de ani)

În același timp, intervievatele noastre au evidențiat hibele capitalismului: „Angajatorul te ține la muncă și, când vine vremea să te plătească, nu are bani. Stai o lună, două, trei sau chiar o jumătate de an" (T.B., 57 de ani); „Își plătesc foarte prost angajații. Angajatorii fac ce vor. Nu îți convine? Pleacă. Mai așteaptă zece după tine" (O.C., 60 de ani); „Credeți că un angajator român plătește mai mult decât unul italian? Credeți asta? Ah! Nu există prostie mai mare decât privatizarea din România" (T., 57 de ani). Ambele variante de capitaliști par să fie la fel de crude: străinii închid firmele și pleacă: „Și rămân oamenii în drum și nu mai primesc nici șomaj". Patronii români spun că nu au cu ce să plătească. „Nimeni nu îi urmărește pentru neplată, au pile la poliție și bani de avocați. Nu le e frică: taie și spânzură fiindcă au bani" (B.M., 51 de ani).

Faptul că repondentelor noastre, la fel ca majorității populației din România, le lipseau resursele economice și sociale pentru a face marele salt de la economia planificată la centru la economia de piață explică în mare măsură afirmațiile lor contradictorii cu privire la rolul statului în economia de piață.

În anul în care am demarat cercetarea a fost publicat un studiu despre „riscurile și inegalitățile sociale din România". Rezultatele lui au evidențiat modul în care politicile paternaliste, bazate mai mult pe asistență decât pe dezvoltare, au afectat felul în care populația înțelege schimbarea democratică, riscurile și rădăcinile politice ale inegalității sociale. Comentariile repondentelor noastre și soluțiile propuse de ele se înscriau în linia sugestiilor oferite de acest raport: „Pensionările anticipate succesive, pensionările frauduloase (în special de invaliditate și ale celor care lucraseră în agricultură), pensionările de lux din MApN, MI, SRI și din alte domenii au condus la creșterea numărului de pensionari de la aproximativ 3,5 milioane în 1990 la peste 6 milioane în 2000, în timp ce numărul de salariați a scăzut în aceeași perioadă de la 8,1 la 4,6 milioane, creând dezechilibre majore în sistemul de protecție socială și lăsând multe persoane și familii fără venituri primare, sub pragul de sărăcie" (Comisia Prezidențială pentru analiza Riscurilor Sociale și Demografice 5). Raportul a concluzionat: „ În același timp, alocațiile pentru copii, drepturile persoanelor cu handicap, copiii instituționalizați și tinerii care părăsesc serviciile de protecție socială, persoanele fără locuință, familiile sărace cu mulți copii sau monoparentale, șomerii de lung termen, persoanele seropozitive, victimele violenței și traficului și alte segmente sociale în situații de risc au fost ignorate complet pentru anumite perioade sau protejate doar superficial, prin programe cel mai adesea ineficiente și/sau nesustenabile" (5). Și repondentele noastre au considerat că asistența de stat pe termen lung este insuficientă în prezent, dar că este necesară pentru copiii săraci, persoanele cu dizabilități și cei în vârstă. Ajutoarele pe termen scurt, cu limite stricte, erau acceptabile pentru șomeri.

Spre deosebire de repondentele din mediul rural, intervievatele din mediul urban au acceptat capitalismul mai ușor. Unele dintre ele, chiar și dintre cele mai vârstnice, au devenit active în economia de piață. De exemplu, A.S. (69 de ani) ne-a spus cum și-a suplimentat pensia lucrând ca îngrijitoare sau ocupându-se de grădinărit:

> Trebuie să ai perspective largi. Trebuie să scapi de ideea că ai nevoie de un serviciu sigur... Dar, dacă nu îl ai, trebuie să îl creezi. Și nu cred că există în lume oameni săraci, [ci] numai oameni leneși. Dacă chiar vrei să muncești, vei fi mulțumit cu orice slujbă găsești. Nu ai nevoie să ceri ajutor. Toată lumea cere ajutorul: „Statul trebuie să rezolve una și alta... primăria trebuie să facă asta, statul cealaltă". Nimeni nu o să facă nimic pentru tine dacă nu faci tu ceva pentru tine, în primul rând. Da, sigur că statul are obligații față de cei bolnavi, [față de] orfani

> sau copiii abandonați. După cum zice soțul meu: „Îi ținem pe cei care nu muncesc, așa stau lucrurile aici!" Și se obișnuiesc cu ajutorul ăla și nu mai muncesc.

C.P. (48 de ani), o femeie din generația tranziției, a evidențiat avantajele competiției. După ce a citit mult despre piața liberă și a văzut-o apoi în acțiune, a concluzionat: „Comunismul nu avea nici o valoare. Era cea mai mare prostie". În capitalism, oamenii „să o ia de la capăt, iar și iar. Încă mai suntem influențați de comunism – tiparele nu ne ies din minte –, dar, în 20 de ani, cel puțin generația noastră a mai scăpat de acele tipare". Totuși, ea a criticat și piața liberă: „Generația părinților mei s-a simțit mai bine, pentru că veneau din sărăcie lucie și regimul politic comunist le-a dat siguranța locului de muncă... Nu era nebunia asta a șomajului, cu ce se întâmplă acum, care pentru mulți e tragică".

Deși au trăit experiența privatizării, repondentele noastre nu au abordat direct aspectele ei de gen. Nu este surprinzător, deoarece majoritatea nu ocupau poziții înalte de conducere și nu au avut acces la procesele de decizie care au marcat tranziția. O repondentă a făcut totuși un comentariu de excepție:

> Î: De ce credeți că nici o femeie nu s-a îmbogățit prin privatizarea Combinatului?
> R: O femeie nu o avut curajul să facă ceea ce s-o înfipt [să facă] un director sau un contabil-șef. O femeie și-o zis: dacă mă prinde pe mine, mamă de copii? Eu nu risc doar viața și libertatea mea, dar și traiul și creșterea lor. Ăia or prins cheagul atunci, nu din sudoarea lor, ci din afaceri cu statul pe care tot ei îl reprezentau. O femeie o stat în banca ei, nu s-a aventurat. Eu zic că, în România, 80% din cei care s-or îmbogățit după Revoluție nu au făcut-o din transpirație proprie. (M.D., 48 ani)

M.D. a pus sursa reținerii femeilor de a risca în acest mod pe seama unei anume superiorități morale. Totuși, ea a ignorat contextul mai larg. Chiar dacă femeile și-ar fi ignorat preocupările etice și și-ar fi asumat astfel de riscuri mai ușor, rareori au ocupat pozițiile de conducere care le-au permis bărbaților să profite de privatizarea de după 1989. În consecință, mai ales barierele structurale le-au împiedicat să se dezvolte în noua economie, în special în primul deceniu (Pasti 1995, 2003).

Deși bărbații și femeile se bucură de drepturi egale în privința proprietății, capitalismul din România, precum comunismul, înaintea lui, are la bază discriminarea de gen. Conducerea majoritar masculină aflată în fruntea administrației statului comunist și a instituțiilor acestuia a rămas în aceleași funcții de-a lungul tranziției la piața liberă (Pasti 2003, 2006). Mulți dintre acești lideri nu au investit în economia capitalistă, folosindu-se în schimb de bogățiile obținute din preluarea afacerilor statului pentru a trăi în lux și/sau de campanii care le mențineau puterea politică la nivel local.

Majoritatea femeilor care au participat la focus-grupuri și ne-au răspuns la întrebări nu s-au referit direct la monopolul bărbaților în politică. În schimb, repondentele s-au axat pe corupție, menționând din când în când că elita comunistă de sex masculin a acumulat resurse de stat amestecând politicul cu afacerile. Intervievatele noastre au discutat rar despre faptul că sistemul judiciar era slab și, în general, nu a acționat în fața dovezilor de profit ilegal, obținut în timpul primei decade postcomuniste.

O serie de cercetători au ajuns la concluzia că femeile tind să respingă riscul într-o măsură mai mare decât bărbații în perioade de criză economică și politică. Ei pun acest fenomen pe seama faptului că femeile se simt responsabile față de familiile lor, în special față de copii. Femeile par să accepte riscuri mai degrabă în perioadele de stabilitate (Brindley 2005). Acest context explică faptul că, deși reprezintă 36% dintre antreprenorii români (cu mult peste media din UE), femeile au generat numai 11% din cifra de afaceri a acestui sector (Paul 2016, 42). Implicate târziu în procesul de privatizare, femeile nu s-au folosit de practicile discutabile din prima decadă postcomunistă, facilitate de FSN și apoi de PSD.

În plus, antreprenoarele sunt adesea motivate de factori noneconomici. Excelenta analiză a Andreei Paul privitoare la motivațiile etice ale femeilor se corelează cu răspunsurile repondentelor. După cum a demonstrat capitolul nostru despre muncă, femeile sunt adeseori conduse de dorința de a munci din greu și de a-și folosi abilitățile. Alte motivații, în ordine ierarhică, sunt: dorința de a reuși, de a-și împlini un anumit vis sau de a asigura viitorul copiilor. Au mai fost, de asemenea, motivate de curaj, de pasiune și de responsabilitate. Femeile menționează că bărbații sunt mai rar animați de astfel de motivații, și mai degrabă de putere, de bani și de succes (Paul 2016, 54). Rezultă, așadar, că repondentele noastre privesc politicile publice, acțiunile politicienilor și propriul rol în viața politică din perspectivă etică.

Nașterea și creșterea democrației: libertate și responsabilitate

Instabilitatea și lipsa siguranței sociale în noile democrații contribuie adesea la o neîncredere generalizată în politică. În România și alți factori au contribuit la acest fenomen, incluzând scrutine necinstite, folosirea funcției publice pentru câștiguri personale, promisiuni electorale care nu s-au materializat și o mass-media cu standarde etice îndoielnice. The Economist Intelligence Unit observa: „Nivelurile de încredere publică sunt foarte scăzute în Europa de Est... Mai puțin de 10% din locuitorii acestei zone au încredere în liderii politici și mai puțin de o cincime au încredere în guvern și în parlament. Procentul celor care sunt satisfăcuți de mersul democrației în țara lor a scăzut de la 40% în 2007 la numai 33% în 2009" (The Economist Intelligence Unit 2010, 12). În 2016, la nivel național, încrederea în partidele politice (8,3%), în parlament (12,6%) și în guvern (22,6%) era și mai scăzută (INSCOP 2016).

În același timp, repondentele noastre ne-au vorbit cu mândrie despre îndatoririle lor civice. Ele respectă Constituția și legile, plătesc taxele, respectă drepturile celorlalți și adesea se îngrijesc de bătrâni, bolnavi, orfani și chiar de soții lor adulți, în putere. Totuși, întrebările rămân: În ce măsură și-au asumat ele un rol egal în conturarea politicilor publice din perspectiva părerilor proprii asupra nevoilor societății? Se aplică în realitate egalitatea de gen, formulată constituțional, așa încât să le permită femeilor să-și exercite pe deplin cetățenia democratică?

Repondentele noastre consideră că o democrație robustă are nevoie de un fundament moral. Sunt de părere că reprezentanții politici ar trebui să fie oameni competenți, responsabili, cu simțul datoriei. Unele dintre ele consideră că femeile sunt mai calificate să activeze ca lideri locali și naționali. Calitățile pe care le asociază normativ conducătorilor politici se aseamănă cu cele atribuite bărbatului sau femeii ideale (vezi capitolul despre bărbați). Totuși au observat că în Hunedoara statutul social al bărbaților și veniturile lor au scăzut după 1989 (Kideckel 2008).[1] Repondentele, în special cele din generația tranziției, au avut o părere negativă despre atitudinea bărbaților:

1. Bărbații au primit salarii compensatorii când au fost concediați sau pentru pensionare înainte de termen (Pasti, 2003).

Î: Ce au făcut bărbații după prăbușirea Combinatului Siderurgic și a Unității Militare?
R: În compensație pentru excluderea lor profesională, bărbații nu au făcut nimica, nu s-au implicat nici în activitatea comunitară. Unii au plecat pe dincolo sau s-au refugiat la țară. Mulți s-au apucat de băut și stau. Pur și simplu stau. Puteți să mergeți, așa, ca să vizualizați puțin portretul tipic al bărbaților hunedoreni, în parcul acela unde joacă table. (D.L., 55 de ani)

Deși discursul lui D.L. era centrat în special asupra șomajului, preocupările ei sociale mai ample și discuțiile despre propriile activități civice sugerează o critică implicită la adresa bărbaților și a lipsei lor de preocupare pentru comunitate și pentru îndeplinirea responsabilităților de cetățeni.

Alte repondente erau sceptice cu privire la competitivitatea bărbaților pe piața muncii, care presupunea și investitori străini. O.D. (55 de ani) ne-a pomenit de un investitor italian care voia să angajeze numai femei, fiind de părere că ele sunt mult mai responsabile: „Dacă nu ar fi femeile din țara asta, România ar fi un pustiu plin de cruci cu nume de bărbați pe ele, fiindcă fără voi, femeile, nici unul dintre ei nu ar supraviețui mai mult de o lună". Prietena ei C.P. (48 de ani) a adăugat: „Fiindcă am dovedit că în perioade de criză femeile lucrează mai mult și ies în față, câștigă și sunt capabile, pot duce greutățile de zi cu zi și se implică în activitățile comunității, cred că a venit timpul ca bărbații să renunțe la ambiția de a fi singurii lideri [politici]".

În timpul conversației cu femeile de la oraș aparținând generației comunismului, E.O. (67 ani), care considera politica un joc, a fost de părere că bărbații participau la viața politică pentru că le permitea să se implice în activități abstracte și să le evite pe cele concrete. Continuând ideea, A.A. (71 de ani) a adăugat: „Bărbatului îi place să plece de-acasă, nu să stea să se ocupe de «nimicuri» prin casă.

Așadar, ca să scape, bărbaților le place să aibă funcții de conducere ca să pară că fac ceva important".

Repondente din toate generațiile au fost de părere că realizările profesionale atinse prin forțe proprii oferă calificarea cea mai înaltă pentru funcțiile politice. M.C. (60 de ani), de exemplu, considera capitalismul neproductiv drept calea spre o „falsă" democrație: „Toți anii ăștia, în loc să învățăm să producem, am învățat să vindem. Azi, în democrație, în loc să învățăm cum să ne comportăm, noi cerem alte drepturi. Ce drept am eu de revendicat dacă nu produc nimic, dacă nu fac nimic, dar aștept să mi se dea?" Această intervievată, la fel ca altele, a legat cetățenia, drepturile și libertățile de cultivarea unei etici solide a muncii, și, în general, democrația „reală" de preocuparea etică autentică și un simț al responsabilității atât din partea conducerii, cât și a cetățenilor de rând. Așa cum demonstrează capitolul de față, repondentele noastre consideră că o democrație redusă la ritualul alegerilor periodice nu are cu adevărat substanță. În schimb, ele vor să vadă o democrație funcțională, în care politicienii reprezintă interesele cetățenilor și își îndeplinesc promisiunile electorale, iar, la rândul lor, cetățenii contribuie ca plătitori activi de taxe și ca antreprenori. Pe scurt, ele consideră politica drept un contract cu fundamente moral-contractuale solide.

Repondentele noastre au corelat democrația „adevărată" (i.e. consolidată) cu etica în viața publică, pe care o considerau absentă în politica din România. Când le-am întrebat „Ce nu merge în democrația din România?", au menționat natura haotică a sferei publice. Pentru ele, libertatea înseamnă deopotrivă responsabilitate, iar drepturile implică și datorii. În fiecare focus-grup, ca și în multe interviuri, femeile s-au referit la lipsa controlului reciproc (*checks and balances*) și a simțului responsabilității în politica actuală. Au fost de părere că numai respectarea fermă a legilor poate schimba situația:

Î: De ce spuneți că la noi nu e democrație adevărată?
R: Orice lege să fie respectată de toată lumea, asta-i ține pe toți în democrația adevărată. De ce un popor poate să fie civilizat și un altul, ca al nostru, că nu suntem handicapați, este în halul ăsta, că-ți este rușine într-adevăr să ieși din țară [și] să spui că ești român. (L.L.G., 40 de ani)
R: Democrația înseamnă un stat de drept, un stat în care dreptatea trebuie să troneze în orice lege și în orice hotărâre și în respectarea lor, lucru care la noi nu se întâmplă. Oamenii de aceea sunt dezamăgiți. Sistemul nostru politic apară nonvalorile și asta este rău. E contraselecție, e nepotism, e mafie, e orice în afară de democrație. (E.B., 77 de ani)
R: În locul domniei legii, ne-am ales cu „domnia banului". Dacă ai bani, ai dreptate, ai și sănătate, căci totul se tratează prin prisma banilor. (A.A., 71 de ani)

Ele consideră că inclusiv relațiile dintre oameni sunt dramatic schimbate în contextul goanei după înavuțire (pentru cei puțini) și a celei pentru supraviețuire (pentru cei mulți). Comunismul presupunea un altruism impus și înlocuirea autointeresului cu autosacrificiul (M. Miroiu 1997). Acest tip de educație nu a dat rezultate semnificative dincolo de propagandă și ipocrizie, dar reflexele acestor valori impuse formal persistă și devin vizibile în acuzarea egoismului ca rău moral suprem, inclusiv când acesta ia forma autointeresului. „Ne-am însingurat. Am devenit occidentali și capitaliști, suntem plini de răutăți în fuga noastră după agoniseală. Umblăm numai după interese, ajungem să ne tragem țepe unii la alții, avem tupeu" (O.D., 55 de ani).

Relațiile dezinteresate sunt tot mai rare, mai ales pentru cei cu bani și poziție socială înaltă. Aceste schimbări au avut impact asupra multor prietenii; relațiile oneste au devenit din ce în ce mai rare, în special pentru cei care au obținut mulți bani și un statut social important:

Î: Vi se par mai egoiști oamenii?
R: Nimeni nu mai face nimic fără recompensă. Nu mai e lumea așa de bună, așa de binevoitoare. Toată lumea parcă e stresată, agitată, [oamenii] nu mai au putere parcă să mai muncească unul pentru celălalt, că abia își rezolvă problemele personale. Cu cât unul se îmbogățește și se înalță, e mai rău, mai egoist și mai lacom. (A.A., 42 ani)
R: Din păcate, anii ăștia [de] după Revoluție au scos din noi toată mizeria, tot ce s-a putut scoate rău a ieșit deasupra, toate valorile în care credeam noi au picat și au ieșit la suprafață puterea, banii și relațiile politice. (M.D., 48 de ani)

Intervievatele noastre au corelat egoismul și lipsa de onestitate cu corupția politică. Ele cred că forma cea mai blamabilă de îmbogățire este corupția; aceasta constituie, alături de falsitatea promisiunilor, cea mai profundă sursă a neîncrederii repondentelor noastre în politicieni, în partide, în parlament, în consiliile locale, în guvern, în primării, cu alte cuvinte, în instituțiile de bază ale democrației. În acest sens, toate barometrele de opinie care au urmărit măsurarea încrederii generale a populației în instituțiile rezultate din alegeri democratice ne arată, în timp, aceeași tendință: o erodare dramatică a încrederii, pe măsură ce campaniile tind să devină tot mai populiste, guvernările tot mai autoritare și mai corupte, presa tot mai partizană, iar influența ONG-urilor menite să monitorizeze funcționarea statului de drept și a democrației și să sancționeze derapajele, tot mai slabă (vezi și Forbrig și Demeš 2009; Ioniță 2009; M. Miroiu 2011; Vlăsceanu și Hâncean 2014).[1]

1. Deși în 2016 această tendință era neschimbată, încrederea în instituțiile care luptau împotriva corupției era foarte ridicată (INSCOP, „Încrederea în instituții“, document accesat la 27 august 2017, https://www.inscop.ro/aprilie-2016-increderea-in-institutii/).

Deși o numesc generic corupție, repondentele se referă mai ales la forma ei cea mai gravă, extinsă asupra întregului stat. Un asemenea fenomen era destul de predictibil în condițiile redistribuirii avuției publice în procesul de privatizare, dar a fost tot mai puțin tolerabil în timp, când corupția însemna, în mare măsură, trucarea licitațiilor pentru achiziții publice și acordarea preferențială de contracte cu statul din banii contribuabililor: „Într-adevăr, îmi e rușine, pur și simplu! Eu cred că și în țara asta se poate face cu adevărat democrație și stat de drept dacă clasa politică se satură de furat. Nu știu când. Poate nepoții mei vor ajunge să nu mai aibă ce să fure. Eu cred că abia generațiile viitoare vor putea rezolva chestiunea asta, însă nu cred că în 10-15 ani. Eu m-am resemnat“ (L.L.G., 40 de ani). Pe un ton ceva mai ironic, L.M. (49 de ani) spunea: „Ar trebui să nu fie atâta de înnebuniți să facă avere în două zile. Să aștepte și ei un an. Că ăștia vor să fie toți bogați peste noapte, cu întreg neamul lor“.

Alte repondente ne-au oferit exemple concrete de corupție la nivel local: repararea trotuarelor, fără a fi nevoie (uneori de trei ori pe an), fapt ce i-a permis unei companii „care aparținea cui trebuie“ (A.A., 42 de ani) să profite, sau decizia de a importa mesteceni din Ungaria în loc de a recolta puieți din pădurile din împrejurimi (M.B., 51 de ani). Discutând problema corupției, D.L. (55 de ani) a adoptat un ton filozofic: „E posibil ca puterea în sine să corupă, dacă ai control asupra altora. Dar și eu am fost șefă și nu m-am schimbat. Are de-a face cu capacitățile noastre umane – cum ești în adâncul sufletului“. Deși observațiile ei nu includeau distincții de gen, nu ne-a oferit nici un exemplu de politician cinstit – o lipsă care contrasta cu portretul pozitiv al femeilor lidere, ceea ce ne indică faptul că, în cazul său, normele de gen determină felul în care abordează puterea politică și responsabilitatea.

Într-o anumită măsură, neîncrederea repondentelor noastre în sistemul politic vine din concepția etică pe care o au asupra politicii. Din 1989, campaniile politice, incluzându-le pe cele ale partidelor reformiste pro-vestice, i-au curtat pe votanți cu promisiuni populiste, adesea nerealiste. Când politicienii nu își îndeplinesc promisiunile, încrederea publicului scade. Pentru a contracara fenomenul „mâinilor murdare" sau mai precis „pătate" (Walzer 1974), politicienii din România au fost nevoiți să-și justifice acțiunile prin presiuni externe.

Relația contractuală de bază într-o democrație este întemeiată pe contractul electoral. Ea funcționează în așa fel, încât respectarea promisiunilor consolidează încrederea publică în democrație sau, dimpotrivă, o diminuează sau o distruge dacă încălcarea promisiunilor devine cutumă transpartinică. Privită ca problemă de principiu a moralității în politică este greu să-i aducem aici obiecții. În practica marilor tranziții de la autoritarism la democrație lucrurile sunt însă mai complicate, mai ales dacă pe lângă schimbarea de regim politic avem de-a face și cu schimbarea radicală a formei de proprietate. Experiența trecerii de la comunism la capitalism este unică în istoria umanității și este de dată prea recentă ca să poată să fie judecată deopotrivă deontologist și consecințialist.

Deși revoluțiile din 1989 s-au produs de jos în sus, schimbările ulterioare răsturnării regimurilor comuniste s-au produs mai degrabă de sus în jos. Deoarece tranziția României de la un sistem autoritar la democrație și de la economia planificată la economia de piață a fost un proces desfășurat de sus în jos, implicând o serie de interese și organizații externe precum Fondul Monetar Internațional (FMI), Banca Mondială, NATO și UE (Karl 2005; Krastev 2009), mulți politicieni au acuzat presiuni străine pentru a justifica incapacitatea de a-și ține promisiunile electorale. (Preda 2002, 2009). În acest sens, considerăm că respectarea promisiunilor făcute în campania electorală a devenit extrem de dificilă. În primele două decade postcomuniste nici un partid onest politic nu ar fi putut câștiga alegerile spunând: vor urma falimente în lanț, jumătate din populație își va pierde locul de muncă, generația activă va trebui să se sacrifice pentru ca generațiile viitoare să câștige de pe urma eficienței economice aduse de o reformă radicală. În democrații plecăm de la supoziția că alegătorii sunt raționali și își urmează legitim propriile interese. În consecință, chiar și politicienii reformiști pro-occidentali au intrat în corul promisiunilor populiste cu gândul că le spun oamenilor în campanie ce vor să audă și apoi fac „ceea ce trebuie" – a se citi: reformele impuse de actorii internaționali, pe care vor da și „vina" pentru neonorarea promisiunilor.

Neîncrederea persistă, după cum a evidențiat discuția noastră cu focus-grupul din Sîncrai. Aceste femei, în cea mai mare parte pensionare, cu o educație modestă, ne-au arătat cu ironie și umor valoarea promisiunilor electorale. O participantă, V.S., a plecat pentru câteva minute de la întâlnirea noastră. S-a întors mai târziu să ne arate „ce am câștigat de la politică până acum". Ușor gârbovită, la cei aproape 80 de ani, s-a întors purtând pe cap o eșarfă PSD și o șapcă de la Partidul România Mare (PRM); într-o mână ținea un stilou de la Partidul Democrat Liberal (PDL) („care nici măcar nu funcționa") și în cealaltă o găleată de plastic de la PNL („măcar a fost folositoare"). Discuția s-a aprins:

> Politicienii ne văd doar în campanii, doamnelor! (T., 58 de ani)
> Atunci vin și cu trompetele... Cu mașinile cu muzică, ne dau cadouri... atunci ne bagă apă, ne bagă gazu', tăte ni le bagă (grupul râde). Când trec alegerile nu mai știu cum ne cheamă. (B.M., 78 de ani)
> Ne aduc câte-o găleată. (V.S., 78 de ani)
> Câte-un pix. Ca la orbeți. (C., 58 de ani)

> Ei i-o dat două pixuri și mi-o dat unu' mie, și nici ăla nu scrie. (M.G., 83 de ani)
> Ba câte-un sac gol de rafie scris cu numele partidului pe el. (M.E., 70 de ani)
> Lucruri de-astea, ca să prostească lumea. (O.V., 54 de ani)

Deși s-au obișnuit cu încercările politicienilor de a le obține voturile cu creșteri mici ale pensiilor și daruri electorale, precum și cu lipsa reală a opțiunilor la scrutinul electoral, femeile din Sîncrai nu ar renunța la democrație. Așa cum scrie Amartya Sen: „Există puține dovezi că oamenii săraci, dacă li se dă ocazia, refuză democrația" (1999, 13). Dar trebuie să se facă mai mult. După cum a observat o repondentă, M.F. (55 de ani), politicienii români nu înțeleg clar problemele și nevoile electoratului. Ea crede că politicienii își pot face datoria și pot organiza campanii electorale cinstite numai dacă analizează realist problemele cu care se confruntă populația.

În opinia intervievatelor noastre, eșecurile repetate ale politicienilor de a transpune în realitate promisiunile electorale au transformat politica într-un joc necinstit, în care, pentru a câștiga, politicienii își schimbă opiniile în funcție de schimbarea puterii. Cu alte cuvinte, activitatea politică „nu este pentru oamenii cu principii"; și doctrinele, și platformele de partid există numai pe hârtie (A.B., 52 de ani). Politicienii spun povești și numai povești. Dacă îi credem, „ne îmbătăm cu apă rece" (A.A., 42 de ani). O altă femeie a adăugat că, dacă minciunile politicienilor nu ar fi fost de ajuns, „mass-media manipulează [publicul] fără rușine" (C.P., 48 de ani).

Neîncrederea în politicieni și în partide le-a descurajat pe femei să se implice în politică și câteodată chiar să voteze:

> Î: V-ați gândit vreodată să candidați pentru o funcție publică?

> R: Nu m-am gândit niciodată, nu pot să joc teatru; trebuie să ai două feţe: una promiţi şi alta faci. Eu, când am zis ceva, e zis, nu pot să fac compromisuri prea mari. Eu tot ce am făcut am făcut pe munca mea. Nu am de ce să ling, să pup în fund. Iar pentru chestiile astea trebuie să fii parşiv. Nu pot, eu nu pot. (D.M., 48 de ani)

Câteodată, răspunsurile intervievatelor noastre păreau inspirate de moralişti şi politologi faimoşi. O parte dintre opiniile lor privitoare la îndeplinirea promisiunilor de campanie păreau preluate din argumentaţia lui Immanuel Kant, în lucrările *Întemeierea metafizicii moravurilor* sau *Critica puterii de judecare*. Alte repondente au exprimat păreri similare celor enunţate de Alasdair MacIntyre cu referire la etica virtuţii în *Tratat de morală. După virtute*. În privinţa democraţiei, unele repondente fac o serie de observaţii desprinse parcă din Alexis de Toqueville (*Despre democraţie în America*).

Următoarea secţiune se concentrează asupra soluţiilor propuse de repondentele noastre, multe dintre ele semănând cu ideile exprimate de Joan Tronto în *Moral Boundaries: A Political Argument for an Ethic of Care* (1993) şi *Caring Democracy: Markets, Equality, and Justice* (2013).

Guvernarea: probleme şi soluţii

Experienţele intervievatelor noastre le-au determinat să nu considere campania electorală un interval în care pot discuta despre interesele, grijile sau posibilele soluţii la problemele lor. Văd alegerile ca pe un mecanism populist, manipulator, şi nu ca pe un exerciţiu de pragmatism politic (Gherghina şi Mişcoiu 2010). Mai mult, repondentele noastre simţeau că au fost învăţate că rolul lor era să rezolve problemele altora, nu să creeze probleme suplimentare.

Având în vedere acest context, ce înseamnă buna guvernare pentru aceste femei? Cum ar administra bugetul local dacă ar avea puterea? Intervievatele noastre au răspuns consecvent la aceste întrebări, oferind multe detalii. Pentru ele, o bună guvernare se bazează pe colaborarea dintre politicieni și cetățeni: politicienii trebuiau să se țină de promisiunile făcute și să se ocupe de responsabilitățile asumate, în timp ce cetățenii ar trebui să identifice în mod activ probleme și soluții.

În focus-grupuri, ca și în interviuri, repondentele au discutat în mod frecvent despre curățenia morală și fizică (și prin extensie, despre mizerie ca problemă ca cronică). Au susținut că, dacă politicienii ar avea suflete curate, atunci mediul, casele oamenilor și străzile din oraș ar fi curate (E.M., 49 de ani). Pentru unele repondente, legea ar putea conduce la curățenie prin aplicarea pedepselor: „Oamenii fac în mod repetat aceleași greșeli pentru că societatea nu îi pedepsește“ sau „Cine greșește rareori plătește pentru ce a făcut“ (L.P., 47 de ani; M.D., 48 de ani; O.C., 54 de ani). Multe au fost de părere că prin amenzi se poate menține ordinea: „Când îi atinge pe oameni la bani atunci încep să se îndrepte“ (M.B., 42 de ani). Totuși, acest fapt presupune ca autoritățile să aplice legile: „Dacă tu, ca polițist local, vezi că cineva a aruncat un pachet de țigări sau a mâncat o banană și a aruncat coaja peste gard și nu îl amendezi, nu se schimbă nimic. Mulți ar putea să îi îndrepte pe cei care se poartă urât, dar nu se implică nimeni“ (A.A., 42 de ani). Au pus această realitate pe seama politicilor sociale rău întocmite și au oferit soluții care ar rezolva două probleme publice în același timp:

> Îl vezi pe unul în șomaj prelungit, ca să nu mai vorbesc de ăia pe ajutoare sociale, care sunt sănătoși! Păi domn’e, dacă se dă sporul de șomaj, de ce nu există cineva la Primărie să le deie de lucru? Astăzi, o grupă la curățenia

> orașului. Prea nu vorbește nimeni de muncă. Drepturi, drepturi, dar nici unul să zică: dom'le, aș vrea să muncesc și eu ceva, ce îmi dați de lucrat? Sunt atâția și prin parcuri care cască gura, și noi nu găsim pe cineva să ne bată un covor. Nimeni, numai bani să le dai pe degeaba. (A.A., 71 de ani)

Și D.L. (63 de ani) a observat: „Aș pune și oamenii la treabă, cum era pe timpul lui Ceaușescu, cu muncă voluntară, nu ca acuma. Toți așteaptă ajutorul social și nu fac nimic. I-aș scoate pe toți care au ajutor social, fiecare ar avea [un] sector să-l facă; asta trebuie făcut cu ajutorul social, te duci și muncești opt ore pe săptămână dacă vrei să iei banii ăia de ajutor social, da, muncești opt ore, nu doar așa, că dă-mi ajutorul social, că așa îmi convine și mie să mă duc să iau 200 sute de lei și să nu fac nimic. Cu ăia care iau ajutor social s-ar putea face curățenie, să fie orașul... știți cum? Lună!" Comentariile acestor femei se bazau pe observația că trebuie să existe o legătură între eșecul politicilor sociale și lipsa responsabilității individuale. Cercetătorii care analizează aceste aspecte și-au exprimat preocupări similare (Preda 2009).

Fără să cunoască sumele exacte, repondentele noastre au vorbit despre politici publice scumpe, pentru beneficiari îndoielnici (Nicolae 2010). În particular, femeile generației comunismului au descris o serie de probleme privitoare la politicile de protecție socială, incluzând acordarea unui număr uriaș de „pensii de revoluționar" celor care se presupune că ar fi participat la Revoluția din 1989, ajutorul acordat bărbaților „forțați" să se pensioneze din industria grea la începutul anilor 1990 (M. Miroiu 2004c) și creșterea frauduloasă a certificatelor de persoane cu dizabilități, de la 42.000 în 1989 la 670.000 în 2008 (Preda 2009). În plus, repondentele noastre au ridicat problema evaziunii fiscale. Foarte puține dintre intervievatele noastre beneficiau de venituri obținute din astfel de practici. În general, i-au înfierat atât pe politicienii aleși, cât și pe cetățenii care le practică. Fosta judecătoare D.L. (55 ani) era de părere că: „Dacă s-ar aplica o legislație fiscală coerentă și s-ar controla veniturile obținute din surse dubioase, am putea returna la bugetul de stat o bună parte dintre fondurile care au fost îndepărtate din sfera publică prin afaceri necinstite“.

Cheltuielile publice: prioritățile femeilor

Interviurile noastre au confirmat rezultatele studiului cantitativ efectuat la scară națională, care sugerează că femeile ierarhizează prioritățile în cheltuielile publice în mod diferit față de liderii politici sau votanții bărbați (CNCSIS 2006–2008). Multe dintre intervievatele noastre au criticat Primăria, considerând-o o instituție supradimensionată, prost organizată și lipsită de transparență: „Mai întâi aș face ca Primăria să fie eficientă. Aș restructura tot; aș micșora departamentele, aș angaja oameni competenți, care pot obține multe rezultate bazate pe priceperea lor. Aș micșora numărul angajaților, pentru că acolo se cheltuiesc mulți bani. În plus, aș analiza nevoile instituțiilor subordonate Primăriei și le-aș așeza în ordinea priorităților“ (A.A., 42 de ani).

Repondentele noastre consideră că cheltuielile publice nu se fac în concordanță cu promisiunile electorale și cred că pilele și relațiile politice influențează alocarea de fonduri. Câteva femei au avut o părere bună despre creșterea taxelor și despre realizarea de proiecte finanțate de UE pentru îmbunătățirea vieții în Hunedoara (A.B., 51 de ani; A.A., 42 de ani; A.A., 72 de ani). Există totuși greutăți care nu țin de exercitarea controlului local: ajutorul guvernamental la nivel național se acordă în baza favoritismelor, iar licitațiile de bunuri aflate în proprietatea statului, care afectează bunăstarea publică, se fac în grabă, la sfârșitul anului calendaristic (M.B., 57 de ani). Folosindu-se de pretextul că au rămas bani publici ce trebuie alocați anumitor proiecte într-un interval scurt de timp, care nu permite organizarea unei licitații publice (iar altfel banii s-ar pierde), liderii politici își favorizează clientela în obținerea acestor contracte.

Intervievatele noastre știu în ce ar investi fondurile publice dacă ar putea: în programe pentru copii și bătrâni, în sănătate și în protecția mediului, în infrastructură și în administrarea Castelului Huniazilor. Pentru femeile de la oraș, copiii erau prioritatea de necontestat, fapt ce ne amintește de autoidentificarea lor de gen ca părinți.

Fiind principalele îngrijitoare și educatoare, repondentele noastre erau preocupate în mod special de efectul pe care proasta guvernare îl are asupra educației copiilor și a siguranței acestora. Doreau mai multe investiții în școli și mai multe centre de zi în vederea îngrijirii copiilor, „pentru ca familia să poată să meargă la muncă“ (A.A., 42 de ani). Deși repondenta nu a afirmat în mod clar că această problemă o afectează cu precădere, după cum s-a observat în capitolul despre copii, resursele disponibile pentru creșterea celor mici le afectează în principal pe femei, fiindcă rezolvarea acestor probleme de obicei le revine.

Nevoia de astfel de programe a devenit acută după căderea comunismului, fiindcă autoritățile locale și naționale nu au reușit să înlocuiască rețeaua de creșe și grădinițe administrată de stat. Un număr considerabil s-au închis. Instituțiile de învățământ din mediul rural au fost și ele afectate, iar depopularea a condus la scăderea numărului de școli.[1] În consecință, transportul școlar reprezintă o pro-

1. Încă din anii 1990, rata fertilității din România a rămas sub doi copii/familie.

blemă importantă în zonele rurale: „Au fost programe naționale pentru educație și primarii deștepți au știut cum să profite. Sunt microbuze, sunt 16 în județul nostru, toate noi, dar sunt parcate undeva în Deva. Nu sunt folosite, pentru că primarii nu au cum să angajeze șoferi. Bugetul pentru șoferi nu a fost aprobat“ (M.B., 57 de ani). Pentru intervievatele noastre, incompetența oficialilor aleși provine din faptul că ignoră nevoile populației vulnerabile. În opinia lor, lipsa unei administrații adecvate a făcut ca accesul la educație să fie mai dificil. Tendința s-a menținut. În consecință, rata abandonului școlar a ajuns la 25% în 2016.[1]

De asemenea, repondentele noastre își doreau ca administrația locală să creeze programe de îngrijire pentru copiii ai căror părinți erau plecați la muncă în străinătate. Pentru a face față greutăților economice aduse de tranziție, un număr mare de români au migrat în țările UE la muncă (Roman și Voicu 2010). Unele dintre repondentele noastre au fost și ele plecate la muncă; mai multe aveau rude și vecini plecați. Mare parte au considerat că migrația este o problemă politică în creștere, care are consecințe pe termen lung. Au fost de părere că politicienii nu au abordat aceste probleme: „Greșeala pe care a făcut-o statul a fost că a permis ca familiile să fie separate. Cum? Fie mama sau tatăl, fie amândoi au plecat în străinătate și i-au lăsat pe copii în urmă. Unii au rămas cu bunicii, care, în afară de mâncare, nu le pot oferi multe lucruri. Statului nu-i pasă de acești copii“ (M.T., 60 de ani).

Intervievatele au insistat și asupra importanței pe care o are sistemul de sănătate finanțat de stat. Au fost unanim de acord că spitalele și serviciile medicale sunt printre

1. „Program educațional pentru reducerea abandonului școlar“, accesat la 27 august 2017, https://www.portalinvatamant.ro/ articole/scoala-mea-87/program-educational-pentru-reducerea-abandonului-scolar-6526.html.

bunurile publice cel mai bine administrate din regiune. Femeile din mediul rural cu care am vorbit, în special femei în vârstă sau văduve, prețuiau sistemul de sănătate foarte mult. Au vorbit despre problemele legate de accesul la sistemul local de sănătate și de banii pentru rețetele compensate: „Un lucru merge foarte bine în orașul nostru. Și asta pentru că doctorul B., directorul spitalului, este minunat. Este un manager adevărat.[1] A știut cum să atragă fonduri. E din părțile astea. Nu e cu un picior în Hunedoara și altul la București. Dar cine se îngrijește de oamenii de la țară și de cei cu pensii mici? Ce să le spui să facă? Să nu se trateze cu nimic?“ (M.F., 55 de ani).

Serviciile sociale pentru bătrâni și săraci constituie o altă problemă importantă. Majoritatea femeilor din mediul urban au fost de părere că banii publici trebuie cheltuiți pentru creșe, cantine gratuite pentru săraci (mulți dintre ei în vârstă) și pentru locuințe subvenționate. D.L. (55 de ani), care face voluntariat în creșe și se îngrijește de copiii ai căror părinți au plecat la muncă în străinătate, ne-a spus: „Este de datoria statului [să se îngrijească de] bătrânii slăbiți și singuri și de copiii lăsați în urmă de părinții migranți și să nu îi lase pe acești oameni la mila rudelor și a vecinilor. Dacă nu oferi protecție socială pentru oamenii care chiar sunt vulnerabili, ce fel de protecție socială pretinzi că oferi? Pentru cine? Pentru ce? Pentru cei cărora le-ai dat mită electorală? Putem să îi abandonăm pe copii pentru că nu au drept de vot?“ În schimb, femeile din zonele rurale (Sîncrai, în cazul nostru) au fost de părere că îngrijirea bătrânilor și a săracilor este o problemă familială și comunitară. În consecință, consideră că responsabilitatea rezolvării acestor probleme cade pe umerii familiilor și ai Bisericii, și nu asu-

1. Directorul spitalului a candidat, ulterior cercetării de față, la alegerile locale. Din păcate, în ciuda evidentei sale competențe manageriale și a implicării în bunăstarea concetățenilor, el nu a fost ales.

pra statului. Un studiu cantitativ din 2008 a scos în evidență preferința pentru îngrijirea privată a bătrânilor în mediul rural (CNCSIS 2006–2008).

Intervievatele noastre din Hunedoara iubesc parcurile și pădurile și consideră că responsabili pentru ele sunt atât guvernul, cât și cetățenii particulari. Pentru întreținerea acestora, au sugerat soluții care i-ar ajuta și pe șomeri: „Decât să-i vezi pe străzi, stând degeaba, ai da un sens vieții lor. Măcar atât poți să le dai [ca] să îi faci să se simtă utili" (L.M., 50 de ani). Au fost de părere că și asociațiile de proprietari ar putea fi de ajutor, dacă primarii s-ar folosi de concursuri și premii pentru „cele mai frumoase grădini", ca să încurajeze aceste activități (E.B., 77 de ani; A.A., 71 de ani; G.S., 69 de ani).

Toate femeile pe care le-am intervievat s-au plâns că Primăria neglijează străzile și trotuarele.[1] Unele dintre repondente au spus că vor refuza să mai voteze la alegerile locale atâta timp cât străzile aveau gropi și erau murdare (E.O., 63 de ani; L.M., 50 de ani). Femeile din mediul rural, care adesea lucrează acasă, doreau mai multe investiții în sistemele de canalizare și asigurarea încălzirii cu gaze[2].

Unele dintre repondente au discutat posibilitatea revitalizării turismului din regiune. Castelul Huniazilor, emblema orașului, este considerată singura atracție turistică (Mărginean 2015). „Aș încerca cu castelul. Este cel mai grozav în orașul nostru" (L.M., 50 ani). Turismul axat pe vizitarea Castelului „ar fi o sursă grozavă de venit, dar, de când locuiesc în Hunedoara, Castelul a tot fost renovat, dar niciodată nu a fost terminat și nu a reușit să atragă cu adevărat turiști" (I.R., 39 ani).

1. În 2019 această rețea este considerabil îmbunătățită.

2. Această rețea nu există nici în 2019 – anul în care apare ediția românească a cărții noastre.

Femeile în politică

Deși intervievatele noastre dădeau dovadă de o înțelegere sofisticată a problemelor politice și comunitare, foarte puține s-au angajat sau se gândeau să se angajeze activ în politică. Deși, în ansamblu, considerau politica un domeniu al bărbaților, un mediu ostil pentru femei, răspunsurile lor au relevat anumite deosebiri bazate pe vârstă și locul de reședință. Femeile din generațiile comunismului și tranziției, din mediul urban, au văzut participarea politică a femeilor într-o lumină mai bună, în special în privința centrării politicilor publice asupra cetățeanului de rând, în privința rezolvării conflictelor sau a reducerii corupției – probleme publice la care femeile ar putea furniza soluții (Paul 2011).

Așadar, de ce nu vor femeile să intre în politică? Pentru unele, politica este „o lume nebună. Văd numai răzbunare, o luptă fără încetare pe locurile din față. Cinstit, am o părere proastă despre femeile care se implică în politică. Personal mă limitez să cultiv lucruri frumoase“ (D.S., 41 de ani). C.P. (48 de ani) consideră că politica este o lume „plină de infamie. Politica nu este pe sufletul meu. Nu pot să fac o alianță, să o rup și să o fac la loc... Nu cred că mi se potrivește“. Dar era deschisă unui alt mod de a face politică, o politică bazată pe principii morale puternice „care să mă facă să simt focul interior“.

În repetate rânduri, femeile ne-au spus că politica este „o pierdere de timp“ sau „nu aș rezista ore întregi să asist la discuții nesfârșite și sterile despre un subiect“ (M.F., 55 de ani). Aceste afirmații sugerează că dezbaterile și discursurile politice abordează rareori probleme de interes pentru aceste femei: „Toate partidele politice vor să ia puterea și să își satisfacă interesele proprii. Dacă ar fi un partid politic interesat de cei de jos și de binele societății poate m-aș implica, dar atâta timp cât partidelor nu le pasă de noi, nici mie nu îmi pasă de ele“ (M.P., 44 de ani).

Altele ne-au împărtășit din experiențele personale; printre altele, ne-au povestit despre cum au demisionat din serviciul public după 1989:

> Am lucrat în audit financiar la fabricile de [prelucrare a] fier[ului] și [în] metalurgie 38 de ani. M-am luptat să protejez bunurile statului și ale întreprinderilor. Lucram tot timpul, dar mi-a fost greu să rezist acolo respectând legea [după 1989]. Nu pot să accept așa ceva; eu respect legea și alții nu o respectă și o calcă în picioare. (A.A., 71 de ani)

> Banii Primăriei erau în mâinile mele ca administrator al Departamentului buget-finanțe. Nu puteam să accept ce îmi cereau cei din administrația politică. Aveam trei opțiuni: să accept, să înnebunesc sau să plec. Am decis să plec. (M.B., 57 de ani)

Ambele femei s-au referit la presiunile exercitate asupra lor pentru a deveni complice sau pentru a tolera activități ilegale la serviciu. Oficialii aleși (în ambele cazuri bărbați) au contribuit la demisia lor și le-a făcut pe aceste femei să își piardă încrederea în cuvintele și în faptele politicienilor în ansamblu.

Unele dintre intervievate încercaseră să participe la viața politică. V.D. (38 de ani), de exemplu, s-a implicat în activitățile unui partid politic:

> Printr-o organizație de femei [a partidului] am avut ocazia să accesez fonduri de sănătate pentru spitale. Le-am susținut pe fetele de la școala de gimnastică din Deva. Erau fonduri de la diverse societăți, companii, ONG-uri, tot felul de donații. Lucram cu chitanțe și facturi. Banii nu mergeau la partid, ci unde era nevoie. Cumpăram tot felul de lucruri pentru școli, pentru familiile monoparentale sau spitale. Mergeam în spitale și le dădeam nou-născuților tot ce aveau nevoie pentru [momentul] când

> erau externați. Le ofeream ajutor copiilor cu dizabilități. Oricum, activitățile noastre acopereau toată țara, unde era nevoie.
> A fost o experiență grozavă și mi se face pielea de găină când îmi aduc aminte. Atâta timp cât activitățile astea se făceau în colaborare cu oameni minunați, am participat la ele. Dar femeia pe care am admirat-o și care ne-a atras pe toți să ne implicăm și [datorită căreia] am ajuns la nivel național a fost dată afară și, o dată cu ea, au încetat toate activitățile la nivel local.
> Atunci am renunțat. Dacă totul în partid se bazează pe interese [personale], și nu pe fapte bune, de ce să mai stau?

Alte femei au avut experiențe asemănătoare. C.P. (48 de ani) ne-a spus că a fost implicată într-un partid care s-a dizolvat. Conducerea alcătuită din bărbați o pusese să facă muncă de secretariat. Și L.L.G (40 de ani) s-a înscris într-o organizație de femei condusă de Uniunea Democrată Maghiară din România (UDMR). Sperase ca aceasta să fie o organizație feministă, dar a trebuit să-și schimbe părerile. Fiind condusă de soția unuia dintre liderii de partid, agenda organizației nu avea nimic de-a face cu interesele civice:

> Î: Ce făcea organizația asta de femei?
> R: Să vă fac un rezumat: în timp ce bărbații fac și discută politică, femeile brodează și se îngrijesc de oamenii în vârstă și de votanții săraci. O organizație curat feministă, nu-i așa?

A fost dezamăgită repede de organizație și și-a dat demisia.

E.B. (77 de ani), fostă învățătoare, este una dintre primele femei care s-a implicat politic după 1989. Simpatiza cu Partidul Național Țărănesc și a devenit atât membră a acestuia, cât și președintă a filialei locale a unei organizații care avea rolul de a dinamiza democrația: Uniunea Mondială a Românilor Liberi (UMRL). Motivele ei au fost mai degrabă idealiste (să contribuie la construirea unei lumi noi) și legate de charisma specială a președintelui UMRL, Ion Rațiu, care a candidat în 1990 la președinția României. Deși a fost votat de puțini români, el a trecut drept o mare șansă, din păcate ratată, a occidentalizării timpurii a României postcomuniste, grație experienței sale britanice. Ion Rațiu a trăit vreme îndelungată în Anglia, unde s-a refugiat după instaurarea comunismului.

> Eu l-am cunoscut personal pe Rațiu în foarte multe conjuncturi, am străbătut o parte din Ardeal cu el în perioada aceea, în care eram la UMRL. Eu un om mai tolerant, mai cumsecade și mai democrat, nu am întâlnit. Dacă el ajungea președintele României, putea să aducă capitalul străin, era foarte cunoscut. Oamenii de afaceri, cel puțin cei englezi, ar fi venit la noi; și francezii ar fi venit, ar fi venit foarte mulți, ar fi fost cu totul altfel.

Relația ei idilică cu propriul partid a fost de scurtă durată, în principal din două motive. În primul rând, considera că ceea ce îi stimula politic pe țărăniștii locali ținea de propriile interese privind restituirea averilor pierdute și de răzbunarea împotriva comuniștilor. În al doilea rând, nu i-a plăcut felul cum erau tratate femeile din partid. Ele erau trimise în teritoriu în campanie, ca să facă lobby și opere de caritate pentru nevoiași în numele partidului, dar nu erau niciodată chemate să ia decizii și nu erau trecute pe listele electorale.

În timp, relația ei cu politica s-a deteriorat atât de mult, încât mărturisește în interviu: „Am fost înnebunită de groază când ginerele și fiica mea au vrut să intre în politică. M-am rugat la Dumnezeu să facă o minune cu ei și să nu se ducă. Nu au ce căuta acolo. Nu e decât o cloacă murdară". Deși ar vrea să o țină pe propria ei fiică departe de politică, ea consideră că, dacă în politică erau mult mai multe femei, „cu totul altă făină se măcina la moara țării ăsteia".

Am întâlnit și două istorii de succes ale femeilor în politică. B.F. (38 de ani) lucrează ca medic de familie și este și președinta organizației locale de femei a PSD. A intrat în politică în 2001.[1] Fiind bine-cunoscută în oraș, credea că aduce o contribuție importantă la funcționarea Consiliului Local: „Sunt obișnuită să citesc. La noi în domeniu, dacă nu citești și nu te pui la punct, ești în urmă. Și atuncea, având acest „defect", în momentul în care am ajuns în Consiliul Local, pentru că n-am știut cu ce... să spun așa... cu ce se mănâncă, am început și am citit tot ce ținea de partea de legislație. În acest fel, chiar din primele ședințe de Consiliu Local am reușit să-mi fac un loc, în sensul că, în momentul actual, primarul, dacă știe că eu am deschis gura pe un act legislativ, atunci așa stau lucrurile, știe că am dreptate". Totuși, munca lui B.F. în Consiliul Local i-a deranjat pe unii dintre colegii ei bărbați:

> Î: Vă iau în considerare propunerile?
> R: Până acum, da. Din păcate, câteva dintre inițiativele mele i-au deranjat pe bărbați, și, ca să fiu cinstită, chiar și pe bărbații din partidul din care fac parte, pentru că o femeie nu ar trebui să fie mai deșteaptă decât ei și, în special, nu mai deșteaptă decât președintele partidului.

B.F. a descris barierele pe care le întâmpină femeile în politică astfel: „Cuțitul este în mâna liderilor, și aceștia sunt bărbați. Depinde de ei dacă o femeie este pusă pe lista candidaților și în ce poziție. Când au nevoie să sacrifice un candidat, preferă o femeie. Bărbații cred că politica este teritoriul lor, pentru că așa a fost în mod tradițional. Nu au nici un interes să schimbe acest lucru, pentru că ar pierde monopolul asu-

1. În 2016 era una din cele două femei alese în Consiliul Local.

pra resurselor". Pentru a-și menține puterea, bărbații adesea ignoră sau ridiculizează femeile (Matland și Montgomery 2004; Popescu 2004, 2006).

Așa cum am menționat anterior, munca politică a lui B.F. a avut un impact negativ asupra vieții de familie; soțul ei, care nu era de acord să o sprijine pentru a urma o carieră în politică, a refuzat să o ajute, după cum era nevoie, la creșterea copilului. În cele din urmă, au divorțat. Ca mamă singură, B.F. a continuat să activeze în politică. Este complet convinsă că femeile trebuie să aibă mai multă încredere în forța și în ideile lor. A accentuat și faptul că femeile ar trebui să fie mai dispuse să își asume riscuri, chiar și atunci când bărbații le insultă sau le pun obstacole în drumul spre succes.

Cea mai ancorată într-o abordare rațională și realistă a politicii (politica este despre cine ia, ce, cât și cum) a fost L.G. (56 de ani), medic într-o fostă localitate minieră (Ghelari) din apropierea Hunedoarei. Ea subliniază că a fost și membră a Partidului Comunist, fiindcă era o studentă bună. A intrat în Partidul Democrat la un an după înființare (în 1994): „Chiar dacă eram în dezacord cu multe, era necesar să fiu o voce, fiindcă altfel nu primeam și nu primesc ajutor în activitatea mea sanitară". A reușit să devină consilier local în aproape toate legislaturile, cu excepția unei legislaturi, când nu a candidat. În acei patru ani de absență din deciziile locale nu a mai primit nici un sprijin financiar pentru dispensar. Acest fapt a fost de ajuns ca să candideze din nou, să obțină și să poată direcționa fonduri către sectorul sanitar al orașului și pentru ajutoare sociale destinate celor disponibilizați din minerit.

Î: La ce credeți că v-a folosit implicarea în politică?
R: Fiind una dintre ei, am reușit să-mi cumpăr spațiu și am avut înțelegere inclusiv din partea colegilor din opoziție. Am reușit în ședința anterioară a Consiliului să

primesc finanțare din partea Primăriei, o sumă valoroasă, cu care vreau să-mi fac încălzire pe lemne, centralizată, la dispensarul din comună.

Î: Dar dacă nu vă implicați politic?

R: Evident, nu aveam de unde și cum să fac ce v-am spus. Au ajuns cei patru ani când am simțit pe pielea mea ce înseamnă să nu fiu acolo. Nu ești în Consiliu, nu ai acces la resurse. Când vin rectificări de buget, îmi dau și mie pentru cabinet.

Aliatul ei local cel mai important în sensul ajutorării săracilor nu este atât partidul, cât preotul. În probleme sociale grave, crede că acțiunea trebuie să fie transpartinică și să existe colaborare cu toți cei care pot ajuta. Spre deosebire de femeile alegătoare, neimplicate politic, ea vede partea plină a paharului: „Nu am reușit încă să aducem gaze, ci doar să facem drumuri. Însă vom accesa fonduri SAPARD și le vom face și infrastructura de gaze".

Fiind o comunitate mai mică, în calitatea ei de medic și de femeie matură, L.G. nu simte că este tratată discriminatoriu fiindcă este femeie. „La peste 55 de ani, se pare că autoritatea îți este respectată, indiferent de gen. Mă respectă și profesional, și uman, și politic." Cu toate acestea, sau tocmai din aceste motive, L.G. nu se gândește să candideze la un nivel superior.

Când intervievatele își spuneau opiniile despre prezența mică a femeilor în plan național (în Parlament, în Guvern sau mai departe, în Parlamentul European), registrul se schimba și mai mult, în sensul conștientizării discriminării de gen. În 2014 România era pe locul 97 în lume în privința reprezentării politice a femeilor. În anul cercetării noastre se situa pe un loc apropiat (v. Global Gender Gap Report, 2009–2014).

La întrebarea: „De ce credeți că sunt atât de puține femei în politica românească?", cu câteva excepții, repondentele noastre au indicat drept cauză principală bărbații, care sunt misogini și se tem de concurența femeilor: „Păi nu au loc de ei, pentru că tot timpul fac ce fac și le dau afară“ (M.C., 41 de ani); „Pur și simplu nu le lasă, ei nu le lasă“ (A.A., 71 de ani). Femeilor le este greu, dacă nu imposibil, să se adapteze la stilul belicos-demagogic: „O femeie trebuie să fie foarte puternică să le facă față“ (D.S., 40 de ani). „E greu, fiindcă mint într-una, până cred și ei ce spun“ (M.B., 34 de ani). Presa le sexualizează excesiv și le linșează la cea mai mică greșeală: „Lui Elena Udrea îi arată ăștia la televizor numa' decolteul, fundul, picioarele și poșetele și zic că-i blonda președintelui. Ați văzut ce au făcut cu Mona Muscă, au distrus-o, au linșat-o; pe Monica Ridzi au terminat-o“ (L.P., 47 de ani). Femeile nu au atâta timp pentru ședințe de partid, deplasări în teritoriu și întâlniri la cârciumi (L.P., 47 de ani) și nu au bani pentru campanii și pentru subvenționarea partidului, „și fără bani nu au șanse“ (A.A., 42 de ani; M.B., 34 de ani). Uneori, cauza absenței femeilor din politică se află în ele însele: „Chiar noi suntem de vină, fiindcă continuăm să credem că femeia trebuie să stea «la locul ei», că noi nu suntem în stare să facem ce fac bărbații“ (D.M., 48 de ani). Dar sunt destule intervievate care susțin că nici nu este cazul ca femeile să facă ce fac bărbații, mai ales ca metode de a practica politica.

Rezumând răspunsurile la întrebarea „Ce credeți că s-ar schimba dacă ar fi mai multe femei în politica românească?“, reiese că o creștere semnificativă a reprezentării politice a femeilor ar putea conduce, în concepția repondentelor din Hunedoara, la rezultate benefice. Actuala politică, spun ele, este prea divizată și conflictuală. Dacă ar fi mai multe femei, ele ar genera mai multă coeziune comunitară. Implicarea politică a femeilor este percepută ca o modalitate de a contribui mai degrabă la binele comunității decât la promovarea intereselor personale (idei republicane și comunitariene ale cetăţeniei). Guvernarea s-ar apropia de ceea ce cred ele că trebuie să fie, adică furnizoare de bunuri publice în funcţie de nevoile cetăţenilor. Acum doar familiile, mai ales prin intermediul femeilor, reuşesc să fie eficiente în administrarea bunurilor şi în satisfacerea nevoilor. Femeile s-ar simţi mai responsabile faţă de cetăţeni decât faţă de partid. La fel de important pentru ele este faptul că acolo unde sunt femei „e mai frumos şi atmosfera e mai dulce". În al doilea focus-grup din Hunedoara, fiindcă participantele erau toate femei active profesional, civic sau/şi politic, s-au conturat şi două idei radicale, care păreau să fie acceptate de participante: un partid al femeilor (B.F., 38 de ani) sau un guvern tehnocrat format din femei (D.L., 55 de ani).

> Î: Credeţi că tot ceea ce susţineţi că este rău şi greşit în politica românească are, sau n-are vreo legătură cu faptul că femeile nu hotărăsc nimic important în ţara asta – sunt 11% în parlament şi 6% în consiliile locale?
> R: Are o mare legătură. (C.P., 48 de ani)
> R: Eu cred că soluţia e un guvern tehnocrat format din femei. (D.L., 55 de ani)
> Î: De ce doar din femei?
> R: Fiindcă sunt mai responsabile şi sunt convinsă că există pentru fiecare domeniu femei competente. (D.L., 55 de ani)
> R: Gândiţi-vă că, în primul rând, sunt educate de mici în spiritul sacrificiului, că sunt nişte organizatoare extraordinare, pentru că practic noi organizăm toată viaţa familiei. Ştim să ne gospodărim şi cu mai mult şi cu puţin, să împărţim ce avem între toţi membrii familiei şi să găsim soluţii în situaţii de criză. (O.D., 55 de ani)

Dincolo de politica internă: europenizarea și globalizarea

Interviurile cu cele 101 femei au fost făcute la trei ani după aderarea României la Uniunea Europeană. Am vrut să aflăm cum văd repondentele raporturile dintre procesele politice interne și cele internaționale. Și-au exprimat o varietate de opinii, în general pozitive, privitoare la procesul de integrare europeană și la globalizare, opinii care au confirmat rezultatele cantitative ale intervalului 2014–2017: peste 60% dintre români au încredere în UE (situându-ne sistematic pe locul I sau II în Europa). În perioada respectivă, România avea cel mic număr de partide neîncrezătoare în UE (Eurostat 2015). Deși actorii internaționali, cu excepția UE, nu sunt nominalizați frecvent, există percepția că privatizarea, dezindustrializarea și duritatea capitalismului, în faza sa incipientă, au avut legătură și cu voința externă – nu neapărat a Uniunii Europene.

În privința europenizării, întrebarea-cadru a fost: „Considerați benefică integrarea României în Uniunea Europeană?"

> R: Dacă nu intram în UE, rămâneam sateliți artificiali ai Pământului. (C.P., 48 de ani)
> R: Avem mai multe drepturi. Nu mai avem nevoie de vize; putem să călătorim chiar și fără pașapoarte, și ăsta e un lucru foarte bun. (S.B., 42 de ani)
> R: Ei [UE] o să pună capăt jafului din țară. (A.A., 71 de ani)
> R: Cred că aderarea la UE este un lucru bun, deși câteodată mi se pare că nu mai suntem noi stăpâni. Dar ăsta este rezultatul, nu ne putem opune. Sper că o dată cu aderarea la UE vom deveni mai civilizați. (B.F., 38 de ani)

Principalele pledoarii pro-UE sunt legate mai ales de faptul că noile generații – nepoții femeilor din generația comunismului și copiii femeilor din generația tranziției –, ba chiar femeile însele, în cazul generaţiei democraţiei, au şanse incomparabil mai mari într-o lume care nu se mai termină la nivelul graniţelor propriei ţări:

> E benefică pentru tineret, pentru copii, pentru că au o deschidere. Dacă mai stăm încă ceva ani şi vedem că totuşi aici nu sunt posibilităţi, [există] această posibilitate de a pleca în altă parte, pentru ei şi pentru familiile lor. Ei nu mai sunt puşi, cum am fost noi, în situaţia că nu aveam ce să facem – suntem îngrădiţi în această ţară. Nu pot să plec, nu mă pot exprima, nu îmi găsesc un alt job, nu pot să fac absolut nimic că nu am încotro, nu am spaţiu de ieşire. Atât s-a câştigat pragmatic: faptul că poţi ieşi din ţară şi îţi poţi găsi de lucru dacă ai un potenţial, ai o capacitate profesională, ai o dorinţă de muncă – te poţi realiza oriunde în altă parte. (A.A., 42 de ani)

Pentru L.M. (49 de ani), românii nu sunt în stare să adopte o bună strategie de marketing şi se complac în lamentări şi în proiectarea unei imagini de sine extrem de negative.

> Ar trebui să fim mult mai serioşi. Poate nu ştim ce să cerem şi nici nu ştim să ne implicăm în ce trebuie în UE. Totdeauna nouă, la români, ne-a plăcut să ne arătăm partea negativă. Primul lucru după Revoluţie şi încă mai continuăm: ne-am scos în faţă azilele de bătrâni, copiii cu handicap, nenorocirile din ţara noastră, toate ni le-am pus pe tavă, în faţa lumii întregi. Dar îmi pun întrebarea: oare restul nu au aşa ceva? Dar parcă ştiu să şi le ţină mai ascunse. Noi nu am ştiut să zicem că avem copii olimpici, noi nu am ştiut să zicem că avem locuri de o frumuseţe rară, că avem resurse neexploatate şi oameni calificaţi... nu vreau să fac eu pe marea patrioată, dar asta este. Am ieşit în faţă imediat cu ce a fost mai prost

și ni s-a pus o etichetă [pe] care acuma [e] foarte greu să o schimbăm... Și tot mass-media este de vină, nu?

Intervievatele au considerat că există un progres, luând în considerare și acele aspecte ale aderării care au vizat o restrângere a suveranității naționale. A fost interesant faptul că rareori au discutat probleme economice. În schimb, s-au concentrat asupra aspectelor instituționale, normative ale aderării și asupra formelor de cetățenie politică pe care le-a creat aderarea, de la libertatea de mișcare la limitarea corupției. A.A. (42 de ani) ne-a vorbit despre politicile UE privitoare la drepturile omului: „Prin aceste comisii, prin directive impuse asupra sistemului judiciar, prin schimbări legislative, au reușit să oprească acțiuni care încălcau drepturile omului în mod flagrant".

Câteva, precum M.B. (57 de ani), au considerat că aderarea la UE este benefică, dar prematură: „Întâi trebuiau să ne școlească serios în privința democrației și a statului de drept și apoi să ne primească. Trebuia să ne descotorosim de balcanismele astea. Da' e bine că lor trebuie să le dai socoteală pentru fiecare bănuț pe care îl cheltuiești din fondurile lor, nu ca acuma, când ăștia fac un sens giratoriu de 7 milioane de lei".

Au fost de părere că aderarea s-a făcut în ciuda relațiilor de putere inegale dintre România și UE. Au afirmat că, dacă România face parte din „club" și ia parte la guvernarea UE, românii vor fi mult mai pregătiți pentru o schimbare pozitivă. Unele femei au exprimat îndoieli cu privire la competența unor europarlamentari români: „Nu e admisibil să trimitem acolo oameni needucați, incapabili, rude și pițipoance" (A.M., 49 de ani).

Fiindcă perioada interviurilor a coincis cu criza financiară internațională, exista și o stare de revoltă explicabilă. Repondentele au avut o părere mai proastă despre alte structuri internaţionale, precum FMI sau corporaţiile multinaţionale, din cauza dinamicii inegale şi a conducerii generale a acestor organizaţii şi corporaţii.

> La sfârşitul lui septembrie, începutul lui octombrie anul trecut a pornit dintr-odată criza în America, la fel ca în 1929... numai că acu nu s-au aruncat pe geamurile de la hoteluri. Nu a trecut o lună, a venit criza şi la noi. Cum a putut veni criza dacă nu am simţit nici măcar bunăstarea? De unde? Stai aşa puţin... că au început ei... că băncile, că în legătură cu băncile de dincolo... dintr-odată s-a simţit în toată Europa. Dar cum, dacă eu nu am simţit bunăstarea, nu am trăit niciodată cum au trăit ei, de ce să suport asta? De ce? Şi imediat? Că zic hai, peste un an să o simt, dar imediat ? În luna a doua? (P.L., 47 de ani)

Unele ne-au oferit argumente bine cunoscute privitoare la neoliberalism în era globalizării. Au legat privatizarea, dezindustrializarea şi dificultăţile capitalismului de forţe externe: „Mai întâi ne-au adus în pragul falimentului, şi după aceea ne-au făcut să trăim din împrumuturi ca să facem doar ce vor ei.... Toate slujbele posibile au fost eliminate; există o mulţime de şomeri şi, în afară de asta, nu mai producem nimic în agricultură. Importăm totul de la ei; mâncăm numai mizerii“ (L.C., 63 de ani).

D.C. (40 de ani) a exprimat păreri similare. Concentrându-se în special asupra împrumuturilor internaţionale ale României, ne-a spus: „Am ajuns un satelit... Chiar aveam nevoie de împrumutul de la FMI? Nu cred. De ce nu au împrumutat din acţiunile populaţiei de la Trezorerie? România mai are rezerve de bani acolo. Mai întâi, împrumuturile trebuiau să se facă de aici. De la noi. Încât noi, ca ţară, să vedem ce este de făcut. Plătim împrumuturile tot timpul ăsta. Poate chiar şi copiii noştri o să plătească pentru aceste împrumuturi.“

Durerea cea mai mare este legată de falimentarea Combinatului Siderurgic și de caracterul precar al substitutelor apărute pe parcurs, precum noua fabrică de cablaje:

> Acest combinat putea fi salvat. Cablajele [pe] care le-au adus cei de dincolo n-au făcut altceva decât să distrugă sănătatea multor femei din orașul ăsta. Și ce s-au gândit când au venit la noi în oraș? Ne ducem acolo, că mâna de lucru este foarte ieftină. Ce plătește dincolo la 600-700 de euro, aici le închide gura cu 150 de euro, și acolo poate câștigă și 1.000-2.000 de euro o șefă de bandă. Și au ajuns femeile să le pice părul, le doare capul, au probleme de piele. (P.L., 47 de ani)

Majoritatea repondentelor și-au justificat criticile la adresa neoliberalismului prin prisma economiei planificate, controlate, de dinainte de 1989 (în special femeile din generația comunismului și a tranziției) și a privatizării de la începutul anilor 1990, administrate nu de FMI, UE sau corporații multinaționale, ci de interese din România. Totuși, au fost de părere că în momentul în care investitorii internaționali au participat la procesul de privatizare s-au lovit de regimul corupt creat de FSN sau de foști nomenclaturiști care deveniseră peste noapte investitori (Nicolae 2010). Vorbindu-ne despre vânzarea Combinatului Siderurgic din Hunedoara unui investitor englez de origine indiană, Mittal, în 2004, M.D. (48 ani) ne-a spus: „Înainte de asta, ei [managerii] au început să se îmbogățească. Nu prin eforturile proprii, ci prin afaceri cu statul, ai cărui reprezentanți erau chiar ei". Când M.D. s-a referit la „eforturile" lor, accentua mediul corupt creat de stat, care împiedica competiția cinstită.

Percepția noastră în preajma focus-grupurilor și în timpul interviurilor, precum și ideile care au reieșit din analiza lor ne fac să credem că femeile din zona Hunedoarei sunt relativ împărțite în privința opiniilor privind impactul globalizării neoliberale și al europenizării. Unele par resemnate în fața unei fatalități istorice: așa a fost să fie, noi nu am avut ce face. Altele, majoritatea, deși cred că o parte dintre schimbările majore, mai ales cele de natură economică, nu au fost făcute „chiar de capul nostru", mai precis, al politicienilor români, cu sau fără consimțământul cetățenilor, consideră că schimbările sunt bune; atât cele care au condus spre capitalism și competiție, cât mai ales cele care au condus la instaurarea democrației, fie ea preponderent electoralistă, și mai ales a statului de drept, fie el adesea asediat de corupție.

*

Este evident – femeile sunt foarte critice în privința politicii în contextul democratizării. Dar critica lor este deschisă și liberă. Este critica unor cetățene cu libertate de opinie pe care și-o formează fie prin participare directă, fie prin informare dintr-o presă diversă, a cărei libertate este subminată uneori de comenzile patronilor. Numai că aceștia, având angajamente politice diferite, oferă, volens nolens, diversitate în informare. Sunt aici, pentru prima oară în istoria României, părerile unor femei care au drepturi electorale depline în condiții de pluralism politic, alegeri libere și corecte. Ele au înțeles că cei care le conduc ar trebui să fie și reprezentanții intereselor lor, pe care le percep în genere foarte clar. Femeile se consideră parte a unui contract politic pe care îl respectă în multe feluri: muncind, chiar mai mult decât bărbații și uneori în locul acestora, plătind impozite la bugetul central și local, făcând voluntariat în interesul comunității, mergând la vot, ba chiar, atunci când nu sunt excluse, marginalizate sau ghetoizate, făcând politică alături de bărbați. La o primă vedere, ele par uneori naive sau idealiste în judecățile lor preponderent eticizate în privința comportamentului politic. La o analiză mai atentă, devine limpede că, de fapt, insistența lor asupra judecăților etice este legată de dorința ca democrația și statul de drept să se consolideze, să devină „adevărate". Am putea spune fără ezitare că repondentele noastre au o cultură democratică medie și uneori mult peste medie. Nici una dintre ele nu a formulat opinii extremiste, nici una nu a negat virtuțile pluralismului democratic.[1]

Dezamăgirile politice ale femeilor au în principal următoarele surse: capitalismul ajunge greu în regiune și ajunge mai ales într-o formă nemiloasă, nu sub forma bunăstării generale. Afacerile și politica sunt excesiv de conectate și de viciate prin clientelism și corupție. Promisiunile electorale sunt încălcate sistematic. Odată ce prioritățile în baza cărora se alocă bugetele publice sunt cu totul altele decât prioritățile lor, guvernările sunt mai degrabă ineficiente. Selecția politicienilor este dezamăgitoare și are rezultate contraproductive. Deși se consideră foarte pregătite să organizeze, să administreze și să conducă, ele sunt ținute deoparte de formularea politicilor publice, de legiferare și de bugetare, în condițiile în care restrângerea dramatică a patriarhatului de stat nu a condus și la restrângerea regimului de gen de tip patriarhal. Dar pentru că sunt „în rândul lumii", odată ce aparțin Uniunii Europene, ele nutresc un optimism lucid, mai ales în privința viitorului copiilor lor într-o lume deschisă și într-o societate cu competiție onestă (M. Miroiu 2015b).

1. Unele dintre părerile lor privitoare la abilitățile multiple ale femeilor se aseamănă în mare măsură cu ideile teoretizate de Martha Nussbaum (2001).

Concluzii

La un deceniu distanță

Prin natura relației foarte personalizate, Mihaela Miroiu a avut prilejul să discute cu unele dintre femeile incluse în cercetare, dar și cu altele, mult timp după încheierea acesteia. În același timp, a avut șansa să perceapă foarte direct transformările prin care au trecut Hunedoara și Sîncraiul. Ambele sunt departe de a fi stagnat sau regresat material în această perioadă. Sîncraiul are drumuri asfaltate. Dar, de bună seamă, femeile nu au contat atât de mult încât să se găsească bani pentru rețeaua de gaze și pentru canalizarea care le-ar fi permis să își îndeplinească muncile gospodărești la alt nivel decât acum un secol. În continuare, nu există nici o femeie care să aibă experiențe și interese comune cu ale lor, care să le reprezinte acolo unde se decid și se împart resursele publice. Șansa despre care vorbeau, accesul fiilor și nepoților lor la locuri de muncă în Uniunea Europeană, a dat roade vizibile și pentru unele dintre ele. În primul rând, nu mai sunt atât de îngrijorate. Nu mai trebuie să își ajute ele copiii; aceștia au devenit furnizori de resurse cu care să își repare și să își modernizeze gospodăriile. Ulițele satului în vacanțele de vară sunt pline de nepoți care vorbesc spaniola, engleza, germana, franceza, căci venitul la bunici înseamnă nu doar la țară, ci la țară în altă țară. Hunedoara și-a schimbat mult înfățișarea. Accesul la fondurile europene și proiectele câștigate au permis investiții serioase pentru refacerea drumurilor, a parcurilor, a centrului cultural și comercial al orașului și reamenajări la Castel. În timp, a crescut distanța de la imaginea dezolantă a unui oraș în curs de părăsire, cu un combinat în ruină și locuitori căzuți în deznădejde, direct proporțional cu anii apartenenței la UE. Vorbele lui C.P. (48 de ani) – „Fără UE eram sateliții artificiali ai planetei!" – se dovedesc, la zece ani distanță, cum nu se poate mai adevărate, comparând evoluția României cu cea a altor state foste comuniste care nu au avut această șansă.

În primăvara lui 2016, Mihaela Miroiu a ajutat la organizarea unei sesiuni de pregătire în Hunedoara, adresată femeilor care erau interesate să candideze în alegerile locale din luna iunie a aceluiași an. A participat un număr mare de femei, majoritatea cu vârste între 35 și 45 ani, deși femeile din generația tranziției au fost și ele prezente (incluzându-le și pe câteva dintre intervievatele noastre). Dorința lor de a aduce schimbări în politică era vizibilă. Multe dintre ele au înțeles de ce, în ciuda eforturilor, acțiunile lor au fost zădărnicite. După pregătirea intensă, participantele au descris condițiile specifice de gen care au condus la marginalizarea lor ca potențiale candidate.

În iunie 2016, partidele politice active în Hunedoara și-au întocmit listele electorale și, încă o dată, le-au marginalizat pe femei. Liderii de partid din tot spectrul politic au ierarhizat candidații fără să ia în considerație meritele sau integritatea lor. Mai mult, rezultatele au evidențiat o discriminare clară de gen. Conducerea superioară la nivel național era alcătuită în totalitate din bărbați, și doar șapte din cei 29 de membri ai Consiliului Județean erau femei.[1] La nivelul

1. Componența Consiliului Județean, material accesat la 1 mai 2018, http://www.cjhunedoara.ro/index.php/componenta-consiliului.

orașului, din cei 21 de membri aleși în Hunedoara, numărul femeilor a scăzut de la patru la două (una din ele a participat la interviurile noastre).[1] Din cei 69 de primari ai județului Hunedoara, numai doi sunt femei (ambele în zone rurale).[2] În Sîncrai, un singur bărbat a ocupat funcția de consilier local întreaga perioadă postcomunistă.

De ce rămân femeile din Hunedoara aproape invizibile la nivelul funcțiilor politice, în ciuda interesului lor evident și a implicării directe în politică? Mihaela Miroiu a încercat să afle răspunsul de la antreprenoarea cu cel mai mare succes în afaceri din zonă, care și-a dorit mult să participe la politica locală. C.H. (56 ani) aparține generației tranziției și a dat dovadă de mare luciditate și pragmatism în modul în care a abordat nevoile populației din zonă, atât ca angajați, cât și ca votanți. Ne-a explicat contextul în care a hotărât să se angajeze în politică: după 2009, migrația forței de muncă tinere în alte țări din UE a atins un punct culminant. Investițiile străine din România au crescut, ca și activitățile antreprenoriale locale. Deși în Hunedoara nu s-au produs creșteri spectaculoase, economia locală s-a îmbunătățit treptat și a început să iasă din stagnarea de două decenii. Mai mult, în ultimii ani a început să aibă un excedent de locuri de muncă. C.H., care a fost și este parlamentară, a beneficiat și a contribuit la această situație.[3] Cinci ani s-a implicat în politică la nivel local, iar în ultimele legislaturi a fost activă și la nivel național. Ca femeie de afaceri, a creat 500 de locuri de muncă noi după 2009. Din 2012 parlamentară de

1. Consiliul Local. Componență și competențe, material accesat la 1 mai 2018, https://www.primariahund.ro/pagina/componen-539-a.

2. Primării județ Hunedoara – Lista primăriilor din județul Hunedoara, material accesat la 1 mai 2018, https://www.portal-info.ro/primarii/primarii-judet-hunedoara.html.

3. După alegerile din 2012, două femei și un bărbat au reprezentat județul Hunedoara în Camera Deputaților, o distribuție de gen foarte rar întâlnită, având în vedere media națională.

Hunedoara, C.H. este o excepţie regretabil de rară. Ea oferă imaginea unei femei care a penetrat zidul gros de misoginism, ascensiunea şi rezistenţa ei în politică fiind atipice. Senatoarea consideră că această ascensiune are mai degrabă legătură cu o anumită conduită masculinizată, rezultată probabil din experienţa ei ca antreprenoare în domenii cu ocupare preponderent bărbătească: construcţii, confecţii metalice, industria mobilei. Aşa cum spune ea, „În fapt, orice femeie ar trebui să aibă acces în sistem, nu doar femeile «accident» aşa cum cred că sunt eu". (C.H., 56 de ani). Această experienţă a ajutat-o să îşi păstreze calmul şi siguranţa, inclusiv în condiţii de atacuri mediatice şi politice. Cu alte cuvinte, a ajutat-o să dobândească un „stomac moral", o virtute care pare să fie din ce în ce mai necesară într-un climat politic ostil (Slote 1983). Majoritatea femeilor nu au trecut prin situaţii atât de dificile şi nu par să aibă forţa şi tăria dobândite în acest fel. Vulnerabilitatea morală şi emoţională în faţa atacurilor infamante a rămas un handicap electoral şi pentru femeile votante, după cum demonstrează capitolul 7.

Discrepanţele de gen din Hunedoara, privitoare la definirea şi exercitarea cetăţeniei democratice, dezvoltarea politicilor publice şi distribuirea resurselor, reflectă tendinţe la nivel naţional. EIGE a dezvăluit faptul că România deţinea cel mai scăzut nivel de egalitate de gen în UE în 2015 (EIGE 2015). Criteriile considerate au inclus accesul femeilor (a) la resurse financiare (21,1 în România faţă de media de 58 în UE); (b) la puterea politică (19,2 faţă de 49,8); şi (c) la timpul acordat activităţilor civice (17,4 faţă de 37,6). Pe scurt, România se situează sub jumătatea mediei UE la toate categoriile.[1] Cercetarea noastră a pus totodată în evidenţă

1. Potrivit Indexului Egalităţii de Gen publicat de EIGE în 2017, România avea 52,4 puncte, în comparaţie cu media europeană de 66,2. Direcţiile unde se manifestă cele mai mari inegalităţi în România sunt

rolul crucial pe care îl joacă banii, puterea și timpul liber în consolidarea cetățeniei democratice. Participarea femeilor din România la forța de muncă plătită și accesul lor la educație și îngrijire medicală se apropie mai mult de media UE. Capitolele noastre despre muncă și politică în comunism evidențiază progresul semnificativ înregistrat în perioada 1945–1989.

În timpul epocii comuniste, timp de o jumătate de secol, femeile au trăit egalitatea formală, prin lege. Ele reprezentau și peste 30% din pseudo-parlamentul vremii (Marea Adunare Națională). Cum s-a dezvoltat un patriarhat chiar și mai puternic după 1989? Cifrele sunt uluitoare: imediat după căderea comunismului (1990), femeile alese în funcții oficiale reprezentau 3,7% din Parlament, atingând un vârf de 11% în 2008, înainte să scadă la cel mult 6,5% din numărul total de parlamentari în următoarea legislatură (2012–2016). La ultimele alegeri, cele din 2016, procentul a crescut din nou, la 19%, dar nu este relevant pentru construcția unei agende care să reflecte coerent și explicit interesele femeilor. Este și mai clar că locurile eligibile pentru femei depind de șefii politici, nu sunt rezultatul aplicării Legii egalității de șanse. Recrutarea acestor femei, mai ales din partidul de guvernământ (PSD), a depins preponderent de obediența față de șefi, în condițiile unei campanii populiste și a unei guvernări autoritare mascate. Aceasta înseamnă, de fapt, o contraselecție evidentă, cu rezultate dezastruoase pentru consolidarea democrației și a statului de drept, așa cum se întâmplă în legislatura actuală (2016–2020) când, paradoxal, România are prima femeie premier din istoria ei.

Deși multe dintre repondentele noastre au fost, volens nolens, membre PCR, pentru ele activitatea politică rămâne un lucru străin. Acest fapt evidențiază natura superficială

repartizarea accesului la funcțiile de conducere (în politică, economie și domeniul social), distribuția timpului liber și resursele financiare.

a accesului femeilor în politică în timpul comunismului. Până în 1990, participarea politică a femeilor nu avea ca scop susținerea intereselor acestora, ci era mai degrabă un act de fațadă (Jinga 2015). După cum au evidențiat repondentele noastre în mod repetat, angajamentul politic din timpul comunismului constituia o povară. Asta nu înseamnă că intervievatele noastre nu sunt atrase de ideea participării la politică într-o măsură mai mare. Totuși, cu unele excepții (vezi cazul lui C.H.), ele cred că politica e lipsită de moralitate și se simt incapabile să o schimbe. Fără o schimbare fundamentală spre o abordare etică a politicii, femeile încă refuză să se implice.

Cetățenia etică trece prin grija față de ceilalți

Așa cum am arătat în capitolul despre comunități, religia joacă adeseori un rol important în relația pe care o au repondentele noastre cu comunitățile din afara familiei. Numai una dintre intervievatele noastre, M.F. (55 ani) s-a identificat ca atee. Instituțiile religioase și comunitățile joacă un rol important în viața repondentelor noastre, în special în mediul rural. Cu alte cuvinte, politica de secularizare forțată a regimului comunist a eșuat (Preda 2009). În timp ce sentimentul religios este în creștere în România, sociologii au observat o creștere a preocupărilor pentru problemele sociale (Katarzyna 2013). Această corelare pozitivă nu implică o relație cauzală, iar repondentele noastre nu au făcut explicit legătura între instituțiile religioase și cele politice.[1] Totuși, repondentele nici nu le-au prezentat explicit drept opuse.

Având în vedere datele privitoare la activismul religios și social, în special în țările postcomunsite ortodoxe, putem

1. În această privință îl urmăm pe North (1990) care înțelege instituțiile ca reguli ale jocului social.

afirma că există o legătură între acest fenomen – abordarea etică a politicii de către repondentele noastre – și modul în care descriu politica românească de zi cu zi, pe care o văd lipsită de fundament moral. Dat fiind că aceste femei nu au studiat etica în școală (sub comunism sau de atunci încoace) și sunt foarte puține dezbateri publice privitoare la etică, credem că repondentele noastre își bazează perspectiva etică asupra politicii pe cutume comunitare laice sau religioase. Educația maternă și cea religioasă sunt sursele principale de transmitere a valorilor morale și a normelor sociale. În consecință, în ciuda impactului negativ asupra vieții lor, cu puține excepții, intervievatele nu au articulat o dorință explicită de a se desprinde de caracterul patriarhal al societății românești.

Majoritatea repondentelor noastre au considerat că abordarea etică a politicii este evidentă și firească. Revenind la cuvintele lor, politica „adevărată“ și democrația „reală“ nu se pot limita la interesele partidelor politice. Faptul a devenit evident când și-au exprimat nemulțumirile legate de lipsa de interes a partidelor politice și a candidaților față de obiectivele și prioritățile femeilor și de faptul că, în absența unui model de moralitate politică, democrația a fost redusă la ritualul votului.

Femeile din generația comunismului au trăit în timpuri istorice agitate din punct de vedere politic, de la război și fascism la ocupația sovietică, și de la instaurarea comunismului și dezvoltarea comunismului naționalist la renașterea (în cazul femeilor, nașterea) democrației. Trecând prin toate aceste schimbări, intervievatele ne-au relatat cum s-au bazat în mare măsură pe alte femei pentru ajutor și sprijin în viața de zi cu zi. S-au sprijinit mult mai puțin pe bărbați, care și-au asumat de obicei un rol secundar în gospodărie, fie pentru că erau plecați la război (tații lor) sau la lucru (soții). În ciuda acestor absențe, bărbații continuă să se bucure de statutul de capi de familie, chiar dacă nu au fost și nu sunt singura sau principala sursă de venit în casă. În gospodăria țărănească munceau și unii, și alții. Multe femei din generația tranziției au fost sursa de bază a veniturilor familiei în anii 1990, când mulți bărbați și-au pierdut locurile de muncă. Totuși, o bună parte dintre aceste femei continuă să accepte o viziune normativ patriarhală asupra rolurilor de gen în familie.

Deși femeile au început să conteste relațiile inegale de gen mai apăsat în politică, ele rareori pun la îndoială aceste raporturi în gospodărie. De puține ori am auzit comentarii directe privitoare la nedreptăți de gen de la femeile din generația comunismului. La fel, rareori au criticat ideea potrivit căreia bărbații pot cel mult să asiste în gospodărie (în contrast cu noțiunea de parteneriat în căsătorie și în creșterea copiilor). Ele și-au alcătuit poveștile mai degrabă ca probleme individuale, nu ca probleme structural-sociale sau politice. Totuși, după cum s-a putut observa în focus-grupuri, atitudinile și limbajul lor sugerează posibilitatea trezirii unei conștiințe a nedreptăților de gen, similară celui de-al doilea val al feminismului occidental. În special repondentele generației de tranziție au exprimat revendicări politice pentru a fi incluse pe agendele electorale și bugetare, care trebuiau formulate luând în considerație nevoile lor ca cetățene.

Diferitele generații au ales una din cele două abordări privitoare la egalitatea de gen acasă și în politică. Deși mai toate repondentele noastre au avut o atitudine conservatoare[1] cu privire la normele de gen în familie, generația tranziției și-a exprimat în mod deschis nemulțumirea față de sexism în politică. Această diferență nu este surprinzătoare, având în vedere schimbările politice și sociale radicale la care au fost martore, precum și lipsa unei schimbări semni-

1. Prin termenul „conservator“ ne referim la refuzul de a pune la îndoială normele de gen în mod deschis, în special în conversațiile cu alte femei, sperând, în cel mai bun caz, că atitudinea soților se va schimba treptat.

ficative în rolurile de gen din gospodărie. Majoritatea acestor femei nu cunoşteau explicit ideile feministe şi activismul pentru drepturile femeilor; în consecinţă, ne-au oferit critici intuitive la adresa patriarhatului.

Înţelegerea şi supoziţiile privitoare la rolurile de gen ale repondentelor noastre în viaţa publică şi privată s-au născut dintr-o etică a grijii şi a datoriei. Opiniile lor au puţine în comun cu solipsismul specific liberalismului secolului XIX sau cu neoliberalismul contemporan (Soros 1998; Steger 2002). Ideile lor se aseamănă mai mult cu conceptul de „sine relaţional", cu alte cuvinte, de autonomie relaţională, care integrează competiţia şi cooperarea (Hoagland 1990; Mackenzie şi Stoljar 1999). În consecinţă, aceste femei cred că sunt competitive din punct de vedere economic şi profesional, dar se simt înlăturate din sfera publică, fiindcă aceasta este conturată de interesele personale şi de partid ale liderilor, nu de responsabilitate şi de grija faţă de semeni. Le este foarte greu să reconcilieze retorica bazată pe conflict şi acţiunile divergente ale politicienilor români cu propria tendinţă de a rezolva problemele prin cooperare.[1]

În mod paradoxal, sunt dispuse să admită compromisuri considerabile în relaţiile de familie, dar sunt mult mai puţin dispuse să facă compromisuri privitoare la politică. În interiorul familiei şi al relaţiilor de cuplu dau dovadă de valori morale utilitariste; în schimb, în politică aplică valori deontologiste. Aceasta este o consecinţă directă a faptului că au o experienţă mult mai bogată în raport cu instituţiile familiale decât cu cele politice.

Pornind de la etica grijii[2] (a se citi: mai ales a îngrijirii), femeile îşi construiesc rolurile de gen în cercuri concentrice.

1. O viziune asemănătoare cu ideologia exprimată în *Politica* şi în *Etica nicomahică* a lui Aristotel.

2. Expresia consacrată este *ethics of care*. Termenul este polisemic. Este greu de găsit un echivalent în limba română care să redea întru totul acest sens – de aceea, am lăsat o anumită ambiguitate.

În loc să înțeleagă succesul ca pe o ascensiune cu orice preț, îl înțeleg în termeni relaționali, multidimensionali. Adeseori obțin satisfacție personală și profesională prin prisma faptului că pot face mai multe lucruri în același timp și îi ajută pe alții să își împlinească întregul potențial (Benhabib 1992; Corrin 1992). Această etică a grijii/îngrijirii include preocuparea pentru nevoile altor cetățeni și dorința de a găsi soluții la probleme multiple, îmbunătățind viața membrilor comunității într-un mod pe cât se poate neconflictual, atotcuprinzător. Ele nu operează aproape deloc cu modelul abstract al actorului rațional, ghidat doar de propriile interese.

Totuși, atitudinile lor nu se armonizează cu modelul comunitarian al cetățeniei (Lister 2008; Tronto 1993, 2013). Aceste femei nu au experiența prevalenței unei etici a drepturilor în viața publică, un element de bază în dezvoltarea cetățeniei democratice de tip liberal. Ele vin dintr-o experiență esențial colectivistă. Din această cauză, precum și din lipsa istorică și continuă a unei influențe în politică, noi considerăm că abordarea lor nu aparține nici familiei tipic comunitariene (Sandel 1981, Walzer 1983, Taylor 1991), ci unui model al cetățeniei democratice bazat pe grijă/ îngrijire.

Acest model a făcut ca femeile să nu poată trece de anumite oprelişti. În timpul primei perioade postcomuniste, femeile nu au avut un loc la masă atunci când clasa noilor antreprenori și-a împărțit resursele statului. Caracterul clientelar, conflictual și lacom al privatizării nu a coincis cu valorile onestității, de altfel cooperante, neconflictuale ale femeilor. În următorii ani, când România și-a legat resursele politice și financiare de regimurile neoliberale din UE și din lume, elita politică masculină a dictat prioritățile economice ale țării. La fel ca în majoritatea țărilor Europei de Est, politicienii au arătat o preocupare scăzută pentru nedreptățile de gen, în special atunci când au destructurat programele de asistență socială (Dragolea 2016; Lukić *et al.* 2006). Nesancționat suficient de mișcările pentru dreptate globală, neoliberalismul economic nu a luat în considerare în mod serios aspectele etice ale globalizării. Această lipsă le împiedică pe repondentele noastre – din perspectiva timpului și a valorilor – să intre în viața politică. Ele par să simtă acut că o politică lipsită de standarde morale nu li se potrivește.

Rezultatele cercetării de față ne conduc spre concluzii mai ample referitoare la condițiile necesare pentru consolidarea cetățeniei democratice (Diamond 2003; Dietz 1998; Krook 2009; Phillips 1991). Acestea includ o abordare morală care pune preț pe participarea activă și responsabilă – condiții fundamentale pentru obținerea încrederii publice. Fără un efort concertat pentru a înlesni participarea politică a femeilor, incluzând politicile care vizează egalitatea de gen (democrația paritară), este puțin probabil ca asemenea valori să devină o componentă de bază a democrației sau să conducă la consolidarea acesteia (Dahlerup 2008; King și Marian 2015; Phillips 2003; Scott 2005; Wangnerud 2009). Credem că modelul de cetățenie bazat pe o etică a grijii/îngrijirii aplicată politicului, așa cum a reieșit din cercetările noastre, reprezintă atât o extensie a unor preocupări mai largi, cât și o preferință normativă. După cum afirmă Tronto, „Viața politică constă, în ultimă instanță, în distribuirea responsabilităților în privința îngrijirii (preluării în grijă) a ceva anume. Toate relațiile și toți oamenii angajați în astfel de activități trebuie să facă parte din discursul politic curent“ (2013, xiii).

*

Această carte a parcurs un drum lung de la cercetare și analiză până la redactarea propriu-zisă, publicare, și apoi până la apariția versiunii sale românești. Istoria ei coincide cu o perioadă de schimbări semnificative, unele dintre ele complet neașteptate în politică atât la nivel național, cât și global. Repondentele noastre au dat dovadă, în general, de un optimism robust când ne-au descris progresul spre democratizare și consolidarea democrației pe baze etice, în principal prin adoptarea valorilor vestice, și în particular a celor reprezentate de UE. În acest moment, România este de 12 ani membră cu drepturi depline în „clubul" democrațiilor vestice. Speranțele exprimate în 2009 trec sub o nouă lumină; optimismul repondentelor și al nostru personal, când ne-am imaginat că dezvoltarea conștiinței morale a libertății va deveni o valoare larg răspândită, pare naiv în prezent. În 2016–2017, unele dintre democrațiile cele mai stabile din lume, precum cele din Statele Unite sau Marea Britanie (vezi Brexitul), începeau să fie afectate de populism sau chiar de radicalizare antidemocratică. Rezultatele acestor tendințe în țările postcomuniste vecine, precum Polonia și Ungaria, produc îngrijorare în ce privește conservarea și menținerea democrației consolidate. Mai mult, din 2017 România s-a confruntat cu o guvernare pentru care nu consolidarea democrației, ci subminarea statului de drept părea să fie preocuparea centrală.

Sursele acestei tendințe internaționale par să treacă dincolo de insatisfacții economice. Motivele culturale par să fie la fel de importante, deoarece partidele de dreapta atacă conceptul de corectitudine politică, exprimându-și nemulțumirile în special în acest mod (Inglehart și Norris 2016). Feminismul a devenit o țintă în ofensiva de ansamblu. În societățile în care misoginismul și sexismul erau considerate depășite și care s-au grăbit să îmbrățișeze ideea intrării într-o eră postfeministă, criticile feminismului au tot mai mult succes (Greer 2000; Wolf 1991). În România și în alte state postcomuniste criticile împotriva corectitudinii politice sunt mai degrabă un import din Vest, un fel de corectitudine populistă. Feminismul nu a devenit o forță hegemonică sau măcar o forță de masă în aceste țări, deși există acuzații uluitoare în acest sens. În cadrul criticii populiste care pune feminismul, globalizarea și criza refugiaților sub aceeași umbrelă a corectitudinii politice, Europa de Est manifestă deosebiri majore față de restul UE. Nici una dintre aceste țări nu primește mase mari de refugiați dar, în schimb, beneficiază de veniturile muncitorilor migranți care lucrează în alte părți ale Europei sau ale lumii. Mai mult, globalizarea a generat o mare creștere economică, nicidecum pierderea statutului sau a puterii economice.

Cât de fondată este, așadar, explicația culturală privitoare la succesul populismului în Europa de Est – în cazul nostru, în România? Politica de masă nu a încorporat feminismul dincolo de coordonatele legislative impuse de aderarea la UE (feminismul room-service, vezi M. Miroiu, 2004b). Limbajul misogin este încă foarte prezent, iar politicienii care îl practică nu sunt sancționați. Aceeași problemă se observă și în cazul minorităților etnice și sexuale. Pe scurt, pretextul că una dintre cauzele populismului este „sufocarea" simțită sub restricțiile corectitudinii politice apare ridicolă în acest context (Inglehart și Norris 2016). Pe de altă parte, o asemănare importantă cu populismul din democrațiile vestice o constituie revitalizarea valorilor și atitudinilor religioase.

Această explicație ne conduce spre o concluzie mai generală care transcende diferențele culturale. Este foarte posibil ca, dincolo de înclinația populistă spre nativism, naționalism și suveranism, îndreptate împotriva neoliberalismului cosmopolit, cu ajutoarele sale feministe cu tot, această direcție să reprezinte o respingere a politicii corupte, a unei politici practicate „cu mâinile murdare". Cu alte cuvinte, este posibil ca votanții să respingă tot mai mult separația dintre politică și morală. Rămâne de văzut cum se va putea contura o relație mai strânsă între cele două, cu condiția ca fundamentele morale să fie cele laic-ecumenice. Atitudinile repondentelor noastre ne dau în continuare speranţă într-o etică a grijii/îngrijirii în acest peisaj politic viitor. Accesul lor limitat la treburile polisului nu pare să fie însă sub auspicii favorabile.

Bibliografie

Achim, Viorel. 1998. *Țiganii în istoria României*. București: Editura Enciclopedică.

Adler, M. A. 1997. „Social Change and Decline in Marriage and Fertility in Eastern Germany“, în *Journal of Marriage and the Family* 59 (1): 37–49.

Alecsandru, Ioan I. [1865] 2011. *Codice Civile*. București: Nabu.

Almond, Gabriel, Sidney Verba. 1989. *The Civic Culture: Political Attitudes and Democracy in Five Nations*. London: SAGE.

Antonovici, Valeriu. 2015. *Munca patriotică: Radiografia unui ideal falsificat*. Cluj: Eikon.

Ardelean, Ben-Oni. 2011. *Libertatea religioasă: O abordare normativă*. București: Editura Didactică și Pedagogică.

Axelrod, Robert. 1981. „The Emergence of Cooperation among Egoists“, în *American Political Science Review* 75 (2): 306–318.

Aspasia. „Is Communist Feminism a Contradictio in Terminis?“, no. 1 (2007): 197–246.

—. „Ten Years After: Communism and Feminism Revisited“, no. 10 (2016): 102–168.

Atkinson, Paul. 2006. „Rescuing Autoethography“, în *Journal of Contemporary Ethnography* 35 (August): 400–404.

Băban, Adriana. 1996. „Viața sexuală a femeilor: O experiență traumatizantă în România socialistă“, în *Cine suntem noi? Despre identitatea femeilor din România modernă*, Mădălina Nicolaescu (ed.), 51–68. București: Anima.

Bader-Zaar, Brigitta. 2012. „Gaining the Vote in a World in Transition: Female Suffrage in Austria“, în *The Struggle for Female Suffrage in Europe: Voting to Become Citizens*, Blanca Rodriguez-Ruiz and Ruth Rubio-Marin (eds), 191–206. Leiden: Brill.

Băluță, Oana, (ed.). 2006. *Gen și putere: Partea leului în politica românească*. Iași: Polirom.

Băluță, Oana, Alice Iancu, Alina Dragolea (eds). 2007a. *Gen și interese politice: Teorii și practici*. Iași: Polirom.

—. 2007b. *Parteneri egali, competitori egali: Integrarea dimensiunii de gen în procesul de elaborare a politicilor publice*. București: Maiko.

Bănică, Mirel. 2007. *Biserica Ortodoxă Română: Stat și societate în anii '30*. Iași: Polirom.

Benhabib, Seyla. 1992. *Situating the Self: Gender, Community, and Postmodernism in Contemporary Ethics*. New York: Routledge.

Biebuyck, Erin. 2010. „The Collectivization of Pleasure: Normative Sexuality in Post-1966 Romania", în *Aspasia* 4:49–70.

Bolovan, Ioan, Diana Covaci, Daniela Deteșan, Marius Eppel, Elena Crinela Holom (eds). 2009. *Ciclul vieții familiale la românii din Transilvania în a doua jumătate a sec. al XIX-lea și începutul sec. XX*. Cluj: Presa Universitară Clujeană.

Blackden, C. Mark, Chitra Bhanu. 1999. „Gender, Growth, and Poverty Reduction: Special Program of Assistance for Africa, 1998 Status Report on Poverty in Sub-Saharan Africa", în *World Bank Technical Papers*, no. 428. Washington, DC: The World Bank.

Brădeanu, Adina, Otilia Dragomir (eds). 2002. *Femei, cuvinte și imagini: Perspective feministe*. Iași: Polirom.

Braga, Andreea. 2014. „Violența împotriva femeilor rome. Relații de putere între femei și bărbați în comunitatea cu romi din Valea Seacă". Teză de doctorat, Școala Națională de Științe Politice și Administrative, București.

Branea, Cristian. 2015. „Statul, politicile de mediu și activismul ecologist în Romania", în *Mișcări feministe și ecologiste în România*, Mihaela Miroiu (ed.), 219–281. Iași: Polirom.

Brie, Mircea. 2011. „Ethnic Identity and the Issue of Otherness through Marriage in Northwest Transylvania (Second Half of the XIX – Early XX Century)", în *Eurolimes* supplement: 89–104.

Brindley, Clare. 2005. „Barriers to Women Achieving Their Entrepreneurial Potential: Women and Risk", în *International Journal of Entrepreneurial Behaviour and Research* 11 (2): 144–161.

Bucur, Maria. 1995. „In Praise of Wellborn Mothers: On Eugenics and Gender Roles in Interwar Romania", în *East European Politics and Societies* 9 (1): 123–142.

—. 2000. „Between the Mother of the Wounded and the Virgin from Jiu. RomanianWomen and the Gender of Heroism during the Great War", în *Journal of Women's History* 12 (2): 30–56.

—. 2001a. „Birth of a Nation: Commemorations of December 1st, 1918, and the Construction of National Identity in Communist Romania", în *Staging the Past: The Politics of Commemoration in Habsburg Central Europe, 1848 to the Present,* Maria Bucur și Nancy Wingfield (eds), 286–325. La Fayette, IN: Purdue University Press, 2001.

—. 2001b. „Calypso Botez: Gender Difference and the Limits of Pluralism in Interwar Romania", în *Jahrbücher fur Geschichte und Kultur Südosteuropas* 3:63–78.

—. 2002. *Eugenics and Modernization in Interwar Romania.* Pittsburgh: University of Pittsburgh Press.

—. 2006a. „Ella Negruzzi", în *Biographical Dictionary of Women's Movements and Feminisms in Central, Eastern, and South Eastern Europe: 19th and 20th Centuries,* Francisca de Haan, Krassimira Daskalova, Anna Loutfi (eds), 363–365. Budapesta: Central European University Press.

—. 2006b. „Women's Stories as Sites of Memory: Remembering Romania's World Wars", în *Gender and War in Twentieth-Century Eastern Europe,* Nancy M. Wingfield, Maria Bucur (eds), 171–192. Bloomington: Indiana University Press.

—. 2007. „Between Liberal and Republican Citizenship. Feminism and Nationalism in Romania, 1859–1918", în *Aspasia* 1:84–103.

—. 2008a. „An Archipelago of Stories: Gender History in Eastern Europe", în *American Historical Review* 113 (December): 1375–1389.

—. 2008b. „Gendering Dissent: Of Bodies and Minds, Survival and Opposition under Communism", în *Beyond Little Vera,* Angela Brintlinger, Natasha Kolchevska (eds), 16–32. Bloomington, Indiana: Slavica, 2008.

—. 2017. „The Economics of Citizenship: Gender Regimes and Property Rights in Romania in the 20th Century", în *Gender and Citizenship in Historical and Transnational Perspective: Agency, Space, Borders,* Anne Epstein, Rachel Fuchs (eds), 143–165. London: Palgrave.

Bucur, Maria, Mihaela Miroiu (eds). 2002. *Patriarhat și emancipare în istoria gândirii politice românești.* Iași: Polirom.

Budeancă, Cosmin, Florentin Olteanu (eds). 2009. *Stat și viață privată în regimurile comuniste.* Iași: Polirom.

Bulai, Alfred. 2000. *Focus-grup.* București: Paideia.

Cheșchebec, Roxana. 2005. „Feminist Ideologies and Activism in Romania (approx. 1890–1940s): Nationalism and Internationalism in Romanian Projects for Women's Emancipation". Teză de doctorat, Central European University.

—. 2006. „Cantacuzino, Princess Alexandrina", în *Biographical Dictionary of Women's Movements and Feminisms in Central and South Eastern Europe, 19th and 20th Centuries,* Francisca de Haan, Krassimira Daskalova, Anna Loutfi (eds), 89–94. Budapesta: Central European University Press.

Chodorow, Nancy. 1999. *The Reproduction of Mothering: Psychoanalysis and the Sociology of Gender: With a New Preface.* Berkeley: University of California Press.

Ciocalteu, Michel. 1936. *Les régimes matrimoniaux dans le projet de code civil roumain.* Paris.

Cioflâncă, Adrian, Luciana M. Jinga (eds). 2011. *Represiune și control social în România comunistă.* Iași: Polirom.

Ciupală, Alin. 2003. *Femeia în societatea românească a secolului al XIX-lea: Între public și privat.* București: Meridiane.

—. 2017. *Bătălia lor. Femeile din România în Primul Război Mondial.* Iași: Polirom.

CNCSIS. 2006–2008. *Gen: Interese politice și inserție europeană,* Mihaela Miroiu, Ana Bulai (coord.). București.

Colescu, L. 1944. *Analiza rezultatelor recensământului general al populației României din 1899.* București.

Comșa, Mircea, Dumitru Sandu, Alexandru Toth, Mădălina Voicu, Ovidiu Voicu. 2006. *Baromentrul de Opinie Publică, Mai 2006: Percepții Despre Mass-Media.* Accesat la 27 august 2017. http://www.fundatia.ro/sites/default/files/BOP-perceptii%20despre%20mass%20media.pdf.

Constituția Republicii Socialiste România. 1965. Accesat la 27 august 2017. http://legislatie. resurse-pentru-democratie.org/ constitutie/constitutia-republicii-socialiste-romania -1965.php.

Constituția României. 1991. Accesat la 27 august 2017. http://www.cdep.ro/pls/dic/act_show?ida=1.

Constituția României. 2003. Accesat la 27 august 2017. https://www.ccr.ro/constitutia-romaniei-2003.

Corrin, Chris. 1992. *Superwomen and the Double Burden: Women's Experience of Change in Central and Eastern Europe and the Former Soviet Union.* Toronto: Second Story.

Council of Europe. 2011. „Istanbul Convention: Action against Violence against Women and Domestic Violence". Accesat la 27 august 2017. http://www.coe.int/en/web/istanbul-convention/text-of-the-convention.

Csizmadia, Andor, Alajos Degré, Somfai Erika Filó (eds). 1979. *Études sur l'histoire du droit de mariage de Hongrie*. Hungary: Pecs.

Dahl, Robert. 2000. *On Democracy*, 2nd edition, Yale University Press.

Dahlerup, Drude. 2008. „Gender Quotas – Controversial but Trendy: On Expanding the Research Agenda", în *International Feminist Journal of Politics* 10 (September): 322–328.

Daskalova, Krassimira. 2007. „How Should We Name the 'Women-Friendly' Actions of State Socialism?", în *Aspasia* 1:214–219.

Deletant, Dennis. 2006. *România sub regimul comunist*. București: Editura Fundației Academia Civică.

Diamond, Larry J. 2003. „Can the Whole World Become Democratic? Democracy, Development, and International Policies". *Center for the Study of Democracy*. Paper 03-05. Accesat la 27 august 2017. http://repositories.cdlib.org/csd/03.

Dietz, Mary G. 1998. „Context Is All: Feminism and Theories of Citizenship", în *Feminism and Politics,* Anne Phillips (ed.), 378–400. Oxford: Oxford University Press.

Dinculescu, Vasile, Constantin Chirică. 1998. *Coordonate ale sărăciei în România*. București: Raport PNUD.

Doboș, Corina, Luciana M. Jinga, Florin S. Soare (eds). 2010. *Politica pronatalistă a regimului Ceaușescu*. Iași: Polirom.

Dobrincu, Dorin, Vladimir Tismăneanu, Cristian Vasile (eds). 2007. *Comisia prezidențială pentru analiza dictaturii comuniste din România: Raport final*. București: Humanitas.

Dragolea, Alina. 2007. „Dimensiunea de gen a pieței muncii", în *Parteneri egali, competitori egali: Integrarea dimensiunii de gen în procesul de elaborare a politicilor publice*, Oana Băluță, Alice Iancu, Alina Dragolea (eds), 25–80. București: Maiko.

—. 2016. *Statul bunăstării după criza economică: Între realitatea austerității și necesitatea reformei*. București: Tritonic.

Economist. 2012. „Do Romanian Schools Produce Idiots?", 7 august 2012. Accesat la 27 august 2017, http://www. economist. com/blogs/easternapproaches/2012/08/education-romania?zid=307&ah=5e80419d1bc9821ebe173f4f0f060a07.

Economist Intelligence Unit. 2010. *Democracy Index 2010: Democracy in Retreat*. www.eiu.com.

—. 2011–2015. *Democracy Index*. www.eiu.com.

Einhorn, Barbara. 1993. *Cinderella Goes to Market: Citizenship, Gender, and Women's Movements in East Central Europe*. London: Verso.

Elliott, Joyce E., William Moskoff. 1983. „Decision-Making Power in Romanian Families“, în *Journal of Comparative Family Studies* 14 (1): 39–50.

Elshtain, Jean Bethke. 1981. *Public Man, Private Woman: Women in Social and Political Thought.* Princeton, NJ: Princeton University Press.

Engels, Frederick. 1902. *The Origin of the Family, Private Property, and the State: in the Light of the Researches of Lewis H. Morgan.* Chicago: Charles H. Kerr.

Etzioni, Amitai (ed.). 1995. *New Communitarian Thinking: Persons, Virtues, Institutions, and Communities.* Charlottesville: University of Virginia Press.

European Commission. 2015. *2017 Report on Equality between Women and Men in the EU.* Bruxellles: European Union.

European Institute for Gender Equality (EIGE). 2015. *Gender Equality Index.* Accesat la 27 august 2017. http://eige.europa.eu/ content/document/gender-equality-index -2015-measuring-gender-equality-in-the-european-union-2005-2012.

Eurostat. 2017. Marriage and Divorce Statistics, https://ec.europa.eu/eurostat/statistics-explained/ index.php?title= Marriage_and_divorce_statistics&oldid=186602#Fewer_marriages.2C_more_divorces, accesat la 24 octombrie 2019.

Fábián, Katalin. 2007. „Making an Appearance: The Formation of Women's Groups in Hungary“, în *Aspasia* 1:103–127.

Ferree, Myra Marx. 1993. „The Rise and Fall of «Mommy Politics»: Feminism and Unification in (East) Germany“, în *Feminist Studies* 19 (1): 89–115.

Fidelis, Malgorzata. 2010. *Women, Communism, and Industrialization in Postwar Poland.* New York: Cambridge University Press.

Fitzpatrick, Sheila. 2000. *Everyday Stalinism: Ordinary Life in Extraordinary Times: Soviet Russia in the 1930s.* Oxford: Oxford University Press.

Forbrig, Joerg, Pavol Demeš (eds). 2009. *Reclaiming Democracy: Civil Society and Electoral Change in Central and Eastern Europe.* Washington, DC: German Marshall Fund of the United States.

Fotino, George. 1925. *Contribution à l'étude des origines de l'ancien droit coutumier roumain. Un chapitre de l'histoire de la propriété au Moyen Âge*. Paris.

Friedan, Betty. [1963] 2001. *The Feminine Mystique.* New York: Norton.

Gheo, Radu Pavel, Dan Lungu (eds). 2008. *Tovarășe de drum: Experiența feminină în comunism.* Iași: Polirom.

Gheorghe, Carmen. 2014. „O perspectivă feministă asupra identității și invizibilității femeilor rome în spațiul public". Teză de doctorat, Școala Națională de Științe Politice și Administrative, București.

Gherghina, Sergiu, Sergiu Mișcoiu (eds). 2010. *Partide și personalități populiste în România postcomunistă*. Iași: Institutul European.

Ghimpu, Sanda, 1967. „Protecția femeii în dreptul muncii", în *Revista Română de Drept* 8. Accesat la 27 august 2017. http://www.costelgilca.ro/doctrina/document/1/19/#_ftnref7.

Ghodsee, Kristen. 2004. „Red Nostalgia? Communism, Women's Emancipation, and Economic Transformation in Bulgaria", în *L'Homme* 15 (1): 23–36.

—. 2015. *The Left Side of History: World War II and the Unfulfilled Promise of Communism in Eastern Europe*. Durham, NC: Duke University Press.

Gilligan, Carol. 1993. *In a Different Voice: Psychological Theory and Women's Development*. Cambridge, MA: Harvard University Press.

Greer, Germaine. 2000. *The Whole Woman*. London: Transworld.

Grünberg, Laura. 2005. *Mass media despre sexe: Aspecte privind stereotipurile de gen în mass media din România. București: Tritonic.*

—. 2008. *biONGrafie: Istoria trăită a unui ONG de femei*. Iași: Polirom.

Gusti, Dimitrie (ed). 1938–1943. *Enciclopedia României*, 4 vol. București: Imprimeria Statului.

Habermas, Jürgen. 1989. *The Structural Transformation of the Public Sphere: An Inquiry into a Category of Bourgeois Society*. Cambridge: Polity.

Haney, Lynne. 2002. *Inventing the Needy: Gender and Politics of Welfare in Hungary*. Berkeley: University of California Press.

Hardin, Garrett. 1968. „The Tragedy of the Commons", în *Science*, new series, 162 (3859): 1243–1248.

Harsanyi Pasca, Doina. 1995. „Participation of Women in the Workforce: The Case of Romania", în *Family, Women, and Employment in Central-Eastern Europe*, Barbara Łobodzińska (ed.), 54–66. Westport, CT: Greenwood.

Hartmann, Heidi. 1981. „The Unhappy Marriage of Marxism and Feminism", în *Women and Revolution: A Discussion of the Unhappy Marriage of Feminism and Marxism*, Lydia Sargent (ed.), 1–42. Boston: South End Press.

Havelková, Hana. 1996. „Abstract Citizenship? Women and Power in the Czech Republic", *Social Politics* 3 (2–3): 243–260.

Hitchins, Keith. 1969. *The Rumanian National Movement in Transylvania, 1780–1849*. Cambridge, MA: Harvard University Press.

—. 1996. *The Romanians 1774–1866*. Oxford: Oxford University Press [trad. rom. *Românii: 1774–1866*, Humanitas, 1998, reed. 2013].

Hoagland, Sarah Lucia. 1990. *Lesbian Ethics: Toward a New Value*. Palo Alto, CA: Institute for Lesbian Studies.

Iluț, Petru. 1997. *Abordarea calitativă a socioumanului: Concepte și metode*. Iași: Polirom.

Inglehart, Ronald, Pippa Norris. 2016. „Trump, Brexit, and the Rise of Populism: Economic Have-Nots and Cultural Backlash". HKS Faculty Research Working Paper Series RWP16-026. Accesat la 27 august 2017. https://research.hks.harvard.edu /publications.

INSCOP. 2013. *Barometrul INSCOP*. Accesat la 27 august 2017. http://www.inscop.ro.

—. 2015. *Barometrul INSCOP*. Accesat la 27 august 2017. http://www.inscop.ro.

—. 2016. *Barometrul INSCOP*. Accesat la 27 august 2017. http://www.inscop.ro.

Institutul Național de Statistică. 2012. *Evoluția natalității și fertilității în România*. București. Accesat la 1 mai 2018. http://www.insse.ro/cms/files/publicatii/Evolutiay020natalitatiiy020siy020fertilitatiiy020iny020Romania_n.pdf.

—. 2013. *Repere economice și sociale regionale: Statistică teritorială*. București. Accesat la 27 august 2017. http://www.insse.ro/cms/files/publicatii/Statisticay20teritoriala/Statisticay020teritorialay0202013.pdf.

Ioniță, Sorin. 2009. *Cicluri electorale și faliment economic*, SAR Policy Paper No. 41, September.

Jaggar, Alison. 1983. *Feminist Politics and Human Nature*. Totowa, New Jersey: Rowman & Allanheld.

Jeffee, Sara, Janet Shibley Hyde. 2000. „Gender Differences in Moral Orientation: A Meta-Analysis", în *Psychological Bulletin* 126 (September): 703–726.

Jinga, Luciana M. 2015. *Gen și reprezentare în România comunistă. 1944–1989*. Iași: Polirom.

Jinga, Luciana, Ștefan Bosomitu (eds). 2014. *Între transformare și adaptare: Avataruri ale cotidianului în regimul comunist din România*. Iași: Polirom.

Jinga, Luciana, Florin Soare (eds). 2011. *Politica pronatalistă a regimului Ceaușescu: Instituții și practici*. 2 vol. Iași: Polirom.

Karl, Terry. 2005. *From Democracy to Democratization and Back: Before Transitions from Authoritarian Rule*. Center on Democracy,

Development, and the Rule of Law Working Paper 45 (September). Stanford, CA: Stanford Institute on International Studies.

Kessler-Harris, Alice. 2003. *Out to Work: A History of Wage-Earning Women in the United States.* 20th anniversary ed. Oxford: Oxford University Press.

Kideckel, David. 2008. *Getting by in Postsocialist Romania: Labor, the Body and the Working Class Culture.* Bloomington: Indiana University Press.

King, Gary, Robert O. Keohane, Sidney Verba. 1994. *Designing Social Inquiry: Scientific Inference in Qualitative Research.* Princeton, NJ: Princeton University Press.

King, Ronald F., Cosmin Gabriel Marian. 2015. „Representation, Incumbency and the Quality of Romanian Democracy", în *Post-Communist Romania at Twenty-Five: Linking Past, Present, and Future,* Lavinia Stan și Diane Vancea (eds), 149–170. Lanham, MD: Lexington Books.

Kligman, Gail. 1998. *The Politics of Duplicity: Controlling Reproduction in Ceausescu's Romania.* Berkeley: University of California Press.

Kligman, Gail, Katherine Verdery. 2011. *Peasants under Siege: The Collectivization of Romanian Agriculture, 1949–1962.* Princeton, NJ: Princeton University Press.

Krastev, Ivan. 2009. „Where Next or What Next?", în *Reclaiming Democracy: Civil Society and Electoral Change in Central and Eastern Europe,* Joerg Forbrig și Pavol Demeš (eds), 235–244. Washington, DC: German Marshall Fund of the United States.

—. 2016. „What's Wrong with East-Central Europe: Liberalism's Failure to Deliver", în *Journal of Democracy* 27 (1): 35–39.

Krook, Mona Lena. 2009. *Quotas for Women in Politics: Gender and Candidate Selection Reform Worldwide. Oxford: Oxford University Press.*

Leuștean, Lucian. 2009. *Orthodoxy and the Cold War: Religion and Political Power in Romania, 1947–1965.* Basingstoke, UK: Palgrave Macmillan.

Leven, Bozena. 1994. „The Status of Women and Poland's Transition to Market Economy", în *Women in the Age of Economic Transformation,* N. Aslanbeigui, Steven Pressman, Gale Summerfield (eds), 27–42. London: Routledge.

Levy, Robert. 2001. *Ana Pauker: The Rise and Fall of a Jewish Communist.* Berkeley: University of California Press.

Lister, Ruth. 1998. „Citizenship: Pushing the Boundaries", în *Feminist Review 60* (1): 28–48.

—. 2003. *Citizenship: Feminist Perspectives*. Basingstoke, UK: Palgrave Macmillan.

—. 2005. „Being a Feminist", în *Government and Opposition* 40 (3): 442–463.

—. 2008. „Inclusive Citizenship, Gender and Poverty: Some Implications for Education for Citizenship", în *Citizenship. Teaching and Learning* 4 (1): 3–19.

Loutfi, Anna. 2006. „Legal Ambiguity and the «European Norm»: Women's Independence and Hungarian Family Law, 1880–1913", în *L'Homme* 13:507–515.

Lukić, Jasmina, Joanna Regulska, Darja Zaviršek (eds). 2006. *Women and Citizenship in Central and Eastern Europe*. Aldershot: Ashgate.

MacIntyre, Alasdair. 1981. *After Virtue*. Notre Dame, IN: University of Notre Dame Press.

Mackenzie, Catriona, Natalie Stoljar (eds). 1999. *Relational Autonomy: Feminist Perspectives on Autonomy, Agency, and the Social Self*. New York: Oxford University Press.

Manolache, Anca. 1994. *Imaginea feminină în biserica lui Hristos*. Timișoara: Mitropolia Banatului.

Marea Adunare Națională. 1972. Codul muncii (Legea nr. 10 din 25 noiembrie 1972), în *Buletinul oficial* 140 (decembrie). Accesat la 27 august 2017. http://www.monitoruljuridic.ro/act/codul-muncii-legea-nr-10-din-25-noiembrie-1972-emitent-marea-adunare-nationala-publicat-in-buletinul-oficial-296.html.

—. 1977. Legea nr. 3 din 30 iunie 1977 privind pensiile de asigurări sociale de stat și asistența socială, în *Buletinul oficial* 82 (august). Accesat la 27 august 2017. http://www.cdep.ro/pls/legis/legis_ pck.htp_act_text?idt=1356.

Mărginean, Mara. 2015. *Ferestre spre furnalul roșu: Urbanism și cotidian în Hunedoara și Călan, 1945–1968*. Iași: Polirom.

Massino, Jill. 2007. „Engendering Socialism: A History of Women and Everyday Life in Socialist Romania", Teză de doctorat, Indiana University.

—. 2009. „Workers under Construction. Gender Identity and Women's Experiences of Work in State Socialist Romania", în *Gender Politics and Everyday Life in State Socialist Eastern and Central Europe*, Shana Penn și Jill Massino (eds), 13–32. New York: Palgrave Macmillan.

Mateș, Adela-Ioana. 2012. „Fenomenul dezindustrializării din perioada de tranziție și impactul asupra geodemografiei și al habitatului în județul Hunedoara", Teză de doctorat, Universitatea Babeș-Bolyai.

Matland, Richard E., Kathleen A. Montgomery (eds). 2003. *Women's Access to Political Power in Post-Communist Europe.* Oxford: Oxford University Press.

McBride, Dorothy E., Amy Mazur (eds). 1995. *Comparative State Feminism.* Thousand Oaks, CA: SAGE.

Mihăilescu, Ștefania (ed). 2002. *Din istoria feminismului românesc: Antologie de texte (18381929).* Iași: Polirom.

—. 2006. „Sofia Nădejde“, în *Biographical Dictionary of Women's Movements and Feminisms in Central, Eastern, and South Eastern Europe: 19th and 20th Centuries,* Francisca de Haan, Krassimira Daskalova, Anna Loutfi (eds), 360–362. Budapesta: Central European University Press.

Mill, John Stuart, Harriett Taylor Mill. 1982. *The Subjection of Women and Enfranchisement of Women.* London: Virago.

Millett, Kate. 1970. *Sexual Politics.* New York: Doubleday and Co.

Ministerul Muncii. 2013. „Pensii pe anul 2013“, în *Buletin statistic.* Accesat la 27 august 2017. http://www.mmuncii.ro/j33/ images/ buletin_statistic/pensii_anul_2013.pdf.

Miroiu, Adrian (ed.). 1998. *Învățământul românesc azi: Studiu de diagnoză.* Iași: Polirom.

—. 2016. *Fuga de competiție: O perspectivă instituțională asupra socității românești.* Iași: Polirom.

Miroiu, Adrian, Iris Golopența (eds). 2015. *Acțiune colectivă și bunuri comune în societatea românească.* Iași: Polirom.

Miroiu, Mihaela. 1997. „Ana's Land. The Right to Be Sacrificed“, în *Ana's Land, Sisterhood in Eastern Europe*, Tanya Renne (ed.), 136–140. Boulder, CO: Westview.

—. 1999. *Societatea retro.* București: Editura Trei.

—. 2004a. „All in One: Fairness, Neutrality and Conservatism – A Case Study of Romania“, *Prospects* 34 (March): 85–100.

—. 2004b. *Drumul către autonomie: teorii politice feministe.* Iași: Polirom.

—. 2004c. „State Men, Market Women“, în *Feminismo/s: Mujer y participation politica* 3 (June): 207–234.

—. 2011. „What Is Left from Democracy? Electoralism and Populism in Romania“, *Perspective politice* 4 (2): 7–22.

—. 2013. „Morality in Politics, or the In Politics of Morality? «Neo-Purification» in Romania“, în *Applied Ethics: Perspectives from Romania,* Valentin Mureșan, Shunzo Majima (eds), 209–228. Sapporo, Japonia: Center for Applied Ethics and Philosophy, Hokkaido University.

—. 2015a. „Despre metamorfozele feminismului recent", în *Mișcări feministe și ecologiste în România,* Mihaela Miroiu (ed.), 189–218. Iași: Polirom.

—. (ed.). 2015b. *Mișcări feministe și ecologiste în România, 1990–2004.* Iași: Polirom.

—. 2015c. „On Women, Feminism and Democracy", în *Post-Communist Romania at Twenty-Five: Linking Past, Present, and Future*, Lavinia Stan, Diane Vancea (eds), 83–102. Lanham, MD: Lexington Books.

—. 2017. *Cu mintea mea de femeie.* București: Cartea Românească.

Miroiu, Mihaela, Otilia Dragomir (eds). 2010. *Nașterea: Istorii trăite.* Iași: Polirom.

Miroiu, Mihaela, Mircea Miclea. 2005. *R'Estul și Vestul.* Ego Grafii. Iași: Polirom.

Moise, Emil, 2002. „Întreprinderea socialistă: un sistem complex și comprehensiv de bunuri și servicii oferite membrilor săi", în Adrian Miroiu (ed.), *Instituții în tranziție*. Punct: București, 2002.

Molocea, Andreea. 2015. „(Re)construcția feminismului românesc în cadrul mișcării de femei (1990–2000)", în *Mișcări feministe și ecologiste în România,* Mihaela Miroiu (ed.), 13–88. Iași: Polirom.

Monitorul Oficial. 1999. Legea concediului paternal nr. 210/1999. Accesat la 27 august 2017. http://www.mmuncii.ro/pub/imagemanager/images/file/Legislatie/LEGI/L210-1999 .pdf.

Morteanu, Crina. 2014. „Mariajele timpurii în comunitățile de romi din România". Teză de doctorat, Scoala Națională de Științe Politice și Administrative, București.

Mouffe, Chantal. 1993. *The Return of the Political.* London: Verso.

Muller, Anna. 2013. „Between Social and Individual Memory: Being a Polish Woman in a Stalinist Prison", în *Tapestry of Memory: Evidence and Testimony in Life-Story Narratives,* Nanci Adler și Selma Leydesdorff (eds), 55–76. New Brunswick: Transaction.

Muller, Wolfgang (ed). 1981. *History of the Church: The Church in the Age of Absolutism and Enlightenment.* New York: Crossroads.

Muravchik, Joshua. 2002. *Heaven on Earth: The Rise and Fall of Socialism.* San Francisco: Encounter Books.

Murgescu, Bogdan. 2010. *România și Europa: Acumularea decalajelor economice (1500-2010).* Iași: Polirom.

Nădejde, Sofia. 1883. „Șicane bărbătești", în *Contemporanul* 3 (8): 312–315.

Neaga, Diana Elena. 2013. *Gen și cetățenie în România: Între formal și substanțial, normal și normativ.* Iași: Polirom.

Neculau, Adrian, ed. 2004. *Viața cotidiană în comunism*. Iași: Polirom.

Nicolae, Radu. 2010. *Corupția și politicile anticorupție*. Iași: Polirom.

North, Douglas. 1990. *Institutions, Institutional Change and Economic Performance*. Cambridge: Cambridge University Press.

Nussbaum, Martha. 2001. *Women and Human Development: The Capabilities Approach*. Cambridge: Cambridge University Press.

Okin, Susan Moller. 1987. *Justice, Gender, and the Family*. New York: Basic Books.

—. 1998. „Gender, the Public, and the Private", în *Feminism and Politics*, Anne Phillips (ed.), 116–141. Oxford: Oxford University Press.

—. 2004. „Equal Citizenship: Gender, Justice and Gender. An Unfinished Debate", în *Fordham Law Review* 72 (5): 1537–1567.

Olteanu, Cristina Liana, Elena-Simona Gheonea, Valentin Gheonea. 2003. *Femeile în România comunistă: Studii de istorie socială*. București: Politeia, SNSPA.

Open Society Foundation. 2000. *Barometrul de gen*. București: Gallup Organization of Romania.

Ostrom, Elinor. 1990. *Governing the Commons: The Evolution of Institutions for Collective Action*. Cambridge: Cambridge University Press.

—. 1998. „A Behavioral Approach to the Rational Choice Theory of Collective Action: Presidential Address, American Political Science Association", în *American Political Science Review* 92 (1): 1–22.

Partidul Comunist Român. 1970. *Statutul Partidului Comunist Român*. București: Editura Politică.

Pasti, Vladimir. 1995. *România în Tranziție: Căderea în viitor*. București: Editura Nemira.

—. 2003. *Ultima inegalitate: Relațiile de gen în România*. Iași: Polirom.

—. 2006. *Noul capitalism românesc*. Iași: Polirom.

Pasti, Vladimir, Mihaela Miroiu, Cornel Codiță. 1997. *România – starea de fapt*. București: Nemira.

Pateman, Carole. 1988. *The Sexual Contract*. Stanford, CA: Stanford University Press.

—. 1989. *The Disorder of Women: Democracy, Feminism, and Political Theory*. Stanford, CA: Stanford University Press.

—. 2006. „The Patriarchal Welfare State", în *The Welfare State Reader*, Christopher Pierson, Francis G. Castles (eds), 10.2–19. Cambridge: Polity.

Paul, Andreea (ed.). 2011. *Forța politică a femeilor*. Iași: Polirom.

—. 2016. *Forța economică a femeilor*. Iași: Polirom.

Păltineanu, Oana Sînziana. 2015. „Converging Suffrage Politics: The Romanian Women's Movement in Hungary and Its Allies before World War I", în *Aspasia* 9: 44–64.

Păunescu, Ramona. 2012. *Evoluții politice ale maternității: Perspective feministe*. Iași: Polirom.

Phillips, Anne. 1991. *Engendering Democracy*. University Park: Pennsylvania State University Press.

—. 1997. *Engendering Democracy*. Cambridge: Polity Press.

— (ed.). 1998. *Feminism and Politics*. Oxford: Oxford University Press.

—. 2003. *The Politics of Presence: The Political Representation of Gender, Ethnicity, and Race*. Oxford: Oxford University Press.

Playboy. 2000. „Cum să îți bați nevasta fără să lași urme", în *Playboy* 1 (aprilie).

Plumwood, Val. 1993. *Feminism and the Mastery of the Nature*. London: Routledge.

Popa, Raluca Maria. 2016. „«We Opposed It.» The National Council of Women and the Ban on Abortion in Romania (1966)", în *Aspasia* 11:152–160.

Popescu, Liliana. 2004. *Politica sexelor*. București: Maiko.

— (ed.). 2006. *Guvernare pentru șanse egale*. București: Tritonic.

Preda, Marian. 2002. *Politica socială românească între sărăcie și globalizare*. Iași: Polirom.

— (ed.). 2009. *Riscuri și inechități sociale în România: Raportul Comisiei Prezidențiale pentru Analiza Riscurilor Sociale și Demografice*. Iași: Polirom.

Putnam, Robert, Robert Leonardi, Raffaella Y. Nanetti (eds). 1994. *Making Democracy Work: Civic Traditions in Modern Italy*. Princeton, NJ: Princeton University Press.

Rădoi, Cristina. 2011. „Apărare și război din perspectivă feministă. Studiu de caz: impactul femeilor în instituțiile militare din România", Teză de doctorat, Școala Națională de Științe Politice și Administrative, București.

Rădulescu, Andrei, *et al.* (eds). 1962. *Îndreptarea legii, 1652*. București: Editura Academiei Republicii Populare Romîne.

Roman, Denise. 2003. *Fragmented Identities: Popular Culture, Sex, and Everyday Life in Postcommunist Romania*. Lanham, MD: Lexington Books.

Roman, Monica, Cristina Voicu. 2010. „Câteva efecte socio-economice ale migrației forței de muncă asupra țărilor de emigrație. Cazul României", în *Economie teoretică și aplicată* 7 (7): 50–65.

Rostaș, Zoltan, Theodora-Eliza Văcărescu. 2008. *Cealaltă jumătate a istoriei: Femei povestind*. București: Curtea Veche.

Rubin, Herbert, Irene Rubin. 2005. *Qualitative Interviewing: The Art of Hearing Data*, 2nd ed., London: SAGE.

Sandel, Michael. 1981. *Liberalism and the Limits of Justice*, Cambridge: Cambridge University Press

Schatz, Edward (ed.). 2009. *What Immersion Contributes to the Study of Power.* Chicago: University of Chicago Press.

Scott, Joan Wallach. 2005. *Parité! Sexual Equality and the Crisis of French Universalism*. Chicago: Chicago University Press.

Sen, Amartya. 1999. „Democracy as a Universal Value", în *Journal of Democracy* 10 (3): 3–17.

Shapiro, Virginia. 1998. „When Are Interests Interesting? The Problem of Political Representation of Women", în *Feminism and Politics*, Anne Phillips (ed.), 161–192. Oxford: Oxford University Press.

Slote, Michael. 1983. *Goods and Virtues*. Oxford: Clarendon.

Smith, S.A. (ed). 2014. *The Oxford Handbook of the History of Communism*. Oxford: Oxford University Press.

Solinger, Rickie. 2016. „Bleeding across Time: First Principles of U.S. Population Policy", în *Reproductive States: Global Perspectives on the Invention and Implementation of Population Policy,* Rickie Solinger, Mie Nakachi (eds), 63–97. New York: Oxford University Press, 2016.

Solinger, Rickie, Mie Nakachi. 2016. *Reproductive States: Global Perspectives on the Invention and Implementation of Population Policy*. New York: Oxford University Press.

Soros, George. 1998. *The Crisis of Global Capitalism: Open Society Endangered.* New York: Public Affairs.

Stahl, Henri. 1980. *Traditional Romanian Village Communities: The Transition from the Communal to the Capitalist Mode of Production in the Danube Region*. Cambridge: Cambridge University Press.

Stan, Lavinia, Lucian Turcescu. 2007. *Religion and Politics in Post-Communist Romania*. Religion and Global Politics Series. Oxford: Oxford University Press.

Stănculescu, Manuela, Ionica Berevoescu. 2004. *Sărac lipit, caut altă viață!: Fenomenul sărăciei extreme și al zonelor sărace în România 2001*. București: Nemira.

Ștefan, Cristina. 2006. *Familia monoparentală: O abordare politică*. Iași: Polirom.

Steger, Manfred. 2002. *Globalism: The New Market Ideology*. New York: Rowman and Littlefield.

Taylor, Charles, 1991. *The Ethics of Authenticity*. Cambridge, Massachusetts: Harvard University Press.

Tannen, Deborah. 2001. *You Just Don't Understand: Women and Men in Conversation*. New York: Quill.

Tipei, Alex. 2016. „For Your Civilization and Ours: Greece, Romania, and the Making of French Universalism", Teză de doctorat, Indiana University.

Tismăneanu, Vladimir. 2003. *Stalinism for All Seasons: A Political History of Romanian Communism*. Los Angeles: University of California Press.

Tronto, Joan. 1993. *Moral Boundaries: A Political Argument for an Ethic of Care*. New York: Routledge.

—. 2013. *Caring Democracy: Markets, Equality and Justice*. New York: New York University Press.

Tudosoiu, Silvia. 2010. „Educația în sistemul comunist din România (anii 1965–1989)". Teză de doctorat, Universitatea din București.

Utrata, Jennifer. 2015. *Women without Men: Single Mothers and Family Change in the New Russia*. Ithaca, NY: Cornell University Press.

Văcărescu, Theodora-Eliza. 2014. „Educația femeilor în provinciile locuite de români și în România între anii 1880 și 1930. Studiu de caz: Universitatea din București". Cooperativa Gusti (noiembrie). Accesat la 27 august 2017. http://www.cooperativag.ro/educatia-femeilor-provinciile-locuite-de-romani-si-romania-intre-anii-1880-si-1930-studiu-de-caz-universitatea-din-bucuresti/.

Verdery, Katherine. 1996. *What Was Socialism, and What Comes Next?* Princeton, NJ: Princeton University Press.

Vincze, Enikő. 2006. „Romanian Gender Regimes and Women's Citizenship", în *Women and Citizenship in Central and Eastern Europe*, Jasmina Lukić, Joanna Regulska, Darja Zaviršek (eds), 21–38. Aldershot: Ashgate.

— (ed.). 2011. *Equality through Differences: Roma Women's Access to the Labor Market*. Cluj: Desire.

Vintilă-Ghițulescu, Constanța. 2004. „Divorce and Divortiality in Eighteenth-Century Romanian Society", în *Südost-Forschungen* 63–64 (2004): 188–210.

—. 2009. „Marriage Strategies, Women's Dowries and Conflicts between Relatives in Romanian Society (18th Century)", în *The Transmission of Well-Being: Gendered Marriage Strategies and Inheritance Systems in Europe (17th–20th Centuries)*, Margarida Durães, Antoinette Fauve-Chamoux, Llorenç Ferrer i Alòs, Jan Kok (eds), 123–144. Berna: Peter Lang.

Vlad, Ioana. 2015. „Dezvoltări în mișcarea românească de femei după 2000", în *Mișcări feministe și ecologiste în România*, Mihaela Miroiu (ed.), 89–188. Iași: Polirom.

Vlad, Ioana, Katalin Fabian (eds). 2015. *Democratization Through Social Activism: Gender and Environmental Issues in Post-Communist Societies*. București: Tritonic.

Vlăsceanu, Lazăr, Gabriel Hâncean. 2014. *Modernitatea românească*. Pitești: Paralela 45.

Vlăsceanu, Lazăr, Adrian Neculau, Adrian Miroiu. 2002. *Școala la răscruce: Schimbare și continuitate în curriculumul învățământului obligatoriu; Studiu de impact*. Iași: Polirom.

Voinescu, Alice. 1997. *Jurnal*. București: Albatros.

Walker, Lenore E. 1987. *The Battered Woman*. New York: Harper and Row.

Walzer, Michael. 1974. „Political Action: The Problem of Dirty Hands", în *War and Moral Responsibility*, Marshall Cohen, Thomas Nagel, Thomas Scanlon (eds), 62–82. Princeton, NJ: Princeton University Press.

—. 1983. *Spheres of Justice*. Oxford: Blackwell.

—. 1995. „The Communitarian Critique of Liberalism", în *New Communitarian Thinking: Persons, Virtues, Institutions, and Communities*, Amitai Etzioni (ed.), 52–70. Charlottesville: University of Virginia Press.

Wängnerud, Lena. 2009. „Women in Parliaments: Descriptive and Substantive Representation", în *Annual Review of Political Science* 12:51–69.

Wollstonecraft, Mary. (1792) 2004. *A Vindication of the Rights of Woman*. Harmondsworth: Penguin.

Wolf, Naomi. 1991. *The Beauty Myth: How Images of Beauty Are Used Against Women*. New York: HarperCollins.

World Economic Forum. 2014. Global Gender Gap Report, accesat la 27 august 2017 (www.weforum.org).

Young, Iris Marion. 1990. *Justice and the Politics of Difference*. Princeton, NJ: Princeton University Press.

Zanoschi, Delia și Cristina Deteșan. 2012. „Educația din România la standarde europene în 6 ani: este oare posibil?", accesat la

27 august 2017. http://www.europuls.ro/societate-sp-1187835791/educaie-i-cultur/613-educaia-din-romania-la-standarde-europene-in -6-ani-este-oare-posibil#_ftn1.

Zielińska, Katarzyna. 2013. „Concepts of Religion in Debates on Secularization", în *Approaching Religion* 3 (1): 16–24.

Zimmermann, Susan, Borbala Major. 2006. „Schwimmer, Róza", în *A Biographical Dictionary,* Francisca de Haan, Krassimira Daskalova, Anna Loutfi (eds), 484–489. Budapesta: Central European University Press.